pauker.

Werkrealschule2023
Mittler Abschluss Baden-Württemberg

Name: ______

Schule: ______

Klasse: ______

hutt
lernhilfen

hutt.lernhilfen ist eine Marke der
Bergmoser + Höller Verlag AG
Karl-Friedrich-Straße 76
52072 Aachen

T 0241 93888123
F 0241 93888188
kontakt@buhv.de

Umsatzsteuer-Id.Nr.: DE 123600266
Verkehrsnummer: 10508
Handelsregister Aachen HRB 8580

Vorstand:
Andreas Bergmoser
Peter Tiarks

Aufsichtsratsvorsitz:
Holger Knapp

Autorinnen/Autoren:
Beate Fuhrmann, Jasmin Johner, Anja Silberzahn (Deutsch)
Joachim Krick (Mathematik)
Veronika Fröhlich, Anja Silberzahn (Englisch)

Lektorat:
Antonia Aleker, Isolde Bacher, Simone Grohmann,
Ulrike Jungmann, Kevin Koch, Carina Leis, Magdalena Noack

Gestaltung: Hanne Hutt

Umschlag:
Konzeption + Gestaltung:
Hanne Hutt
Fotografie:
Anna Leippe

Ausgabe 2022/2023

ISBN: 978-3-88997-857-8

Inhaltsverzeichnis

Deutsch – Lösungen

Die Lösungsvorschläge in den Schreibaufgaben sind als Orientierungshilfen gedacht. Andere Lösungen werden dadurch keineswegs ausgeschlossen.

Mathematik – Lösungen

Die Lösungswege in Mathematik orientieren sich am Bildungsplan der Werkrealschule Baden-Württemberg.

Englisch – Lösungen

Die Lösungsvorschläge im Teil „Writing" sind als Orientierungshilfen gedacht. Andere Lösungen werden dadurch keinesfalls ausgeschlossen.

Textverständnis

1. Richtiges Zitieren

Keine Musterlösungen

2. Sachtexte

Sachtext 1: „Was ist Cyberkriminalität – und wie verbreitet ist sie?"

1. Begriff in eigenen Worten beschreiben

Der Begriff „Cybercrime" beschreibt alle Verbrechen, die mit moderner Informationstechnologie begangen werden.

2. Zwei typische Delikte nennen

- Hackerangriffe
- Cyber-Mobbing

oder:

- Betrug (z. B. beim Online-Shopping oder Online-Banking)
- Zugangsdatendiebstahl
- sexuelle Belästigung

3. Aussage begründen

Viele Opfer von Cyberkriminalität wenden sich nicht an die Polizei, weil sie davon ausgehen, dass die Täter sehr wahrscheinlich nicht gefasst werden. Deshalb ist die Zahl der tatsächlich betroffenen Menschen viel höher.

4. Aussage als richtig oder falsch erkennen

Die Aussage ist falsch.

Sachtext 2: „So viel kosten Büroflächen in deutschen Großstädten"

1. Thema der Grafik erklären

In der Grafik geht es um die Mietpreise für Büroflächen in sieben miteinander verglichenen deutschen Großstädten. Dazu sind die Messergebnisse für die Spitzenmieten und die Durchschnittsmieten sowie der jeweilige Gesamtbestand anhand verschiedener Symbole (Säulen für die Mieten, Kreise für den Bestand) abgebildet.

2. Fehler in der Zusammenfassung unterstreichen

Ein Vergleich der <u>acht</u> angegebenen Städte fällt schwer, wenn man sich auf mehr als einen Vergleichsfaktor bezieht. <u>So ist der Gesamtbestand der Büroflächen in München zwar fast doppelt so hoch wie in Stuttgart</u> und höher als in jeder anderen der aufgeführten Städte, doch das bedeutet nicht, dass deshalb die Büroflächen günstiger sind. Im Gegenteil: München ist die <u>teuerste Stadt bei den Spitzenmieten</u> und nimmt den dritten Platz bei den Durchschnittsmieten ein. Berlin hingegen belegt zwar Platz 2, was die teuersten Durchschnittsmieten betrifft, liegt bei den Spitzenmieten aber deutlich hinter München: Mehr als 4 Euro pro Quadratmeter beträgt der Unterschied.

3. Richtige und falsche Aussagen ankreuzen

	richtig	falsch
Hamburg hat weniger Büroflächen als Berlin, aber mehr als Frankfurt.	x	
Hamburgs Durchschnittsmiete ist höher als die von Düsseldorf, aber niedriger als die von München.		x
Frankfurt ist in seiner Spitzenmiete so teuer wie Stuttgart und Köln zusammen.		x

4. Richtige Antwort wählen

Richtig ist Antwort 2.: Aus der Grafik lässt sich das Verhältnis von Durchschnittsmiete zu Spitzenmiete bei Büroflächen errechnen.

Sachtext 3: „Sieben Wochen ohne Smartphone – So wichtig ist das Handy wirklich"

1. Zutreffende, nicht zutreffende, nicht genannte Antworten kennzeichnen

1. trifft zu
2. trifft zu
3. nicht genannt
4. trifft nicht zu

2. Stellenwert des Handys für Geflüchtete erklären

Für Geflüchtete, die ihre Heimat verlassen mussten, ist das Smartphone oft die einzige Möglichkeit, Kontakt zu Familie und Freunden zu halten, die überall auf der Welt verteilt sind.

3. Drei Dinge aus der Zeit vor dem Smartphone nennen

- Briefe
- Telefone mit Wählscheibe
- mehrbändige Lexika

4. Aussage in eigenen Worten beschreiben

Obwohl das Smartphone uns in vielen Bereichen das Leben erleichtert, schränkt es auch unsere Fähigkeiten und Wahrnehmungen ein, wenn wir uns zu sehr darauf verlassen und die Welt nur noch durch ein Display betrachten.

Sprachgebrauch

1. Groß- und Kleinschreibung

1. Nominalisierungen suchen und begründen

des Erlernens	Artikel vor Verb nominalisiert dieses
deutliches Kommunizieren	verborgener Artikel in „deutliches" = das deutliche … nominalisiert das Verb
beim Schreiben	beim = Verschmelzung von „bei dem", d. h. Artikel vor Verb = Nominalisierung

2. Nominalisierte Adjektive und Verben der Tabelle zuordnen

Nominalisierte Adjektive	Nominalisierte Verben
Tolle	Schmökern
Spannendes	Lesen
Neue	Geschriebene

3. Kleinschreibung begründen

hohe	→ Adjektiv
alarmierend	→ Adjektiv
meisten	→ Mengenangabe, die die Erwachsenen aus dem vorherigen Satz näher beschreibt
fehlerhaft	→ Adjektiv
lassen	→ Verb

4. Groß- oder Kleinschreibung auswählen und begründen

a) Sie trug am liebsten Kleider in **Grün**.
(weil das Adjektiv hier wie ein Substantiv gebraucht wird)

b) Im Unterricht erfahren wir viel **Neues**.
(weil das Wort „viel" hier den substantivischen Gebrauch anzeigt)

c) Am **liebsten** esse ich Pfannkuchen.
(weil es der Superlativ des Adjektivs „gern" ist)

d) Die Polizei tappt bei der **Aufklärung** des Verbrechens weiterhin im **Dunkeln**.
(weil es sich bei „Aufklärung" um ein Substantiv handelt und weil es sich bei „im Dunkeln dappen" um eine feste Wendung handelt, der eine Präposition mit verschmolzenem Artikel vorangeht)

e) Beim **Sprinten** ist Finn immer der **Schnellste**.
(weil es eine Substantivierung des Verbs „sprinten" und eine Substantivierung des Adjektivs „schnell" ist)

f) Im **Oktober** findet immer unser **Klassenfest** statt.
(weil es sich um Substantive handelt)

2. Getrennt- und Zusammenschreibung

1. Richtige Schreibweise finden

Peinlich sauber

Ein Chinese eröffnete in Deutschland eine Gaststätte mit einer **riesig großen** Auswahl an Speisen aus seinem Heimatland. Anfangs kamen die Gäste zahlreich.

Freudestrahlend hoffte er, dass es so bleibt, denn das Restaurant war immer gründlich gereinigt, **soweit** man sehen konnte. Der Wirt hatte dem Personal befohlen, alles mit Seife **sauber zu machen**. **Nachdem** die Gäste nach dem ersten Besuch nicht **wiederkamen**, bedrängte er **angsterfüllt** einen Gast, ihm den Grund **preiszugeben**. Der Gast antwortete: „Das Essen mag chinesisch fein sein, es schmeckt aber **seifig zart**."

2. Falsch geschriebene Wörter durchstreichen

a) Ich gehe auf eine ~~allgemein bildende~~ **allgemeinbildende** Schule.
b) Meine Freunde sollten meine Eltern ~~auseinander halten~~ **auseinanderhalten** können.
c) Matrosen tragen ~~blaugestreifte~~ **blau gestreifte** Uniformen. (Zusammenschreibung auch möglich)
d) Mit dieser fiesen Erkältung solltest du dich lieber ~~krank schreiben~~ **krankschreiben** lassen.
e) Er wurde von jeglicher Schuld ~~frei gesprochen~~ **freigesprochen**.
f) Nach einem heftigen Streit sollte man nicht wortlos ~~auseinander gehen~~ **auseinandergehen**.
g) Lilijana hat in Mathe wirklich ~~hervor ragende~~ **hervorragende** Noten.

3. Falsch geschriebene Wörter durchstreichen

a) Wenn man ~~allein stehend~~ **alleinstehend** ist, langweilt man sich oft.
b) Wenn unser Kater sauer ist, dann ist er ~~gemein gefährlich~~ **gemeingefährlich**.
c) Heutzutage sind Frauen und Männer in den meisten Fällen ~~gleich berechtigt~~ **gleichberechtigt**.
d) Bei seinem Vortrag hat er vor der gesamten Klasse ~~freigesprochen~~ **frei gesprochen**.
e) Draußen war es ~~bitter kalt~~ **bitterkalt**.

4. Getrennt- und Zusammenschreibung erklären

a) eiskalt	Nomen + Adjektiv, wird zusammen- und kleingeschrieben
b) auslaufen	Partikel + Verb, wird zusammengeschrieben
c) Irgendetwas	Verbindung mit irgend, wird zusammengeschrieben
d) allein stehen	Adjektiv + Verb, wird getrennt geschrieben
e) spazieren gehen	Verb + Verb, wird getrennt geschrieben
f) Zusammensein	Substantivierte Wortverbindung, wird groß- und zusammengeschrieben
g) Football spielen	Nomen + Verb, wird getrennt geschrieben

3. Rechtschreibstrategien anwenden

1. Rechtschreibstrategie wählen

Sie**b** → verwandtes Wort finden oder Plural bilden → sieben, die Siebe
Wildnis → Artikelprobe, Nachsilbe -nis als Hinweis für Nomen
run**d** → Wort verlängern → runden
w**ä**hlen → verwandtes Wort finden → die Wahl
Bu**schsch**wein → Wort trennen → Busch-schwein
Geb**äu**de → verwandtes Wort finden → bauen
Ra**ss**e → Wort trennen → Ras-se, Konsonantendopplung nach kurzgesprochenem Vokal
Wo**nn**e → Wort trennen → Won-ne, Konsonantendopplung nach kurzgesprochenem Vokal
Bur**g** → Wort verlängern → Burgen

2. Unterschiedliche Schreibweise erklären

a) er sin**g**t: 3. Person Singular Präsens von singen – er sin**k**t: 3. Person Singular Präsens von sinken
b) bun**t**: beschreibt eine Farbgebung, z. B. bunte Fische – Bun**d**: vom Wort binden abstammend, z. B. Hosenbund, Bund der Steuerzahler
c) **v**iel: beschreibt eine Menge, z. B. viele Menschen – **f**iel: 3. Person Singular Präteritum von fallen
d) en**t**scheiden: Vorsilbe „ent" – En**d**station: stammt vom Wort Ende
e) lie**ß**: 3. Person Singular Präteritum von lassen – lie**s**: Imperativ von lesen

3. Rechtschreibstrategie finden

Re**nn**pferd → sinnverwandtes Wort finden → rennen
Au**ss**te**ll**ung → Vorsilbe aus- plus das Wort Stellung → daher ss nach kurzem Vokal folgt Konsonantendopplung, Trennung des Wortes → Stel-lung
Z**ä**hne → Singular bilden → Zahn
wei**t** → Komparativ (1. Steigerung) bilden → weiter
Ste**h**tisch → sinnverwandtes Wort finden und silbieren, zwischen zwei Vokalen steht ein vokaltrennendes „h" → ste-hen

4. Wörter auf Doppelkonsonanten prüfen

1. Konsonanten erläutern

a) schnelllebige Schifffahrt → Zusammensetzung aus schnell+lebig und Schiff+Fahrt
b) Erdnusssoße → Zusammensetzung aus Erdnuss+Soße
c) Geschirrreiniger → Zusammensetzung aus Geschirr+Reiniger

2. Strategie für Einzel- oder Doppelkonsonanten nennen

Welle	→	Konsonantendopplung nach kurz gesprochenem Vokal
Streik	→	nach „ei" nur k
schick	→	„ck" folgt auf einen kurz gesprochenen Vokal
Pauke	→	nach „au" steht nur k
Salz	→	nach „l" steht immer nur z
Satz	→	„tz" folgt auf einen kurz gesprochenen Vokal
All	→	Konsonantendopplung nach kurz gesprochenem Vokal
Aal	→	nach verdoppeltem lang gesprochenem Vokal nur „l"
Qual	→	nach lang gesprochenem Vokal nur „l"
Qualle	→	Konsonantendopplung nach kurz gesprochenem Vokal

3. Entscheidung für Doppel- oder Einzelkonsonanten

a) Im na**ss**en Element, dem Wa**ss**er, fühlen sich nicht nur Fische wohl.

b) Bei hohem We**ll**engang mu**ss** man sehr seefest sein, damit einem nicht übel wird.

c) Vor K**u**rzem erzählte der Bä**ck**er, wie er Bre**z**eln macht.

d) In den 70ern waren kna**pp**e Rö**ck**e total schi**ck**.

e) **Imm**er noch unverge**ss**en blei**b**t die Rei**s**e, bei der wir mit der ganzen Familie die Niagara-Wa**ss**erfä**ll**e bewundern dur**f**ten.

5. Lang gesprochene Vokale

1. Wörter einsetzen

Der **Bote** brachte die **Ware** auf die **Boote**. Obwohl die Gangway schaukelte, musste er die Pakete hinüberjonglieren. Er hatte keine **Wahl**. Doch **wahre** Freunde unterstützen einander und deshalb eilte ihm einer der Matrosen zu Hilfe. Man konnte noch die frische Erde riechen, die die **Beete** am Gemüse hinterlassen hatten.
Als die Schiffe ablegten, rief die Mutter des Matrosen: „Ich **bete**, dass dir nichts passiert." Nach kurzer Zeit auf See tauchte am Horizont plötzlich ein **Wal** auf. Das **war** ein schöner Auftakt zu einer langen Reise.

2. Schreibweise erklären

- Wörter, die mit Q, Sch, Sp oder T beginnen, haben kein Dehnungs-h; deshalb wird Schnur ohne h geschrieben.
- Bei Zahl steht das Dehnungs-h nach lang gesprochenem Vokal.

3. Beispiele für lang gesprochene Vokale suchen

- Botaniker
- Arten
- bestätigte
- möglicher
- zurückgezogen

6. Wörter mit s-Laut

1. Schreibweise erklären

a) Alle im Satz vorkommenden s-Laute sind weich und stimmhaft, deshalb werden sie mit einfachem s geschrieben.

b) Masse → kurz gesprochener Vokal, Silbentrennung Mas-se
nass → kurz gesprochener Vokal, Steigerung des Wortes nas-ser
blass → kurz gesprochener Vokal, Steigerung des Wortes blas-ser
Schluss → kurz gesprochener Vokal
groß → lang gesprochener Vokal
Fuß → lang gesprochener Vokal
Sonne → stimmhaftes einfaches s am Wortanfang
summen → stimmhaftes einfaches s am Wortanfang
Raspel → stimmhaftes einfaches s in der Wortmitte

2. Schreibweise begründen

Maus wird nicht mit „ß" geschrieben, weil das stimmlose „s" im Plural stimmhaft ist → Mäuse.

3. Beispiele nennen

- Wagnis → Wagnisse
- Erlebnis → Erlebnisse

4. Richtige Schreibweise finden

a) Am Flu**ss** sa**ß**en zwei Angler und unterhielten sich.

b) An Halloween gibt es „Sü**ß**es oder **S**aures."

c) Ich wei**ß** nicht genau, wie ich mein Wi**ss**en noch verbe**ss**ern kann.

d) Auf der Wie**s**e blühen viele wei**ß**e Gän**s**eblümchen.

7. Das oder dass

1. Lücken ausfüllen

Man schreibt *das*,
… wenn *das* ein **Artikel** ist. Bsp. → **das** Mädchen
… wenn *das* ein **Relativpronomen** ist. Bsp. → Das Pausenbrot, **das** mir meine Mutter gemacht hat, schmeckt gut.
… wenn *das* ein **Demonstrativpronomen** ist. Bsp. → **Das** geht mir gehörig auf die Nerven.
… wenn *das* durch folgende Wörter ersetzt werden kann **jenes**, **welches**, **dieses**.

Man schreibt *dass*,
… wenn *dass* eine **Konjunktion** ist. Bsp. → Ich habe gehört, **dass** du auch zur Party kommst.
... wenn *das* Einsetzen von **jenes**, **welches**, **dieses** im Satz keinen Sinn ergibt.
Es steht immer ein **Komma** vor *dass*.

2. Das oder dass einsetzen und Ersatzprobe durchführen

a) Das Haus, **das** einen grünen Anstrich hat, gefällt mir.
☑ Ersatzprobe: Das Haus, welches einen grünen Anstrich hat, gefällt mir.

b) Hast du mitbekommen, **dass** unsere Abschlussfahrt nach Prag geht?
☒ Ersatzprobe: Hast du mitbekommen, welches unsere Abschlussfahrt nach Prag geht?

c) **Das** finde ich schön, **dass** Pietro auch mitkommt.
☑ ☒ Ersatzprobe: Dieses finde ich schön, welches Pietro auch mitkommt.

d) Weil Vahid den Wettkampf gewonnen hat, hat sein Vater ihm **das** Buch gekauft, **das** ihm so gut gefällt.
☑ ☑ Ersatzprobe: Weil Vahid den Wettkampf gewonnen hat, hat sein Vater ihm dieses Buch gekauft, welches ihm so gut gefällt.

3. Beispielsätze mit das/dass als Relativpronomen/Demonstrativpronomen bzw. Konjunktion bilden

a)
- ▶ Mein Vater fährt ein Auto, das schwarz ist.
- ▶ Das findet Kerem bewundernswert, wenn sein Bruder Breakdance macht.
- ▶ Das ist ein sehr hohes Dach, das man vom Schloss durch die Bäume sieht.

b)
- ▶ Ich bereue, dass ich nicht zugeschlagen habe, als das Videospiel im Angebot war.
- ▶ Jenny hofft, dass sie bald ihren Schulabschluss hat.
- ▶ Die Mutter schimpft: „Ich möchte, dass du dein Zimmer aufräumst."

8. Zeichensetzung

1. Sätze mit fehlenden Satzzeichen aufschreiben

a) Frau Luipold erklärt**:** **„**Mathematik ist wie Fahrradfahren**,** einmal richtig verstanden**,** verlernt man es nie wieder.**"**

b) Backen**,** Kochen**,** Nähen und Stricken sind nicht meine Lieblingsaufgaben.

c) Tiere sollten nicht aus modischen Gründen gekauft werden**,** sondern ihre Anschaffung muss wohl überlegt sein.

2. Kommas erklären

a) Erklärung: Komma vor eingeschobenem Relativsatz

b) Erklärung: Komma bei eingeleitetem Infinitivsatz mit „um zu"

c) Erklärung: Komma zur Abtrennung von Haupt- und Nebensatz

d) Erklärung: Komma vor Konjunktion

3. Kommas einsetzen und Regel finden

Dieses Jahr wollen wir ohne Eltern in die Ferien fahren. Der eine Teil unserer Gruppe möchte ans Meer, der andere in die Berge. [2] Eigentlich ist es ja egal, ob Bergsee oder Meer, Hauptsache man kann baden. [5] + [2] Wir suchen auf jeden Fall eine Unterkunft, die allen gefällt. [4] Wichtig ist noch, dass es ansprechende Freizeitaktivitäten, wie z. B. Mountainbiken, Wandern, Tauchen oder Surfen gibt. [8] + [5] + [3] Für welches Reiseziel wir uns am Ende auch entscheiden, Spaß haben werden wir auf jeden Fall. [2]

9. Zeitformen

1. Beispielsätze in Zeiformen heraussuchen

Präsens: Heutzutage ist es normal, dass jeder ein Smartphone besitzt.
Futur I: Sicher ist: In den nächsten Jahren wird es noch wesentlich leistungsstärkere Mobiltelefone geben.
Präteritum: Aber das war nicht immer so.

2. Zeitformen bestimmen

a)	herrschte, brachte	3. Pers. Singular Präteritum
b)	ist fertiggestellt worden	3. Pers. Singular Perfekt, passiv
c)	sind bedroht	3. Pers. Plural Präsens, passiv
d)	sich vorbereitet wird schaffen	3. Pers. Singular Präsens 3. Pers. Singular Futur I
e)	ist gewesen	3. Pers. Singular Perfekt
f)	bin	1. Pers. Singular Präsens
g)	unternehmen wird bedeckt haben	1. Pers. Plural Präsens 3. Pers. Singular Futur II

3. Beispielsätze in Zeitformen formulieren

a) Futur I: Familie Cosar wird nächstes Jahr nach Frankreich in den Urlaub fahren.

b) Plusquamperfekt: Die preußischen Soldaten hatten zum Schutz ihres Kopfes Pickelhauben gehabt.

c) Präsens: Katzen klettern gerne auf Bäume.

d) Perfekt: Herr Castellana ist noch nie in den Bergen gewesen.

10. Wortarten

1. Dazugehörige Verben, Nomen und Adjektive notieren

a) ▶ der Schutz → schützen
▶ die Frage → fragen

b) ▶ erzählen → die Erzählung
▶ reisen → die Reise

c) ▶ das Risiko → riskant
▶ schaden → schädlich

2. Pronomen unterstreichen und bestimmen

a) Artjom feierte am Samstag Geburtstag. Er hat alle seine Freunde eingeladen.
→ Personalpronomen + Possessivpronomen

b) Dieses Fest war absolut gelungen.
→ Demonstrativpronomen

c) Der Kuchen, der eine grüne Glasur hatte, schmeckte mir am besten.
→ Relativpronomen + Reflexivpronomen

d) Wer kann da schon widerstehen?
→ Interrogativpronomen

e) Wir sind allesamt bis spät abends geblieben.
→ Personalpronomen + Indefinitpronomen

f) Sein Vater hat uns dann nach Hause gebracht.
→ Possessivpronomen + Reflexivpronomen

3. Wortarten bestimmen

a) Am Samstag **(C)** gehe ich mit zwei **(G)** Freunden ins **(D)** Kino, wenn **(F)** der **(H)** Film, den wir sehen **(B)** wollen, bis dahin noch läuft **(B)**.

b) 1. In den Sommerferien **fahre (B)** ich mit meinen Eltern ans Meer.
2. An meiner Schule gibt es ein **großes (A)** Orchester.
3. **Wenn (F)** es regnet, bleibe ich lieber zu Hause.

11. Satzglieder und Satzgefüge

1. Satzgefüge unterstreichen und bestimmen

a) Bungeejumping wäre nichts für mich, da ich Höhenangst habe.
HS NS

b) Damit Lea nicht immer zu spät kommt, muss sie zukünftig eine Bahn früher nehmen.
NS HS

c) Das neue Elefantenhaus, das gerade gebaut wird, bietet zukünftig dreimal so viel Platz.
HS NS HS

d) Die Fridays-for-Future-Bewegung zeigt, um etwas zu bewirken, müssen wir an einem Strang ziehen.
HS NS HS

2. Sätze zu Satzgefügen verbinden

a) Kausalsatz
Das Benutzen von Smartphones ist während der Klassenarbeit verboten, **weil** sie als Spickzettel eingesetzt werden könnten.

b) Temporalsatz
Der Mann kam an der Kreuzung an, **bevor/nachdem** die Ampel rot wurde.

c) Konzessivsatz
Die Plastikflut steigt weiter an, **obwohl** wir uns bemühen, im Alltag auf Plastik zu verzichten.

d) Finalsatz
Die Produktion von Textilien wird ins Ausland verlegt, **damit** die Produktionskosten sinken.

e) Adversativsatz
Eisbären bevorzugen Robben, Fische oder gestrandete Wale auf ihrer Speisekarte, **wohingegen** Braunbären drei Viertel ihres Bedarfs durch pflanzliche Nahrung decken.

f) Modalsatz
Wir tun etwas fürs Klima, **indem** wir CO_2 reduzieren.

3. Sätze umformulieren

a) Vor der Klasse ihr Referat zu präsentieren, hat sie sehr viel Überwindung gekostet.

b) Für Leo ist es eine Selbstverständlichkeit, mit dem Fahrrad zur Schule zu fahren.

12. Wortschatz

1. Synonyme und Antonyme finden

a) 1. Er spielt <u>sehr gerne</u> Fußball.
2. Die Klasse entscheidet sich für einen Ausflug <u>in die Natur</u>.
3. In Rom gibt es mehr als 1000 <u>Gotteshäuser</u>.
4. <u>Flink</u> klettert die Katze auf den Baum.
5. Er war <u>ein sehr großer Mann</u>.

b) 1. Das Buch, das ich gerade lese, <u>ist interessant</u>.
2. Leila <u>lässt sich Zeit mit dem Essen</u>.
3. <u>Bei Sonnenschein</u> gefällt mir der Wald am besten.
4. Der kleine Junge springt <u>lautlos</u> ins Wasser.
5. <u>Ohne mit der Wimper zu zucken</u>, holt er den Brief aus der Tasche.

2. Verb ersetzen

Der Mann **läuft** schnell zum Bahnsteig, um den Zug nach München noch zu erreichen. Da er aber schon eine ganze Weile **rennt**, ist er ganz außer Atem und wird immer langsamer. Deshalb verpasst er seinen Anschluss und **trottet** bekümmert zurück in die Bahnhofshalle.

3. In Standardsprache umformulieren

a) „Gehst du heute um ein Uhr zur Schicht? Dann machen wir es eben so, dass wir uns später am Bahnhof treffen."
oder:
Sie fragte, ob er heute um ein Uhr zur Schicht gehe, und schlug daraufhin vor, dass sie sich später am Bahnhof treffen.

b) Ich habe große Lust auf Schlittschuhlaufen.

c) Er hat keine Ahnung, er weiß nichts.

4. Begriffe mit gleicher Bedeutung finden

Evolution (Z. 2) – Entwicklungsgeschichte
Gebietsmarkierung (Z. 4) – Reviermarkierung
Art (Z. 5) – Spezies
allseitig, umfassend (Z. 5) – komplex
Verständigung untereinander durch Laute (Z. 5) – Lautkommunikation

13. Aktiv und Passiv

1. Aktiv- und Passivsätze umformen

Aktiv	Passiv
Meine Eltern renovieren gerade unsere Wohnung.	*Unsere Wohnung wird gerade von meinen Eltern renoviert.*
Die Spedition liefert die neuen Möbel.	Die neuen Möbel werden von der Spedition geliefert.
Die Küche bauen wir selbst ein.	*Die Küche wird von uns selbst eingebaut.*
Meine Mutter fotografiert die neu gestalteten Räume.	Die neu gestalteten Räume werden von meiner Mutter fotografiert.

2. Aktiv- und Passivsätze zuordnen

Aktiv	Passiv
Das Flugzeug segelte leise durch die Luft.	Ich wurde von der Sonne geblendet.
Morgen zu diesem Zeitpunkt werde ich meine Prüfung schon hinter mir haben.	Die Rechnung wurde von einem Sponsor bezahlt.

3. Zustands- oder Vorgangspassiv bestimmen

a) Zustandspassiv
b) Vorgangspassiv
c) Zustandspassiv
d) Vorgangspassiv

Ganzschrift – Lektüre

1. Aufgaben zur aktuellen Ganzschrift

„Blackbird“ (Matthias Brandt)

a) Veränderung der Freundschaft beschreiben

Bogi ist Mottes bester Freund, mit dem er schon viel erlebt hat und mit dem er über alles reden kann. Oft wissen beide sogar, was der andere denkt, bevor er es ausspricht. Als Bogi erkrankt und ins Krankenhaus muss, wird ihm der Freund sehr schnell fremd. Der Jugendliche kann mit dieser Situation nicht umgehen und weiß bei seinen Besuchen nicht, über was er mit Bogi reden soll. Er fühlt sich deshalb als Versager, weil er dem Freund in dieser schlimmen Lage nicht beistehen kann. Bogi fehlt ihm sehr, ohne ihn fühlt er sich oft hilflos.

b) Bedeutung von Musik für Motte erläutern

Musik ist für Motte ein Lebensgefühl: Die Auswahl der Musik beim Kauf einer Schallplatte entscheidet darüber, wie er sich in den nächsten Wochen fühlt. Die Jugendlichen definieren sich außerdem über die Musik, die sie hören. Deshalb ist Motte bei Bogis Beerdigung zunächst sauer, als Reinhard Meys „Über den Wolken“ gespielt wird. Seiner Ansicht nach rückt das Bogi in ein „falsches Licht“, weil ihm das gefallen hatte, als er acht Jahre alt war. Mit Musik kann Motte sich außerdem gut entspannen.

c) Mottes Umgang mit der Trennung seiner Eltern beschreiben

Motte leidet unter der Trennung seiner Eltern, auch wenn er sich das nicht eingestehen will. Er versucht, sich nicht in ihren Konflikt hineinziehen zu lassen. Der Jugendliche sieht, dass vor allem seine Mutter darunter leidet, dass der Vater sie verlässt und zu seiner neuen Lebensgefährtin zieht. Aber Motte schafft es nicht, sie in den Arm zu nehmen und zu trösten. Seinem Vater geht er aus dem Weg, weil beide nicht in der Lage sind, über die Situation zu sprechen. Motte will später auf keinen Fall so eine Beziehung führen wie seine Eltern.

d) Situationen beschreiben, die von Sprachlosigkeit geprägt sind

Motte hat zu Hause nie gelernt, über seine Gefühle zu reden. Weder sein Vater noch seine Mutter haben Dinge direkt angesprochen. Alle waren nur darauf bedacht, nichts Falsches zu sagen und den anderen in Ruhe zu lassen. So hat Motte nie gelernt, seine Gefühle und Bedürfnisse auszudrücken. Als er einmal seinem Vater im Wohnzimmer begegnet, sprechen beide nicht über die bevorstehende Trennung der Eltern. Sein Vater stammelt nur hilflos, dass ja sicher die Mutter schon alles erklärt habe. Motte gibt sich damit zufrieden, weil er diesem Gespräch ebenfalls aus dem Weg gehen will.
Auch Mottes Umgang mit Bogis Krankheit ist von Sprachlosigkeit geprägt. Als er ihn zum ersten Mal im Krankenhaus besucht, ist er völlig überfordert mit der Situation. Er spürt, dass ihm der Freund fremd geworden ist und weiß überhaupt nicht, worüber er mit ihm sprechen soll.

e) Zwei Beispiele für Sprachspiele nennen

- neue Wortkreationen: z. B. „verglimpfen" (Steffi) als Gegenteil von verunglimpfen
- kreative Übersetzungen ins Englische: „Amselfelder" → „Blackbirdfielder" (Bogi)
- seltene Wörter: „Schuft", „Habseligkeiten" (Motte und Bogi)

f) Mottes Brief an Jacqueline verfassen

Hi Jacqueline!

Ich muss dir leider noch 'nen Brief schreiben. Wahrscheinlich findest du das blöd. Muss ich aber trotzdem loswerden.
Ich war wirklich in dich verliebt, weil ich dich sympathisch finde. Aber das, was du dann im Kino gebracht hast, war total daneben. Ich meine, du hast mich immerhin geküsst bei unserem Treffen. Da hab ich mir dann schon Hoffnungen gemacht. Das war jedenfalls sehr schön. Und dann das mit Callum ... sowas geht einfach gar nicht.
Also, inzwischen bin ich drüber weg. Aber am Anfang wollte ich nur noch unsichtbar sein, hab mich total geschämt. Und es hat echt wehgetan. Gut, das ist bei Liebeskummer wohl so.
Warum ich dir das alles schreibe?
Damit du so 'nen Scheiß nicht noch mal machst. Also, zuerst Hoffnungen und dann Ende. Aus die Maus. Das ist einfach total verletzend. Ist ja ok, wenn du meine Gefühle nicht erwiderst, aber dann sag das doch einfach! So, jetzt ist's raus. Ich hoffe, du verstehst es.
Ich wünsch dir trotzdem alles Gute.

Motte

g) Gespräch zwischen Motte und Jan verfassen

J: Mann, jetzt ist Bogi schon seit drei Monaten tot. Ich raff's immer noch nicht.
M: Geht mir auch so. Er fehlt mir immer noch wahnsinnig.
J: Sagt Walki auch. Und ich könnte immer noch ausrasten wegen der ganzen Geschichte.
M: Ich hatte mich so gefreut, als er für kurze Zeit nach Hause durfte. Da dachte und hoffte ich, dass er es doch noch packt. Aber es hatte sich schon was verändert in unserer Freundschaft. Zum ersten Mal haben wir uns gestritten, das gab's vorher noch nie! War eigentlich was total Unwichtiges, aber Bogi ist völlig ausgerastet. Ich hab einfach gemerkt, wie aufgeregt und gestresst er war, nach so langer Zeit wieder ins richtige Leben einzutauchen.
J: Das kann ich mir vorstellen, wär mir auch so gegangen.
M: Dabei wollte ich ihn nur davor bewahren, sich mit 'ner Platte von Chicago im „Rockworld" zu blamieren. *(grinst)*
J: Und hat er sich dann wieder eingekriegt?
M: Klar, es ging, wie gesagt, eigentlich nicht um mich. Er musste wohl einfach mal Dampf ablassen.
J: Jedenfalls hab ich mich auch riesig gefreut, als Walki und ich euch beide getroffen haben. Ich hätte fast geheult. Und im Stadtpark war's für kurze Zeit ein bisschen so wie früher.
M: Ich fühl mich immer noch richtig mies, weil ich ihn so selten besucht habe. Ich konnte einfach nicht. Das hast du viel besser hingekriegt.
J: Ja, aber vielleicht nur deshalb, weil ich nicht ganz so nah an ihm dran war wie du. Ihr wart ja wirklich unzertrennlich.

M: Vielleicht. Jedenfalls tut es mir trotzdem gut, wenn wir über Bogi reden. Dann ist es, als ob er doch noch da wäre. Ist er ja irgendwie auch.
J: Komm, wir gehen noch zu Walki. Ich sag nur: Amselfelder! In Gedenken an Bogi.
M: Du meinst „Blackbirdfielder", wie Bogi sagen würde. Ok, ich bin dabei.

„Nathan und seine Kinder" (Mirjam Pressler)

a) Rechas Wahrnehmung des Tempelritters beschreiben

In Rechas Wahrnehmung gleicht Curd von Stauffen einem Engel. Angesichts der Situation ist das nicht verwunderlich, denn das Haus brennt, es ist alles voller Rauch und Curd von Stauffen trägt das weiße Gewand der Tempelritter. Dazu kommt die Erleichterung, gerettet zu werden, was für Recha einem göttlichen Akt gleicht.

b) Dajas Lebensumstände damals und heute gegenüberstellen

Damals
Daja wuchs bei ihrer Großmutter in sehr ärmlichen Verhältnissen in Deutschland auf. Die Großmutter war keine nette Person. Sie behandelte Daja schlecht. Zudem war sie eine Judenhasserin. Schon früh verlässt Daja daher die Heimat, um in der Ferne nach einem besseren Leben zu suchen.

Heute
Inzwischen lebt Daja seit vielen Jahren im Wohlstand in Nathans Haus. Er hat sie aufgenommen, als es ihr schlecht ging und sie ohne Hoffnung in Jerusalem „gestrandet" war. Er behandelt sie gut und respektvoll. Daja fehlt es an nichts. Sie ist glücklich in ihrer Rolle als Rechas Zofe.

c) Identitätskrise anhand dreier Beispiele beschreiben

- Geschem fühlt sich identitätslos, weil er keinen Namen, keine Eltern und keine Religion hat. Er weiß nicht, wer er ist. Erst durch die Hilfe und Anerkennung Nathans und Elijahus gelingt es ihm, langsam ein Gefühl für seine Identität zu entwickeln.
- Curd von Stauffen (Leu von Filnek) kämpft während seiner gesamten Kindheit mit Kränkungen und Zurückweisungen durch seine Umgebung. Als er dann noch erfährt, nicht das leibliche Kind seines Vaters, sondern nur der Neffe zu sein, verlässt er die heimische Burg. Aber auch in der Ferne verfolgt ihn die Frage, wer er eigentlich ist. Als er mit der Namensänderung auch eine neue Rolle annimmt, nämlich die des verlorenen Neffen des Sultans Saladin, wendet sich das Blatt. Aus dem lästigen Sohn in der Heimat wird der geliebte und verehrte Neffe am Hof des Sultans.
- Recha gerät in eine Identitätskrise, als sie erfährt, dass Nathan nicht ihr leiblicher Vater und sie zudem keine Jüdin, sondern eine getaufte Christin ist. Allerdings gelingt es ihr mithilfe der uneingeschränkten Liebe ihres „Vaters", die Krise zu überwinden. Mehr noch, sogar gestärkt aus ihr hervorzugehen.

d) Adjektive nennen

1. Adjektive, die beschreiben, warum Nathan zu seinem Namen gekommen ist:
   tolerant, menschlich, respektvoll
2. Adjektive, die Nathans Kritiker für ihn finden würden:
   jüdisch, reich, besserwisserisch

e) Nathans Wunsch erläutern

Nathans Wunsch war es, seine Tochter zu einem genauso toleranten und wohltätigen Menschen zu erziehen, wie er selbst einer war. Sie sollte eigenständig denken und eigene Entscheidungen treffen können. Nathan hat immer nur den Menschen und nicht die Religion in jemandem gesehen. Dieses geistige Erbe soll nun Recha weiterführen, was ihr auch gelingt.

f) Brief an Lea verfassen

Liebe Lea,

ich weiß, du hast selbst genug Probleme, aber du bist die Einzige, an die ich mich momentan wenden kann. Der Schock über die Tatsache, dass mein Vater nicht mein leiblicher Vater ist, sitzt immer noch tief. Ich bin fassungslos, wütend und traurig zugleich. Warum hat er mir das nie gesagt? Warum hat es mir nie irgendjemand gesagt? Vertrauen sie mir alle so wenig? Oh Lea, ich verstehe jetzt so viel besser, wie es sich anfühlt, wenn jemand anderes über den Verlauf deines Lebens bestimmt, ohne dass du etwas dagegen tun kannst. Ich bin das nicht gewohnt. Mein Vater hat mich stets selbst entscheiden lassen, wie ich leben möchte. Aber genau das gibt mir nun Hoffnung, denn mein Vater handelt immer weise und ich bin sicher, dass wir auch in dieser Krise wieder zueinanderfinden werden.

Bis bald
Deine Recha

g) Gespräch zwischen Leu von Filnek und Sittah verfassen

S: Wie fühlst du dich jetzt hier bei uns am Hof?

F: Ach Sittah, es geht mir wirklich gut. Zum ersten Mal im Leben habe ich das Gefühl, willkommen und gewollt zu sein.

S: Wie meinst du das? Das musst du mir bitte näher erklären.

F: In meiner Kindheit hat man mir immer das Gefühl gegeben, nicht dazuzugehören, sogar lästig zu sein. Ständig wurde mir gesagt, „einer wie du" kann das nicht, schafft das nicht, muss sich viel mehr anstrengen. Das war sehr deprimierend. Und als ich dann noch erfahren habe, dass ich nicht der leibliche Sohn meines Onkels bin, sondern nur der Neffe, wollte ich nur noch weg.

S: Das kann ich mir vorstellen. Aber jetzt bist du ja wieder in der Rolle des Neffen. Ich hoffe, diese kann nun positiver besetzt werden als in deiner Kindheit.

F: Auf jeden Fall. Ihr habt mich mit offenen Armen empfangen und mich als den verlorenen Neffen gepriesen. Ihr seht Assad in mir, den Bruder des Sultans.

S: Wir sehen ihn nicht nur in dir, du bist eindeutig sein Sohn. Daran haben wir keinen Zweifel, die Ähnlichkeit ist unverkennbar. Und genau so wirst du behandelt. Wir sind sehr froh, dich hier am Hof zu haben.

F: Danke Sittah, das weiß ich wirklich zu schätzen.

2. „Tschick" (Wolfgang Herrndorf)

a) Maiks Charakter beschreiben

Maik ist ein Einzelgänger und hat keine Freunde. Er hält sich selbst für langweilig und sieht darin auch einen der Gründe für seine Isolation. Im Text wird jedoch deutlich, dass er sich nach Freundschaften sehnt. Maik kann sich gut alleine beschäftigen. Er ist sehr intelligent und hat einen sarkastischen Blick auf die Welt. Auch die Erwachsenen, vor allem seine Eltern, durchschaut er. So ist ihm zum Beispiel klar, dass seine Mutter gelegentlich nicht auf einer Schönheitsfarm, sondern in einer Entzugsklinik ist.

b) Faszination Tschicks auf Maik erläutern und belegen

Maik ist vor allem deshalb von Tschick fasziniert, weil er in vielen Dingen ganz anders ist als er selbst. Er kommt aus einem völlig anderen, eher ärmlichen Umfeld, während Maik mit seinen Eltern in einer Villa wohnt. Tschick ist mutig, draufgängerisch und dreist, also Maiks genaues Gegenteil: „Ich rutschte von meinem Sitz hinunter in den Fußraum, während Tschick das Fenster runterkurbelte, lässig einen Ellenbogen raushängte […]" (Z. 97 ff.). Er ist in einem geklauten Auto unterwegs, gibt vor den anderen mit seinen gewagten Fahrkünsten an. Auf Maik hat er eine regelrecht hypnotisierende Wirkung: „Wie hypnotisiert stieg ich aus […]" (Z. 143). Wahrscheinlich wünscht sich Maik, ein bisschen mehr wie Tschick zu sein.

c) Erklärung für Maiks Geschenk an Tatjana finden

Maik ist in Tatjana verliebt und hat eine Zeichnung für sie angefertigt. Alleine würde er sich nie trauen, ihr diese zu geben. Doch Tschick bietet ihm eine spektakuläre Gelegenheit, auf sich aufmerksam zu machen, ohne dass es viele Leute mitbekommen. Er „hypnotisiert" seinen Freund regelrecht, aus dem Auto auszusteigen, auf Tatjana zuzugehen und ihr die Zeichnung zu geben. Durch Tschicks Autostunt wird die Begegnung noch beeindruckender.

d) Brief von Tatjana an ihre Freundin verfassen

Hallo Lucy,

stell dir vor, gestern auf meiner Party hatte ich eine sehr krasse Begegnung. Zwei Typen aus meiner Klasse, Tschick und Maik, die ich gar nicht eingeladen hatte, sind in einem Lada bei mir vorgefahren. Tschick ist so ein cooler Typ, der immer genau weiß, was er will. Von Maik habe ich bislang nicht viel mitgekriegt, der redet nicht viel und ist ziemlich farblos.
Zuerst ist nur Tschick ausgestiegen und hat mir erklärt, dass sein Freund was für mich hat. Ich war ziemlich genervt, weil ich die beiden nicht gut kenne und mich nicht für sie interessiere. Dann kam auch noch Maik zu mir und hat mir eine total schöne Zeichnung von Beyoncé gegeben. Geredet hat er aber wie immer nicht viel. Ich wusste überhaupt nicht, was ich sagen soll. Aber die Zeichnung ist wirklich toll.
Als sie weggefahren sind, hat Tschick einen Wahnsinnsautostunt hingelegt. Der kann richtig gut fahren. Mal sehen, vielleicht treffe ich mich ja doch mal mit Maik, obwohl ich den bis jetzt immer ziemlich langweilig fand. Aber offensichtlich steckt mehr in ihm, als man auf den ersten Blick sieht.

Liebe Grüße
Tatjana

3. „Trügerische Stille" (Andreas Steinhöfel)

a) Logos Erstarren erklären

Carla und Logo haben sich am Ufer des Sees nackt ausgezogen, um ein Bad zu nehmen. Als Carla sich umdreht, sieht Logo Flecken auf ihrem Rücken, die er zunächst für Schatten hält. Plötzlich wird ihm jedoch klar, dass es Striemen sind, dass Carla also geschlagen wurde, vermutlich von ihrem Vater. Diese Erkenntnis lässt ihn erstarren.

b) Kontrast von Carlas Vorstellung und Logos tatsächlicher Familie beschreiben und belegen

Carlas Zeichnungen zeigen eine glückliche Familie in vielen Szenen. Logo erkennt schnell, dass Carla nicht in ihn verknallt ist, wie Arnie vermutet, sondern in seine Familie: „‚Alles heile Welt, glückliche Familie. Was würdest du dir wünschen, wenn du so ein Arschloch zum Vater hättest wie sie?'" (Z. 103 ff.) Dabei ist auch in Logos Familie nicht alles in Ordnung. So ist er der Ansicht, dass ihre Mutter sich viel zu wenig um seine jüngeren Geschwister kümmert. Als seine kleine Schwester Margarethe krank ist, wirft er dies der Mutter vor: „‚Sie hat ja auch gelernt, wie man ohne Mutter auskommt.'" (Z. 150 f.) Offenbar wenden sich seine jüngeren Geschwister immer an ihn, wenn es ihnen schlecht geht, und nicht an ihre Mutter. Logos Vorwurf macht seine Mutter sehr betroffen, sie sagt aber nicht viel dazu.

c) Bedeutung der Unglücksstelle von Carlas Eltern erklären

Seit dem Unfall träumt Carla jede Nacht von ihren Eltern. Sie überlebte als Einzige das schreckliche Ereignis und hat die Tage danach wie im Traum erlebt. Sie tat, als sei nichts geschehen, und glaubte fast selbst daran. Doch nachts träumt sie dann wieder von ihren Eltern. Mit dem Besuch der Unglücksstelle möchte Carla in erster Linie Ruhe finden. Sie will sich dem Geschehen noch einmal stellen und Abschied nehmen. Sie hofft, dass die Träume dann aufhören.

d) Dialog zwischen Carla und Logo verfassen

Carla: „Hier ist es passiert. Es ging alles so schnell und ich konnte ihnen nicht helfen."

Logo: „Ich weiß. Dich trifft keine Schuld."

Carla: „Es ist schrecklich, seine Eltern zu verlieren. Ich vermisse sie so sehr. Und gleichzeitig fühle ich mich auch frei. Die Angst vor meinem Vater und seinen Schlägen ist weg. Und die Vorwürfe an meine Mutter, die mir nicht geholfen hat. Auch ihre ständigen Streitereien waren schrecklich. Und trotzdem ist dieses Gefühl der Erleichterung fast nicht auszuhalten. Ich fühle mich schuldig, so zu fühlen."

Logo: „Ich kann dich gut verstehen. Es ist oft so, dass zwei gegensätzliche Gefühle nebeneinander existieren. Du brauchst dir keine Vorwürfe zu machen, dass du auch eine gewisse Erleichterung fühlst. Das Leben mit deinem Vater muss die Hölle gewesen sein. Vielleicht ist das jetzt auch eine Chance auf einen Neuanfang."

Carla: „Meinst du wirklich? Ich bin jetzt doch aber ganz allein."

Logo: „Du bist nicht allein!"

Dialektische Erörterung

1. Plastikverbrauch

„Plastikabfälle – ein weltweites Problem"

Plastikmüll ist mittlerweile zum weltweiten Problem geworden. Einerseits sind die Kunststoffe in vielen Lebensbereichen nicht mehr wegzudenken, andererseits verunstalten sie die Landschaft und vergiften die Meere. Auch die Menschen selbst sind über das schädliche Mikroplastik am Ende davon betroffen. Es stellt sich daher die Frage, inwieweit man die Verwendung von Plastik zumindest reduzieren kann.

Plastik begegnet einem überall. Die Industrie betont, dass Kunststoffe wichtig für die Ernährung und Trinkwasserversorgung der Weltbevölkerung, für die Einsparung von Energie und die Verbesserung der medizinischen Versorgung sind. Für viele Anwendungen dieser wertvollen und effizienten Kunststoffe gebe es keine sinnvolle Alternative.

Außerdem stellen Plastikabfälle eine hochwertige Ressource dar, die es besser zu nutzen gilt, so der VCI (Verband der chemischen Industrie). Zu diesem Zweck wurde 2019 die internationale Alliance to End Plastic Waste gegründet, die beispielsweise Projekte für Müllmanagement oder neue Recyclingtechnologien fördern will.

Problematisch verhalten sich auch die Verbraucher: Sie kaufen nach wie vor in großer Zahl Plastikprodukte, obwohl es in vielen Bereichen längst Alternativen gibt, etwa Glasflaschen oder Mehrwegbecher. Im Jahr 2016 verursachten die Deutschen rund 38 Kilogramm Plastikverpackungsabfälle, wie die Grafik zeigt. Damit liegt Deutschland innerhalb Europas fast an der Spitze. Plastik ist einfach „bequem", wie zum Beispiel die große Nachfrage nach Strohhalmen, Einwegbechern usw. zeigt.

All diesen sicherlich positiven Eigenschaften und bequemen Verwendungsmöglichkeiten von Plastik steht jedoch das enorme Problem seiner Entsorgung gegenüber. Da Plastik in der Regel stabil und wasserdicht ist, kann es oft nur schwer entsorgt werden.

Prinzipiell ist es sicherlich besser, die Plastikabfälle zu recyceln, anstatt sie wegzuwerfen. Doch wie die Vergangenheit gezeigt hat, funktioniert dies in vielen Ländern nicht. Außerdem werden große Mengen an Plastikmüll ins Ausland exportiert, oft ausgerechnet in Länder, die noch weniger damit umgehen können.

BUND und Heinrich-Böll-Stiftung verlangen, Produktion und Konsum von Plastik zu reduzieren. Hier müssen sich Industrie und Verbraucher sinnvolle Alternativen überlegen. Allein auf die Freiwilligkeit zu setzen, hat bislang allerdings nicht viel gebracht. Deshalb fordern die beiden Organisationen, „vor allem die Hersteller und die petrochemische Industrie als Hersteller der Plastikprodukte in die Pflicht zu nehmen" (Z. 37 ff.) Das ist vermutlich sinnvoll, denn nur so wird sich wirklich etwas ändern.

Es ist klar, dass die riesigen Mengen an Plastikmüll, die in der Umwelt landen, dringend reduziert werden müssen. So sollten wir beispielsweise unseren Lebensstil überdenken, der viel Plastik verbraucht, und auch auf Dinge verzichten, für die es Alternativen ohne Plastik gibt. Ich bin der Meinung, dass die Zeit für freiwillige Änderungen vorbei ist – sonst ändert sich nie etwas oder zumindest nicht schnell genug. Erst wenn Produktion und Konsum von Plastik richtig teuer werden, werden mehr Unternehmen und Menschen darauf verzichten.

2. Regulierung der Landwirtschaft

„Warum die Bauern protestieren"

In der Agrarpolitik gibt es derzeit große Auseinandersetzungen. Einerseits ist klar, dass unbedingt etwas gegen das Artensterben und die Grundwasserbelastung unternommen werden muss. Andererseits ist es verständlich, dass die Landwirte Regelungen verlangen, die ihre Existenz nicht gefährden.

Die durch die Landwirtschaft verursachten Probleme sind mittlerweile vielfältig. So stellt zum Beispiel die enorme Belastung des Grundwassers mit Nitrat ein großes Problem dar, weil in vielen Regionen zu viel Gülle auf die Felder geleert wird. Aus diesem Grund ist es richtig, dass die Agrarpolitik endlich eingreift: „In Gebieten, in denen besonders viel Nitrat im Grundwasser festgestellt wird, soll der Düngereinsatz um 20 Prozent reduziert werden." (Z. 19 ff.)

Außerdem ist es dringend notwendig, dass die Politik mehr zum Schutz der Artenvielfalt unternimmt. Das für alle bedrohliche Artensterben kann inzwischen niemand mehr leugnen. Mit einem Agrarpaket will die Bundesregierung EU-Mittel ökologisch umschichten, das Unkrautvernichtungsmittel Glyphosat ab 2023 verbieten und Schutzgebiete ganz vor insektenschädlichen Pflanzenschutzmitteln schützen.

Es ist viel zu lange viel zu wenig in dieser Richtung passiert, weshalb die Regulierung der Landwirtschaft durch die Politik notwendig geworden ist. Andererseits dürfen solche massiven Veränderungen die Bauern nicht in ihrer Existenz gefährden.

Zur enormen Nitratbelastung tragen vor allem die riesigen Mastbetriebe in Niedersachsen und Nordrhein-Westfalen bei. Eine verschärfte Düngeverordnung trifft aber alle landwirtschaftlichen Betriebe gleichermaßen, auch die kleinen und mittleren, die mit der Gülle ihrer Tiere die Felder düngen. Hier müsste eine bessere Lösung gefunden werden, die allen gerecht wird.

Auch am Beispiel Artenschutz sieht man, dass einheitliche Bestimmungen problematisch sind. Die Landwirte wehren sich gegen ein generelles Glyphosatverbot, weil „Glyphosat nur noch punktuell eingesetzt" wird (Z. 45 f.) und sie schon jetzt versuchen, den Insekten mit Zwischenfrüchten auf den Feldern Nahrung zu bieten.

Ernst nehmen muss man auch die Angst vor Billigimporten aus dem Ausland, für die weit weniger strenge Regelungen gelten als für heimische Produkte. Es kann nicht sein, dass sich die Bauern in Deutschland an strenge Vorgaben halten und dann von solchen Importen bedroht werden.

Meiner Meinung nach ist das Thema Agrarpolitik sehr vielschichtig und einfache Lösungen gibt es nicht. Es ist klar, dass für den Klima- und Umweltschutz möglichst schnell einiges passieren muss. Und die Politik muss eingreifen und viele Dinge anstoßen. Aber die Maßnahmen müssen die Bauern einbeziehen und dürfen für sie nicht existenzbedrohend sein, sonst ist am Ende niemandem geholfen. Auch die Verbraucher sind hier gefordert, die in Zukunft für Tierwohl, Umwelt- und Naturschutz auch mehr zahlen sollten, wie Agrarministerin Klöckner fordert. Wenn alle an einem Strang ziehen, kann die Landwirtschaft ökologischer werden, was dringend notwendig ist.

3. Abschaffung der Zeitumstellung

„Wann schafft die EU die Zeitumstellung endlich ab? Welche Zeit bleibt?"

In dem Artikel „Wann schafft die EU die Zeitumstellung endlich ab? Welche Zeit bleibt?" von Max Wochinger wird darüber diskutiert, ob die Abschaffung der Zeitumstellung sinnvoll ist.
Laut einer Befragung der Europäischen Union sprach sich die Mehrheit für die Abschaffung der Zeitumstellung aus, dennoch wurde dies bis heute nicht umgesetzt.
Dies liegt u. a. daran, „dass die Auswirkungen einer Änderung nicht ausreichend erforscht und analysiert" (Z. 25 f.) sind. Außerdem gibt es Probleme bei der Einigkeit. Da jedes Land selbst entscheidet, ob es dauerhaft auf Sommer- oder Winterzeit umstellt, wird ein „Zeit-Flickenteppich" befürchtet, die Einigung wird viel Zeit benötigen: „Ein wichtiges Anliegen etlicher Staaten ist es daher, einen Zeit-‚Flickenteppich' zu vermeiden. Dafür müssen sie sich nicht nur jeweils intern, sondern auch untereinander abstimmen – und das braucht Zeit." (Z. 46 – 49)
Doch es „gebe bereits gute Vorschläge zur Koordinierung" (Z. 63 f.), sodass das Problem der Einigung behoben werden könnte. Denn für die Abschaffung der Zeitumstellung spricht z. B., dass eine Mehrheit der Bürger eine Umstellung für überflüssig hält (vgl. Z. 97 ff.). Für die Abschaffung der Zeitumstellung spricht außerdem, dass sich der ursprüngliche Grund nicht bestätigt hat: „Ursprünglich sollte dank einer besseren Ausnutzung des Tageslichts Energie gespart werden, doch der wirtschaftliche Nutzen ist verschwindend gering." (Z. 91 ff.) Schwerwiegend sind auch die Auswirkungen der Zeitumstellung auf die Gesundheit: Wissenschaftliche Erkenntnisse legen nahe, „dass manche Menschen gesundheitlich unter der Zeitumstellung leiden." (Z. 94 ff.) Dies stützt auch eine Erhebung der Krankenkasse DAK, laut der 26 Prozent der Menschen nach der Zeitumstellung mit gesundheitlichen oder psychischen Folgen kämpfen (vgl. Z. 99 ff.). Auch eine Forsa-Umfrage zeigt, „dass die Umstellung zwischen Sommer- und Winterzeit den Schlafrhythmus stört." (Z. 106 f.)
Nach Abwägung aller Argumente bin ich selbst für die Abschaffung der Zeitumstellung. Sicher sollte es eine einheitliche Regelung für die europäischen Länder geben, aber hier gibt es ja bereits Vorschläge zur Koordinierung, sodass die Einigung nicht so viel Zeit in Anspruch nehmen sollte. Ich denke, viele Menschen merken, dass sich die Zeitumstellung auf den eigenen Körper auswirkt. Ich selbst schlafe erst mal immer schlechter und kann mir vorstellen, dass besonders ältere Menschen gesundheitlich noch stärker darunter leiden. Da selbst der wirtschaftliche Nutzen widerlegt ist, gibt es meiner Meinung nach keine guten Argumente mehr, die gegen eine Abschaffung der Zeitumstellung sprechen.

Textbeschreibung

1. Lyrik

1. „Schule" (Heinz Erhardt)

Das Gedicht „Schule" wurde von Heinz Erhardt verfasst und erschien 1984 in „Das große Heinz Erhardt Buch" im Wilhelm Goldmann Verlag in München. Es stellt die Bedeutung der Schule für das spätere Leben infrage.

Das Gedicht ist in vier Strophen aufgebaut und besteht aus insgesamt 18 Versen. Die erste Strophe hat sechs Verse, darauf folgt eine vierversige, dann wieder eine sechsversige und am Ende eine zweiversige Strophe. Es wird durchgängig der Paarreim verwendet.

Die erste Strophe beschreibt allgemein die Funktion der Schule als Lehranstalt, in der das Wissen und der Lernstoff den Kindern und Jugendlichen eingetrichtert (vgl. V. 4) wird, egal welche „Geistesgaben" (V. 6) diese besitzen. Es macht keinen Unterschied, ob man als Schüler/-in zu den „Guten" (V. 3) oder zu den „Bösewichtern" (V. 3) gehört, zu den schlauen, faulen, fleißigen oder dummen Lernenden, alle müssen auf dieselbe Art lernen.

In der zweiten Strophe werden zwei männliche Figuren vorgestellt, die jeweils für einen fleißigen-schlauen und einen faulen-dummen Schülertypen stehen. Kai verkörpert den intelligenten und leistungsstarken Schüler, der die „englischen Vokabeln" sowohl mit Löffeln als auch mit Gabeln frisst (vgl. V. 7 f.). Karl-Heinz dagegen benötigt Stunden, um eine einfache Mathematikaufgabe zu lösen (vgl. V. 9 f.). Darauf folgt in der dritten Strophe die Beschreibung der weiteren Lebensläufe von Kai und Karl-Heinz. Hierbei werden die zu erwartenden Karrierechancen der beiden umgedreht. Während der scheinbar dumme Karl-Heinz „Chef" (V. 12) und von seiner Außenwelt „bewundert" (V. 12) wird, zwingt man Kai in eine „Uniform" (V. 13) und stellt ihn an einer „Drehtür" (V. 14) als Portier ab. Sein Fleiß, Englisch zu lernen, hat sich nicht für ihn gelohnt, denn die einzigen Floskeln, die er für seine Tätigkeit benötigt, sind „‚Good morning, Sir' und manchmal: ‚Please!'" (V. 16) Er ist trotz seiner Anstrengung in der Schule der Verlierer. Diese Wendung wird dann in der vierten Strophe noch mal zusammengefasst.

Der Autor kritisiert in diesem Gedicht auf humorvolle Weise die Institution Schule, die zumindest zu seiner Zeit, stur Stoff vermittelt, ohne dabei Rücksicht auf die unterschiedlichen Bedürfnisse und Fähigkeiten der einzelnen Schüler/-innen zu nehmen. Hervorgehoben wird dies zum Beispiel durch Metaphern wie „den Lehrstoff quasi einzutrichtern" (V. 4) oder „Mit Löffeln, ja, sogar mit Gabeln / frißt *Kai* die englischen Vokabeln" (V. 7 f.). Dieses Sprachbild unterstreicht außerdem die Haltung des Autors zum Auswendiglernen. Nur, weil man Wissen auswendig lernt, bedeutet es nicht, dass man es auch sinnvoll anwenden kann. Denn die Erwartungen werden in dem Gedicht umgekehrt. Die letzte Strophe fasst zusammen: „Hieraus ersieht der Dümmste klar, daß der, der ‚dümmer', klüger war!" (V. 17 f.) Diese Zuspitzung wirkt beinahe schadenfroh und zeigt, dass die Leistung während der Schulzeit nicht allein ausschlaggebend für den späteren Lebensweg ist. Denn, obwohl Karl-Heinz in der Schule Probleme hatte, wird er später Chef, während der fleißige Kai als Portier arbeitet und seine auswendig gelernten Englisch-Vokabeln gar nicht anwenden kann. Eine Bewertung per Noten kann zwar den Fleiß eines Schülers / einer Schülerin widerspiegeln, aber nicht immer etwas über die Intelligenz eines Menschen aussagen. Je älter man wird, desto weniger wichtig sind Schulnoten im Lebensweg.

In der heutigen Zeit kann man die Absicht des Gedichts zu der Aussage „Schule ist nicht alles" zusammenfassen. Ich stimme dem Autor also zu. Denn zum einen kann auch heute die Schule nicht auf die Lernbedürfnisse jedes Einzelnen eingehen, noch ist allein durch die Noten der spätere Lebensweg vorgegeben. Fleiß und stures Auswendiglernen sagen nichts über die Fähigkeiten eines Menschen aus. Wichtiger ist es, Wissen sinnvoll anwenden zu können und auch einen Charakter auszubilden, der kritisch hinterfragt und seine eigenen Stärken erkennen und anwenden kann. Denn dann ist auch dem Dümmsten klar, dass es nicht auf die Menge der Bildung, die man sich während seiner Schulzeit aneignet, ankommt, sondern darauf, was man daraus macht.

2. „Stufen“ (Hermann Hesse)

In dem Gedicht „Stufen“ von Hermann Hesse geht es um die einzelnen Stationen des Lebens, die man durchlebt. Das Gedicht besteht aus drei Strophen, die 22 Verse umfassen (aufgeteilt in zehn, acht und vier Verse). Das Reimschema der ersten Strophe ist abacbdcede. Die zweite Strophe besteht aus einem umarmenden Reim (abba) und einem Kreuzreim (cdcd). Die letzte Strophe besteht aus einem umarmenden Reim (abba).

Das Gedicht beschreibt die verschiedenen Phasen des Lebens und die ständige Weiterentwicklung. In der ersten Strophe wird auf die Vergänglichkeit hingewiesen. Es wird gesagt, dass alles seine Zeit habe und genauso vergehe. Der Mensch soll für den Abschied bereit sein, auch wenn es Mut erfordert, und sich offen für Neues zeigen. Dieser Punkt wird in der zweiten Strophe vertieft: Man soll nicht auf einer Stufe bleiben, sondern sich weiterentwickeln. Dafür muss man zum Aufbruch bereit sein, um nicht zu „[e]rschlaffen“ (V. 16). In der dritten Strophe wird gesagt, dass dieser Prozess bis zum Tod geht und vielleicht sogar darüber hinaus.

Die „Stufen“ ziehen sich in dem Gedicht wie ein roter Faden fort. Sie bilden bereits die Überschrift, auch die äußere Struktur ist stufenähnlich aufgebaut: Mit jeder Strophe werden es weniger Verse. In der ersten Strophe wird die „Lebensstufe“ (V. 2) erwähnt, die mit dem Kreislauf einer Blume, dem Blühen und Welken, in Verbindung gebracht wird. Jede Lebensstufe hat ihre Zeit. In der zweiten Strophe wird das Symbol des Raums (vgl. V. 11) gebraucht, um zu verdeutlichen, dass es verschiedene Phasen im Leben gibt, die jeder durchschreitet. Auch hier taucht das Bild der Stufe auf: „Der Weltgeist will nicht fesseln uns und engen, / Er will uns Stuf' um Stufe heben, weiten.“ (V. 13 f.) Diese Metapher verdeutlicht eine Weiterentwicklung, indem der Geist die Stufen hinaufsteigt und sich weitet.

Das Gedicht verdeutlicht auch, dass das Leben ein Kreislauf ist, der aus verschiedenen Stationen besteht. Die letzte Strophe lässt offen, ob dieser Prozess mit dem Tod endet oder fortfährt. Man soll jede Lebensstufe genießen und sich auch über deren Ende bewusst sein. Man soll nicht am Stillstand festhalten, sondern offen für Neues sein und sich weiterentwickeln, denn „jedem Anfang wohnt ein Zauber inne, / Der uns beschützt und der uns hilft zu leben“ (V. 9 f.). Diese Verse verdeutlichen, dass der Mut zum Aufbruch auch belohnt wird und dass jede Stufe ein Anfang ist, der viele Chancen bereithält.

3. „Langschläfers Morgenlied“ (Mascha Kaléko)

Mascha Kalékos humorvolles Gedicht „Langschläfers Morgenlied“ beschreibt die Gefühle des lyrischen Ichs, wenn morgens der Wecker klingelt. Die vier Strophen mit jeweils mindestens vier Versen erinnern an einen einfachen Liedaufbau. Die ersten drei Strophen sind als Kreuzreim (abab) angeordnet, nur die letzte Strophe enthält einen zusätzlichen Vers (abaab) und hebt sich dadurch ab.

Dem lyrischen Ich ist frühes Aufstehen zuwider. Wenn der Wecker klingelt, wird es regelmäßig aus den schönsten Träumen gerissen. Obwohl der Radiosprecher Pitt sagt, dass „es Zeit zum Aufstehn sei“ (V. 4), ist ihm „vor Frühaufstehern immer bange“ (V. 5). Aus Sicht des lyrischen

Ichs schlafen gute Menschen gern und lange, so wie es selbst: „Ich bild mir diesbezüglich etwas ein ..." (V. 8)
Sogar von der sprichwörtlichen „goldgeschmückten Morgenstunde" (V. 9) lässt es sich nicht beeindrucken, denn es hat sich niemals „was aus Gold gemacht" (V. 12). Pitt warnt vor den Folgen der Faulheit und allmählich dringen die Geräusche des geschäftigen Morgens zu ihm herein. Obwohl es ein warmes Bett schätzt, steht es doch jeden Morgen auf.
In den ersten drei Strophen empfindet das lyrische Ich das frühe Aufstehen durchweg negativ: der Wecker zerreißt Träume, Frühaufsteher machen ihm Angst und mit der goldgeschmückten Morgenstund kann es auch nichts anfangen. Erst in der vierten Strophe deutet sich ein Stimmungswandel an, wenn das lyrische Ich am Ende trotz allem doch aufsteht und das warme Bett verlässt, wenn der Wecker klingelt. Der Druck wird einfach zu groß – alle sind schon fleißig, das Radio, die Autos.
Der umgangssprachliche Ton mit Ausdrücken wie z. B. „Geknatter" (V. 1), „Geschnatter" (V. 3) wirkt humorvoll und heiter. Gearbeitet wird auch mit dem Stilmittel der Personifikation: Das Geknatter reißt Träume „entzwei" (V. 2) das „Radio übt schon sein Geschnatter" (V. 3) und die „Autos hetzen" (V. 15). So erlebt das lyrische Ich die Eindrücke mit allen Sinnen, es herrscht Chaos. Die Anapher in den Versen 8, 11 und 12, die alle mit „Ich" beginnen, betonen ebenfalls das Gefühlsleben des lyrischen Ichs.
Das Reimschema ist gleichmäßig, nur in der vierten Strophe fällt ein zusätzlicher Vers auf, der inmitten des geschäftigen Morgens noch einmal die Gefühle des lyrischen Ichs ausdrückt: „– Ein warmes Bett ist nicht zu unterschätzen." (V. 16) Das Zerreißen der Träume wird formal durch den Punkt und den Zeilensprung in den ersten Versen der ersten und dritten Strophe dargestellt.
Das lyrische Ich schläft offensichtlich gern lange und weiß sein warmes Bett zu schätzen. Alles, was dieses Ausschlafen verhindert, empfindet sie als persönliche Beeinträchtigung und Störung des von ihm gewünschten Lebensrhythmus.
Mir persönlich gefällt die erste Strophe am besten, weil ich dieses Gefühl beim Klingeln des Weckers sehr gut kenne – ich bin nämlich auch Langschläferin. Auch ich wurde schon oft aus meinen Träumen gerissen. Und das Radiogeplapper ist mir meistens auch zu viel, ich habe lieber meine Ruhe, wenn ich schon früh aufstehen muss. Kaléko beschreibt diese morgendliche Situation in ihrem Gedicht sehr anschaulich.

2. Prosa

1. „Der Ernst des Lebens" (Peter Weiss)

In dem Text „Der Ernst des Lebens" von Peter Weiss aus dem Jahr 1962 geht es um einen Jungen im Prozess des Erwachsenwerdens. Er ist noch auf der Suche nach einem Weg in sein eigenes Leben. Seine Eltern machen sich Sorgen um seine berufliche Zukunft. Sie sind sehr streng und nehmen seine Wünsche und Gefühle überhaupt nicht wahr.
Der Sohn, der als Ich-Erzähler erscheint, ist wie gelähmt, in einer „dumpfen Lage" (V. 13) und hat seine Hausaufgaben nicht gemacht. Ein erster Versuch, ein Ausdrucksmittel zu finden, ist gescheitert. Seinen Eltern gegenüber fühlt er sich hilflos und unverstanden.
Nacheinander treten seine Mutter und sein Vater in sein Zimmer. Seine Mutter erscheint ihm allmächtig, sie ist streng und macht ihm Vorwürfe. Sie verlangt von ihm endloses Arbeiten, das für sie der einzige Sinn des Lebens ist. Andernfalls würde er ihr Schande machen, ihr schlaflose Nächte bereiten.

Sein Vater versucht zwar, ein wenig verständnisvoller zu sein als die Mutter, nimmt jedoch ebenfalls keine Rücksicht auf seine Bedürfnisse. Er ist ungeduldig und traut ihm nicht viel zu, schon gar kein Studium. Vielmehr will er ihn auf die Handelsschule schicken, damit er später im väterlichen Kontor arbeiten kann.
Weiss verdeutlicht den Druck der Eltern auch mit sprachlichen Mitteln, etwa zahlreichen Vergleichen. So wächst die Mutter „wie aus dem Boden empor" (Z. 8 f.), ihre Worte fallen „wie ein Stein" (Z. 19) auf den Sohn herab, ihre Faust erhebt sie „wie in einem Wappenschild" (Z. 17). Auffällig sind auch die Wiederholungen: „[...] du musst büffeln und wieder büffeln [...]" (Z. 20), „[...] leben heißt arbeiten, arbeiten und arbeiten und immer wieder arbeiten." (Z. 27 ff.) Die Worte fallen wie Schläge auf den Protagonisten – in einem solchen Lebensentwurf ist kein Platz mehr für etwas anderes, schon gar nicht für Spaß.
Einmal versucht der Junge, den Vorstellungen seiner Eltern etwas entgegenzusetzen. Symbol dafür ist das von ihm gebaute Modell einer „Zukunftsstadt". (Z. 33) Doch er kann sie nicht vollenden, gibt sie auf und muss nach anderen Ausdrucksmitteln suchen.
Bereits die Überschrift vermittelt die klare Haltung der Eltern zum Leben: Für die Mutter besteht es nur aus Arbeit, für seinen Vater nur aus Ernst, Mühe und Verantwortung. Mit einer solchen Erziehung schüchtern sie ihren Sohn völlig ein und nehmen ihm jede Lebensfreude. Die Zukunftsperspektive ist trostlos: „[...] dann ist es Schluss mit den Träumereien, dann wirst du dich endlich der Realität des Daseins widmen." (Z. 76 ff.).
Peter Weiss beschreibt in seiner Kurzgeschichte eine schwierige, geradezu trostlose Eltern-Sohn-Beziehung. Es findet kein echtes Gespräch zwischen ihnen statt und die Eltern interessieren sich gar nicht richtig für ihren Sohn. Sie erziehen ihn sehr streng und verlangen von ihm, dass er unermüdlich auf den „Ernst des Lebens", also den Beruf, hinarbeitet. Auf diese Weise erreichen sie das genaue Gegenteil: Der Sohn verfällt in Lethargie und kann sich zu nichts mehr aufraffen.
Ich finde eine solche Erziehung sehr schlimm. Die Eltern müssten ihren Sohn doch einfach mal fragen, wie er sich seine Zukunft vorstellt, was ihn glücklich machen würde, und gemeinsam mit ihm nach einem möglichen Weg suchen. Dann ginge es vermutlich allen besser.

2. „Der Schritt zurück" (Annette Rauert)

Die Kurzgeschichte „Der Schritt zurück" von Annette Rauert aus dem Jahr 1987 handelt von einem Jungen, der vom Zehn-Meter-Brett springen soll. Sein Trainer und die Zuschauer erwarten dies von ihm. Er hat große Angst vor dem Sprung und widersetzt sich schließlich dem Druck der anderen, indem er wieder vom Sprungturm herabsteigt. Mit dieser mutigen Entscheidung gewinnt er Selbstachtung und Sicherheit.
Am Anfang der Kurzgeschichte empfindet der Junge „Angst, nackte Angst" (Z. 3 f.), ja regelrechte Todesangst vor dem Sprung. Allmählich geht die Angst in Ekel vor der Feigheit der Zuschauer über, er verachtet sie. Schließlich wandelt sich die Unsicherheit in eine „kühle Gelassenheit" (Z. 57 f.), und nach seiner Entscheidung steigt er mutig und entschlossen die Leiter des Sprungturms hinunter.
Der in der Überschrift formulierte „Schritt zurück" ist in Wirklichkeit für ihn ein Schritt nach vorn. Auf diese Weise widersetzt er sich dem Druck von außen und folgt nur seinem eigenen Gewissen und Gefühl. Deshalb fühlt er Selbstachtung und Sicherheit. Er wird sich bewusst, dass er eines Tages sogar springen wird, aber erst, wenn er selbst dazu bereit ist, und nicht, weil andere das von ihm erwarten.
Zunächst empfindet der Junge die Zuschauer als feindlich, fühlt sich ihnen aber noch verpflichtet, will ihren Erwartungen entsprechen. Er fühlt sich als einer von ihnen und wundert sich, dass ihn niemand retten will. Dann vergleicht er sie mit einer „Herde blöder Schafe" (Z. 38), die

feige und gierig ist. Als er schließlich hinuntersteigt und durch die Gruppe läuft, sagt niemand etwas, keiner lacht. Offensichtlich haben die Zuschauer nun Respekt vor ihm.
In der Kurzgeschichte tritt ein personaler Erzähler in Erscheinung, erkennbar an dem Pronomen „er". Er gibt Einblick in das Innenleben des Protagonisten. An einigen Stellen wechselt die Erzählung in die Ich-Perspektive, was eine noch größere Nähe zur Figur schafft und deren Gedanken besser ausdrückt. Der Junge stellt sich im Verlauf der Geschichte viele rhetorische Fragen: „Warum lächelte niemand?" (Z. 17), „Hatten so die Leute ausgesehen, die einer Hinrichtung beiwohnten?" (Z. 23 f.), die seine Gedankenwelt zeigen. Der Text enthält einige elliptische Sätze, in denen das Prädikat fehlt: „Ein Schritt nur, ein Schritt." (Z. 41 f.) oder „Ganz bewusst" (Z. 52). Damit wird die Aussage auf das Wesentliche reduziert, denn um diesen einen Schritt geht es, entweder vor oder zurück. Und diese Entscheidung muss der Junge ganz bewusst treffen, sich darüber klar werden, was er selbst eigentlich will.
Nachdem der Protagonist seine Entscheidung getroffen und sich der Erwartung der anderen widersetzt hat, „spürte [er] so etwas wie Achtung vor sich selbst" (Z. 60 f.). Die Formulierung als Vergleich „etwas wie Achtung vor sich selbst" verdeutlicht, dass er sich noch nicht so ganz sicher ist bei diesem Gefühl. Vielleicht hat er es noch nicht oft empfunden oder kann es selbst noch nicht richtig fassen.
Meiner Meinung nach hat sich der Protagonist absolut richtig verhalten. Es kann nicht sein, dass man etwas macht, vor dem man so große Angst hat, nur weil die anderen das von einem erwarten. Rauert zeigt mit ihrer Kurzgeschichte, wie wichtig es ist, seinen eigenen Gefühlen und Vorstellungen zu folgen, gerade in außergewöhnlichen Situationen und auch gegen die Meinung anderer. Nur so kann man seinen eigenen Weg gehen und sich selbst achten.

3. „Wo bekomme ich jetzt etwas zu essen her?" (Mahmood Falaki)

In der Erzählung „Wo bekomme ich jetzt etwas zu essen her?" von Mahmood Falaki, veröffentlicht in dem Band „Ich bin Ausländer und das ist auch gut so", erschienen 2013 im Sujet Verlag, geht es um eine Zugfahrt, die aufgrund eines Personenschadens unterbrochen werden muss.
Der Erzähler sitzt zusammen mit einigen Mitreisenden im Zugabteil. Plötzlich bremst der Zug und bleibt stehen. Nach längerer Wartezeit kommt eine Durchsage: Es gibt einen Personenschaden. Den Reisenden wird klar, dass ein Mensch Selbstmord begangen hat und der Zug deswegen vorerst nicht weiterfahren kann, sondern auf das Räumkommando warten muss, und sie alle sich verspäten werden.
Zu Beginn der Erzählung werden die Mitreisenden aus der Perspektive des Ich-Erzählers beschrieben. Er beobachtet und beschreibt anschaulich das Aussehen sowie Handeln der Figuren. Nach der Durchsage des Zugführers äußern sich fast alle zu dem „Vorfall", und zwar ausnahmslos ohne sichtbare Anteilnahme. Nach einer ersten „Totenstille" meint eine 60-jährige Frau, die vor dem Zwischenfall gelesen und mit ihrem Mann telefoniert hat, laut: „‚Ach, schon wieder!'" (Z. 34 f.) Ein junges Paar, das am Anfang der Reise mit sich selbst beschäftigt war, bleibt zurückhaltend und guckt verwirrt (vgl. Z. 36 f.). Der junge Mann hofft, dass es nicht so lange dauere. Ein Mann im Anzug, Mitte 40, der sich vorher mit seinem Laptop beschäftigt hat, ist empört, dass er nun seinen Vorstellungstermin verpassen wird (vgl. Z. 44 – 48). Die ältere Frau ruft sofort ihren Gesprächspartner wieder an und beklagt sich, dass ihr so etwas schon wieder passieren müsse und dass jemand mit seinem Selbstmord anderen Menschen Schwierigkeiten bereite (vgl. Z. 50 – 59). Fast gleichzeitig bespricht sie wieder alltägliche Dinge und gibt ihrem Mann Anweisungen, wie er seine Mahlzeit zubereiten solle (vgl. Z. 59 f.). Zuletzt wendet sie sich an den Erzähler und fragt, wo sie nun etwas zu essen herbekäme, wenn sie so lange warten müsse (vgl. Z. 64 – 67).

Die Fahrgäste reagieren ohne Mitgefühl auf das Unglück und gehen sofort zur Tagesordnung über. Sie sehen nur ihre eigenen Probleme und machen sich keine Gedanken über das Opfer oder den Zugführer.
Sprachlich auffällig ist z. B. die Verwendung der wörtlichen Rede. Zunächst beschreibt der Ich-Erzähler die Reisenden, die Durchsage des Zugführers weißt erstmals wörtliche Rede auf und stellt sprachlich und inhaltlich einen Wendepunkt dar. Ab hier äußern sich alle Reisenden zu dem Vorfall in wörtlicher Rede, ohne jedoch miteinander zu reden. Einzig die Frage der älteren Dame am Ende des Textes und in der Überschrift ist an den Erzähler gerichtet: „‚Und wo bekomme ich jetzt etwas zu Essen her, wenn wir hier zwei Stunden oder länger warten müssen?'" (Z. 66 f.) Diese banale Frage fasst nochmals zusammen, wie sehr die Reisenden um sich selbst und ihre Alltagsprobleme kreisen.
Der Text zeigt anhand einer Alltagssituation auf, wie egoistisch viele Menschen sind. Mit sich selbst beschäftigt, haben sie keine Zeit, sich mit dem Schicksal anderer zu befassen. Dem Selbstmörder wird kein Mitleid entgegengebracht, stattdessen wird er als lästiges Problem betrachtet. Ich finde es erschreckend, wie wenig Mitgefühl manche Menschen haben. Ich halte die Erzählung für sehr gelungen, weil sie so realistisch ist. Beim Lesen fielen mir selbst auch Situationen ein, in denen sich Menschen gegenüber anderen in einer Notlage respektlos verhalten, z. B. Leute, die Unfälle fotografieren, anstatt zu helfen.

Teil A – Pflichtteil

A1 – Sachtext

„Wege aus dem Teufelskreis"

Textverständnis

1. Zwei Möglichkeiten, die Gewalt zu beenden, aufzeigen

Um die Gewalt zu beenden, müssen alle Beteiligten über das Thema Gewalt reden, vor allem auch mit der Polizei. Nur so können Sanktionen durchgeführt werden, die die Täter abschrecken. Dabei ist es wichtig, dass Politiker/-innen diesen Ansatz ebenfalls unterstützen.

2. Sensibilisierung der Mütter

Mütter sind in der Regel die Ersten, die merken, dass sich bei ihren Kindern etwas verändert. Sie können die Ursache zwar nicht immer einordnen, können sich aber Unterstützung holen – darauf muss man sie aufmerksam machen.

3. Drei Dinge, die Eltern der Opfer tun können, nennen

Wenn ein Kind Opfer geworden ist, sollten Eltern ihr Kind mit seinen Sorgen ernst nehmen. Wichtig ist, dabei ruhig zu bleiben, damit das Kind nicht zusätzlich beunruhigt wird, und sich Hilfe zu holen; in extremen Fällen auch bei der Polizei.
oder:

- Keine Unterstellungen machen – das Kind muss seine Sichtweise alleine darstellen.
- Den Zeitpunkt, wann ein Gespräch stattfindet, entscheidet das Kind.

4. Petra Reichlings Optimismus erläutern

Trotz der vielfältigen Gewalttaten an Schulen behält Frau Reichling einen optimistischen Blick auf Jugendliche. Sie kann zwischen der großen Masse, die sich regelkonform verhält, und einzelnen Straftätern unterscheiden. Ihrer Meinung nach tritt langsam eine Verbesserung der Situation ein und sie freut sich über jedes gerettete Kind.

Sprachgebrauch

1. Zugehörige Verben notieren

a) stehlen
b) reagieren

2. Groß- und Kleinschreibung begründen

- „Ernstnehmen" ist ein Verb, das an dieser Stelle wie ein Substantiv gebraucht wird (substantiviertes Verb) und somit großgeschrieben werden muss.
- „schmerzhaft" ist ein Adjektiv und wird kleingeschrieben.

3. a) Kommasetzung erklären

Hierbei handelt es sich um Aufzählungen, bei denen die einzelnen Teile durch Kommas getrennt werden müssen.

b) Fehlende Kommas setzen

Petra Reichling hat die Hoffnung, dass sich in Zukunft etwas ändert, weil nur so ein besseres Miteinander möglich ist.

4. Doppelkonsonanten erläutern

Schulleiter: ein zusammengesetztes Substantiv bestehend aus Schule und Leiter. Beide „l" sind zum Verständnis notwendig.
straffällig: Die Verdoppelung von „f" kommt auch durch eine Zusammensetzung zustande (Strafe und fällig) – das doppelte „l" entsteht durch die Ableitung von „fallen". Diese Grundform wird ebenfalls mit kurzem Vokal gesprochen. Bei der Konjugation ändert sich die Schreibweise.

5. Zeitformen bestimmen

a) Perfekt
b) Präsens

6. a) Satzgefüge bilden

Nehmen Sie Ihr Kind ernst, indem Sie ihm zuhören.

b) Satzgefüge bestimmen

konditionales Gefüge

7. Synonyme finden

- genau = konkret
- beispielhaft, bezeichnend = symptomatisch
- prahlen, angeben = sich brüsten
- sich verhalten = reagieren
- Umstand = Situation

A2 – Lektüre

„Kill" (Mats Wahl)

1. Vorgänge in der Schule beschreiben

An einer schwedischen Schule kommt es zu einem Amoklauf. Im Speisesaal fallen plötzlich Schüsse. Eine Lehrerin kann die Kinder, die sich dort befinden, in Sicherheit bringen und per Telefon Hilfe holen. Eine Frau von der Essensausgabe wird von einer Kugel im Gesicht getroffen, außerdem werden mehrere Kinder tödlich verletzt. Der Täter kann zunächst fliehen. Später stellt sich heraus, dass Emil der Amokschütze ist und angeblich nur einem Mitschüler, der ihn jahrelang gemobbt hat, mit der Waffe Angst einjagen wollte und ihn stattdessen tödlich getroffen hat.

2. Emils Hintergründe erläutern

Emil ist ein stiller Junge, der immer Schwierigkeiten hatte, Freunde zu finden und zu Hause unter seinem Bruder litt. Einen engeren Kontakt hatte er nur zu einer Frau namens Lisa Björkmann. Seit Emil in die Schule kam, wurde er von Mitschülern geärgert. Der ein Jahr ältere Jonny war der Schlimmste von allen. Er mobbte Emil oft so lange, bis er weinte. Kurz vor dem Amoklauf ist etwas Bestimmtes passiert, das zu der Tat geführt hat, wobei Emil Jonny offensichtlich nur erschrecken wollte, nicht aber töten.

3. Auf Emils seelische Qualen eingehen

Emil hat sein Leben lang die Erfahrung gemacht, dass sich andere von ihm abgestoßen fühlen. Bereits in der Grundschule wurde er gezielt wegen seines Aussehens gemobbt. Als er nach der Tat gefunden wird, ist er verwirrt und verhält sich wie ein kleines Kind. Sogar sein Gedächtnis ist gestört und er hat die Kontrolle über seine Blase verloren. Bei seiner Vernehmung erzählt er den Polizisten von Jonnys Quälereien, was ihn zum Weinen bringt. Obwohl Emil Hilfe bei seiner Mutter und seiner Lehrerin gesucht hatte, wurde Jonny nie zur Verantwortung gezogen. Emil hat sich hilflos gefühlt und wollte Jonny Angst einjagen.

4. Artikel über Mobbing verfassen

„Ich wollte ihn doch nur erschrecken" – Mobbing an Schulen

Es beginnt in der Regel harmlos: Ein kleiner Blick hier, ein leises Kichern da. Dann fallen die ersten Beleidigungen. In jeder Klasse gibt es mindestens ein Kind, das irgendwie anders ist als die anderen; das sich entweder durch sein Aussehen oder Verhalten von den anderen Kindern unterscheidet. Meistens gibt es in den Klassen dann auch ein anderes Kind, das oftmals aus Frust einen sehr gemeinen Weg wählt, um selbst besser dazustehen: Mobbing. Gemeint ist damit das systematische Beleidigen und Fertigmachen eines anderen Menschen, der Schwierigkeiten hat, Unterstützung zu finden. Mobbing-Opfer leiden meistens schwer unter diesen Quälereien, ziehen sich häufig zurück und wollen dann gar nicht mehr in die Schule gehen. In schlimmen Ausnahmefällen kann ein solcher Leidensweg sogar zu einem Amoklauf führen, wie er gerade in Schweden geschehen ist. Dass Kinder grausam sein können, ist nichts Neues, wird es doch von vielen Erwachsenen gerne mit einem Schulterzucken hingenommen. Aber warum gibt es dann keinen besseren Umgang mit denjenigen, die Opfer einer solchen Grausamkeit werden? Warum müssen sie damit oft alleine fertig werden? Gerade durch die sozialen Medien nehmen Mobbing-Fälle Formen an, die vor den Erwachsenen noch besser versteckt werden können. Auch Unbeteiligte dürfen nicht mehr wegsehen, wenn Schüler/-innen gemobbt werden.

Unsere Schule kann es besser machen. Wir haben die Möglichkeit, etwas zu verändern und einen gemeinsamen Weg zu finden, damit sich jeder hier wohlfühlen darf. Wir können alles sein – also lasst uns freundlich und hilfsbereit sein!

Teil B – Wahlteil

1. Erörterung

„Gewaltprävention an Schulen"

Ermöglichen totale Überwachung und Bewaffnung der Lehrer/-innen eine Kontrolle von Gewalttaten an Schulen? Sicherheit ist eines der wichtigsten Grundbedürfnisse der Menschen. An vielen Schulen in den USA werden daher bereits Sicherheitskontrollen durchgeführt und andere Maßnahmen ergriffen, die den Schüler/-innen Sicherheit vermitteln sollen. Auch Eltern müssen das Gefühl haben, dass ihre Kinder sicher sind, wenn sie das Haus verlassen. Sicherheitskräfte, Fenstergitter und Überwachungskameras vermitteln zunächst dieses Gefühl von Sicherheit.
Verringert sich dadurch jedoch die Anzahl der Gewalttaten an Schulen? Die Antwort ist eindeutig: Nein! Nach der Schießerei in einer Schule in Florida forderte Präsident Donald Trump, die Sicherheitsmaßnahmen in Bildungseinrichtungen noch zu verschärfen: „‚Wir müssen unsere Schulen härter machen'". (Z. 18) Dazu gehört seiner Meinung nach auch das Bewaffnen der Lehrer/-innen mit entsprechender Ausbildung an der Waffe. Das Bild, das bei dieser Überlegung vor dem geistigen Auge erscheint, ähnelt einer Szene aus einem Actionfilm. In der Realität sind solche Maßnahmen kaum denkbar: ungeschultes Personal an Waffen, die statt zusätzlicher Sicherheit eher eine weitere Gefahr bedeuten. Und auch die Anzahl der Amokläufe verringert sich dadurch nicht, wie Untersuchungen gezeigt haben.
Die einzige Möglichkeit, Gewalt wirklich zu verhindern, ist die Vorbeugung. Nur wenn Menschen lernen, mit Konflikten umzugehen und miteinander zu sprechen, kann Gewalt verhindert werden. Schulen müssen Orte werden, an denen sich Kinder wohlfühlen, wo sie geschätzt und gern gesehen sind. Es ist wichtig, dass das Lernen ohne Angst geschehen kann. Dazu gehört auch das Miteinander unter den Schüler/-innen.
Wenn unsere Gesellschaft es schaffen würde, die Schulen so auszustatten, dass Sozialarbeiter/-innen, Psychologen/-innen, Unterstützungsprogramme und ein herzliches Miteinander Alltag werden, dann tritt eine Veränderung ein. Nur so gelingt es, die gefährdeten Kinder rechtzeitig aufzufangen und sie vor dem Moment zu bewahren, der ihr System zum Überkochen bringt.

Textbeschreibung

2. Lyrik

„Schrei nach Liebe" (Die Ärzte)

In dem Lied „Schrei nach Liebe" von der Band „Die Ärzte" geht es um einen Menschen, der aus Frust gewalttätig ist. Der vorliegende Textausschnitt besteht aus drei vierzeiligen Strophen, wobei die letzte den Refrain darstellt. Die restlichen Strophen wurden weggelassen. Das Reimschema a, b, c, b findet sich in allen Teilen wieder. Verwendet werden mehrere Alliterationen, um eine düstere Stimmung zu erzeugen: So z. B. in Vers sechs: „wirklich" – „weißt", in Vers neun „stummer" – „Schrei", der in Vers zehn sogar mit „Springerstiefel" fortgesetzt wird, die „sich" – „sehnen". Letzteres ist gleichzeitig eine Personifikation, die die Schuhe mit dem Träger gleichsetzt.
Der Text des Liedes richtet sich mit dem Stilmittel der persönlichen Anrede „Du" an einen leicht reizbaren Menschen, der gerne Gewalt anwendet und nie gelernt hat, sich mit Worten auseinanderzusetzen. Die Band möchte damit stellvertretend alle diejenigen ansprechen, die sich genauso verhalten. Bereits in der ersten Zeile wird die Person als „saudumm" beschrieben. Die Metapher „ständig kocht dein Blut" (V. 4) weist auf aggressives Verhalten hin. Die ersten beiden Strophen stellen durch die Beschimpfungen eine Provokation dar. Im Refrain wird die Behauptung aufge-

stellt, dass der Hass nur eine Tarnung für einen Hilferuf sei. Die Ursache für dieses Verhalten liege in der Kindheit, in der die Person zu wenig Aufmerksamkeit von den Eltern erhalten habe und außerdem nie lernte, sich mit Problemen auseinanderzusetzen. Die Personifikation „Deine Springerstiefel sehnen sich nach Zärtlichkeit" (V. 10) stellt den Kontrast zwischen Liebe und Gewalt deutlich heraus. Durch die „Springerstiefel" wird eine Verbindung zur rechten Szene geschaffen, sodass sich die Hörerin/der Hörer des Liedes einen sogenannten Neonazi vorstellt. Der Sänger beschimpft die angesprochene Person schon in der ersten Zeile, nimmt ihn aber durch die Verse 9 – 12 durchaus auch in Schutz. Die Gewalttätigkeit ist demnach ein „Schrei nach Liebe" (V. 9), die der Angesprochene nie erfahren hat. Wenn ein Kind viele Jahre nur Ablehnung spürt, führt dies automatisch zu viel Frustration. Gewalt kann dann ein Ventil sein, um sich abzureagieren. In der Wortwahl finden sich zahlreiche Gegensätze, wie „Liebe" (V. 9) und „Hass" (V. 3), „stummer" (V. 9) und „Schrei" (V. 9), der Umgangssprache werden Fremdwörter wie „Attitüde" (V. 3) oder „artikulieren" (V. 11) gegenübergestellt.
Der Titel „Schrei nach Liebe" ist eine kraftvolle Metapher, die den Hörer/-innen schon zu Beginn zeigt, dass die Band zwischen der Tat und dem Täter unterscheidet. Sie versuchen, den Menschen und seine Bedürfnisse zu sehen und nicht nur die Gewalt. Allerdings sind die Musiker eindeutig gegen gewalttätiges Verhalten. Durch die Gegensätze in der Wortwahl wird die Verachtung von Gewalt und Hass in allen Strophen deutlich hervorgehoben. Vor allem auch, indem die Person als „saudumm" beschrieben wird. Das Lied macht sich allerdings auch über den Kritisierten lustig, was wiederum zu weiterem Frust und mehr Gewalt führen kann.

3. Prosa

„Sie kann den Schmerz nicht vergessen" (Selim Özdoğan)

Die Geschichte „Sie kann den Schmerz nicht vergessen" von Selim Özdoğan erzählt von einem kleinen Mädchen, das von seiner Stiefmutter zu Unrecht bestraft wird und diese Erinnerung sein ganzes Leben lang mit sich trägt. Als das etwa 4 bis 5-jährige Mädchen zu ihrer Stiefmutter läuft, schlägt diese das Kind unvermittelt mit einem Holzstab auf die Schienbeine, weil sie ihre Stieftochter verdächtigt, heimlich Joghurt gegessen zu haben. Der Schlag verursacht unglaublich große Schmerzen und lähmt das Mädchen nicht nur körperlich, sondern auch seelisch.
Um ihre Familie zu schonen, verbirgt sie ihren Schmerz, weint erst, als sie abends alleine im Bett liegt. Aber selbst als erwachsene Frau spürt sie diese Lähmung am ganzen Körper noch, wenn sie Zeugin von Gewalt gegen Unschuldige wird, selbst im Fernsehen. Das kleine Mädchen wird durch diese Tat traumatisiert, sodass es sein Leben lang darunter leidet. Dies wird durch die Wiederholung des Satzes: „Sie kann den Schmerz nicht vergessen." (Überschrift, Z. 1, Z. 41 f.) verdeutlicht. Darüber hinaus wird der Schmerz sehr ausführlich und anschaulich beschrieben, z. B. durch den Vergleich „wie ein Eiswind" (Z. 15) oder Verben wie „knallt" (Z. 6), „schießen" (Z. 9) und „zerbrechen" (Z. 17).
Der erste Satz der Geschichte bildet den Beginn der ersten Ebene, also der Rahmengeschichte. Danach folgt als zweite Ebene die Erinnerung, wie es zu der Verletzung kam. Ab Zeile 35 erfährt der Leser / die Leserin, welche Auswirkung das Erlebte auf die heute erwachsene Frau hat. Die Geschichte wird auf der ersten Ebene weiter erzählt. Zuletzt erfährt man, dass es sich bei dem einstigen Mädchen um die Tante des Erzählers / der Erzählerin handelt. In dem Rahmen werden nochmals die Worte der Überschrift wiederholt. Dadurch wird die Eindringlichkeit der Aussage verstärkt. Der Autor möchte die Auswirkungen von Gewalt gegen Kinder hervorheben und die dramatischen Folgen schildern. Gerade weil das Mädchen geschwiegen hat, gab es niemanden, der für sie einstehen konnte. Der Schmerz wird für sie zu einer fast unerträglichen Last, an der sie zu zerbrechen droht. Hierbei handelt es sich nicht nur um den körperlichen Schmerz an den

Beinen, sondern auch um den seelischen Schmerz, den sie empfindet, weil sie zu Unrecht bestraft worden ist. Die Anschuldigungen der Stiefmutter waren falsch. Diese Ungerechtigkeit schmerzt sie noch mehr als die Schläge. Dies wird besonders durch die Textstelle „der Schmerz, für etwas bestraft worden zu sein, das sie nicht getan hat. Und der ist noch viel größer als der andere." (Z. 28 f.) ausgedrückt. Um den Schrecken zu untermalen, den das Kind spürt, wählt der Autor in der zweiten Ebene einen Erzählstil, der an eine Aufzählung erinnert. Die Sätze sind kurz, als würden sie mit Luftnot ausgestoßen werden, und beginnen meist mit dem Subjekt. Dadurch entsteht eine angespannte Atmosphäre, die die Gefühle des Mädchens widerspiegelt.

Die Geschichte berührt mich sehr, da sie die Sicht des Kindes sehr eindrucksvoll darstellt. In der Kindererziehung ist Gewalt auch heute noch ein weitverbreitetes Mittel. Die Erzählung zeigt, wie wehrlos Kinder dem ausgeliefert sind und welche Folgen Gewalt in der Kindheit haben kann. Stattdessen sollten Kinder und Erwachsene lernen, dass Gewalt keine Lösung ist.

Teil A – Pflichtteil

A1

„Silvester – Böllerverbot: Das Ende einer Tradition?"

Textverständnis

1. Zwei Elemente der Silvestertradition benennen

Den Silvesterabend feiern die meisten Menschen mit zwei festen Ritualen. Zuerst stoßen sie gemeinsam mit einem Glas Sekt auf das neue Jahr an und danach zünden sie auf der Straße einige Knaller und Raketen.

2. Drei Nachteile des Silvesterabends formulieren

Das Silvesterritual hat nicht nur positive Seiten. Durch Knaller und Raketen kommt es zu einer hohen Feinstaubbelastung, die die Umwelt schädigt. Außerdem erschreckt der Lärm vor allem Kinder und Tiere. Darüber hinaus kommt es jährlich zu zahlreichen Verletzungen, weil die Feuerwerkskörper nicht sachgemäß benutzt werden.

3. a) Aussage erläutern

In vielen Städten Deutschlands dürfen deshalb in der Silvesternacht keine privaten Böller mehr gezündet werden.

b) Zwei Alternativen zur privaten Böllerei nennen

In den Städten, in denen private Böllerei verboten ist, gibt es allerdings Alternativen. Dublin bietet beispielsweise Feuerwerke an zentralen Punkten für alle an. Paris hingegen setzt auf Licht- und Lasershows, bei denen die Umweltbelastung entfällt.

4. Zwei überraschende Umfrageergebnisse formulieren

Eine repräsentative Umfrage hat ergeben, dass schon viele Menschen bereit sind, auf Raketen an Silvester zu verzichten. Einige befürworten sogar ein Verbot, wobei darunter mehr Frauen als Männer sind.

Sprachgebrauch

5. Schreibweise mit Rechtschreibstrategie begründen

Das Wort „Verband" gehört zur Wortfamilie „verbinden". Die Schreibweise des Wortstamms wird beibehalten und kann durch Verlängerung des Wortes gehört werden (Verbände).

6. Nomen nennen und Bedeutung im Textzusammenhang erklären

Nomen: die Pyrotechnik
Die pyrotechnische Industrie sind die Firmen und deren Zulieferer, die Feuerwerkskörper herstellen.

7. Großschreibung erläutern

Ein substantiviertes Verb, das man am Artikel erkennt, muss wie ein Nomen großgeschrieben werden.

8. Haupt- und Nebensatz bestimmen und Wortart benennen

„Auf den ersten Blick spricht einiges dafür (Hauptsatz), dass (Konjunktion) es in Deutschland tatsächlich bald am Jahresende so aussehen könnte wie in Paris (Nebensatz)."
Der Hauptsatz steht vor dem Nebensatz.

9. Antonyme nennen

Erlaubnis: Verbot (Z. 29)
öffentlich: privat (Z. 8)
dezentral: zentral (Z. 13)
aufgeregt: gelassen (Z. 51)
Umweltverschmutzer: Umweltschützer (Z. 34)

10. Zeitform bestimmen

a) Perfekt
b) Präsens
c) Präteritum
d) Futur I

11. Komparativ und Superlativ nennen

die hohe Zustimmung – die höhere Zustimmung (Komparativ) – die höchste Zustimmung (Superlativ)

12. a) Subjekt und Prädikat bestimmen

Subjekt: Umweltschützer und Verbotsbefürworter
Prädikat: erhalten

b) Satz umformulieren

Die Wirtschaft gibt Umweltschützern und Verbotsbefürwortern unerwartet Rückenwind.
oder
Die Wirtschaft unterstützt überraschend die Umweltschützer und Verbotsbefürwörter.

13. a) Synonym finden

nicht gemeinsam / nicht einheitlich

b) Objekt nennen und Fall bestimmen

Akkusativobjekt: den Silvesterumsatz

A2 – Lektüre

„Der Sonne nach" (Gabriele Clima)

1. Darios Eindruck von Andy beschreiben

Andy kommt Dario merkwürdig vor: Er hängt schräg im Rollstuhl, bewegt sich nicht und verdreht die Augen. Er erscheint ihm zunächst wie ein „Halbidiot".

2. Unterschiede im Umgang mit Andy gegenüberstellen

Elisa behandelt Andy wie ein kleines Kind. Sie spricht manchmal sogar in der dritten Person mit ihm und geht nicht auf seine Bedürfnisse ein. Elisa geht mit ihm um, als ob er auch geistig behindert wäre. Sie kommuniziert nicht mit ihm.
Dario dagegen behandelt Andy wie einen normalen Menschen. Er spricht mit ihm auf Augenhöhe und erkennt sehr schnell Andys Bedürfnisse. Dario ermöglicht Andy außerdem neue Erlebnisse.

3. Anhand dreier Beispiele beschreiben, wie Rak den beiden hilft

Rak lässt Dario und Andy bei sich übernachten. Er kümmert sich um den ausgekühlten Andy. Er schickt Dario in die Apotheke, um eine Salbe für Andy zu kaufen. Er baut außerdem für Andy das motorisierte „Rakmobil". Rak hilft Dario, seine Bedürfnisse zu erkennen.

4. Darios Bild seines Vaters in Adjektiven beschreiben

a) in der Kindheit: behütend, groß, stark, mutig, liebevoll, glaubhaft, vertraut, verlässlich

b) bei ihrem Wiedersehen: fremd, schwach, ungepflegt, unzuverlässig, verkommen, gescheitert

5. Wunsch von Andys Vater erläutern

Andys Vater erkennt, dass Dario in vier Tagen mit Andy mehr erreicht hat als alle anderen zuvor. Andy ist viel selbstständiger geworden, er spricht und antwortet, kann den Arm bewegen und ist viel offener. Deshalb möchte sein Vater, dass sich Dario weiterhin mit ihm trifft, weil der Kontakt zu Dario seinem Sohn offensichtlich guttut und sie viel Spaß miteinander haben. Er bescheinigt Dario ein Talent für Menschen.

6. Darios Brief an seine Mutter verfassen

5. August 2019

Liebe Mama,

warum hast du mir nie gesagt, warum uns Papa verlassen hat? Dass es ganz allein seine Entscheidung, seine Schuld war? Dass ich nichts dafür kann?

Während meiner ganzen Kindheit dachte ich, dass ich Papa enttäuscht habe, dass es an mir liegt, dass er gegangen ist. Sogar die Delfrati hat das gesagt – vor der ganzen Klasse. Weil ich eine Niete bin, hätte Papa sich davongemacht. Das hat so wehgetan.

Du hättest mir helfen können, indem du mir die Wahrheit gesagt hättest. Das macht mich jetzt noch wütend. So viele Jahre habe ich mich mit der Vorstellung gequält, an allem schuld zu sein. Dabei war es Papas Entscheidung, wegzugehen. Er hat uns, aber vor allem mich, im Stich gelassen. Hat sich vor seiner Verantwortung gedrückt.

Immer habe ich mich nach diesem liebevollen, starken Vater aus meiner Kindheit gesehnt. Deshalb war es so wichtig für mich, ihn zu suchen. Als ich ihm dann gegenüberstand, ist das Bild, das ich von ihm hatte, in einer einzigen Sekunde zerstört worden. Vor mir stand ein alter, heruntergekommener, fremder Mann. Es war trotzdem gut, ihn zu treffen, denn nur so konnte ich mich von ihm lösen. Aber du hättest mit mir über alles sprechen sollen, dann wäre mir viel erspart geblieben.

Ich hoffe, dass wir in Zukunft offener über viele Dinge reden können.

Alles Liebe

Dein Dario

oder

6. Gespräch zwischen Tiffany und Anna formulieren

T: *Echt schade, Anna, dass du nicht bei meiner Party warst …* War echt super, voll abgedreht. Natürlich waren auch Drogen im Spiel. Plötzlich kam ein cooler Typ mit einem Freund im Rollstuhl vorbei, Dario. Der war echt süß. Hat sich voll gekümmert um seinen Freund Andy.

A: Echt jetzt? Und wie war's mit den beiden?

T: Dario hab ich abgeschleppt. Hab ihm auch was angedreht. Der hat voll den Flash gekriegt. Die anderen haben sich solange um Andy gekümmert. Haben ihn geschminkt, verkleidet und herumgetragen. Als Dario wieder zu sich kam, hat er sofort nach Andy gesucht. Der war total sauer auf die anderen, weil sie mit Andy ihren Spaß hatten.

A: Na ja, das war auch wirklich nicht besonders anständig. Immerhin kann sich ein Behinderter nicht wehren gegen so viele.

T: Ja, du hast recht. Zuerst fand ich das alles voll lustig, aber je mehr ich darüber nachdenke, desto mehr schäme ich mich. Dario ist dann auch ganz schnell mit Andy abgehauen, ich konnte gar nicht mehr mit ihm reden. Das hat mir total leidgetan. Ich fand ihn wirklich sympathisch und hätte gerne noch mehr mit ihm unternommen. War echt blöd von mir.

A: Außerdem kannst du nicht einfach jemandem Drogen andrehen. Das kann auch mal echt schiefgehen. Würde ich jedenfalls nie machen.

Teil B – Wahlteil

1. Erörterung

„Sollte die private Böllerei an Silvester verboten werden?"

In den Medien wird in letzter Zeit häufiger darüber diskutiert, ob private Böllerei an Silvester generell verboten werden sollte. Diese Frage werde ich anhand der Stellungnahmen von Clara Ott und Nando Sommerfeldt erörtern, die in der Zeitung „Welt" am 29.12.2019 erschienen sind.
Ein starkes Argument für ein Verbot ist die Verletzungsgefahr. Es gibt immer wieder Menschen, die sich nicht an die Anleitungen auf den Verpackungen halten und deshalb mit schweren Verletzungen in der Silvesternacht im Krankenhaus versorgt werden müssen. Besonders unter jungen Männern gilt es als Mutprobe, die Rakete oder den Böller direkt aus der Hand zu zünden. Außerdem kommt es vor, dass diese es dann witzig finden, Mitmenschen mit Böllern zu beschießen. In vielen Städten kommt es während der Neujahrsfeiern zu Situationen, in denen Fußgänger/-innen Angst haben, weil jemand den „Spaß" zu weit treibt.
Ein weiteres, immer wieder angeführtes Argument ist der Müll, der sich in dieser Nacht, und zum Teil auch schon an den Tagen zuvor und danach, auf den Straßen ansammelt sowie der Feinstaub, der die Luft verpestet. Aus diesem Grund hat z. B. die Deutsche Umwelthilfe dazu aufgerufen, das private Feuerwerk zu verbieten.
Trotz dieser Argumente spricht sich Nando Sommerfeldt gegen ein Böllerverbot aus. Hier gibt es ebenfalls einige wichtige Überlegungen. Zum einen handelt es sich um eine einzige Nacht. Eine Nacht, in der der „kleine Mann" seinen Spaß mit Pyrotechnik, lautem Knallen und Zischen und bunten Lichtspielen am Himmel haben möchte. Zum anderen ist das häusliche Feuerwerk an Silvester für viele Menschen eine beliebte Tradition. Eine solche einfach zu verbieten, ist ein großer Eingriff in die Privatsphäre der Menschen. Das stärkste Argument gegen ein Verbot hängt mit dem Vorwurf der Umweltverschmutzung zusammen. Im Verhältnis zu anderen Faktoren, die zur Luftverschmutzung beitragen, ist der Silvesterabend eine Kleinigkeit.
Vor allem aufgrund der letzten beiden Argumente bin ich ebenfalls gegen ein generelles Böllerverbot. Es gibt zahlreiche andere Möglichkeiten, die Umwelt nachhaltiger zu schützen. Eine davon wäre zum Beispiel ein gut überlegtes Netzwerk von öffentlichen Verkehrsmitteln, das den Menschen günstig zur Verfügung gestellt wird. Als Kompromiss könnte ich mir jedoch vorstellen, dass größere Gemeinden und Städte durchaus ein zentrales Feuerwerk anbieten, wie von Frau Ott beschrieben. Dieses Angebot würden sicher viele Menschen nutzen, anstatt selbst Böller und Raketen zu zünden. Ein generelles Verbot finde ich jedoch nicht sinnvoll.

Textbeschreibung

2. Lyrik

„Gedichtbehandlung" (Bernd Lunghard)

Das Gedicht „Gedichtbehandlung" von Bernd Lunghard, erschienen 1997 im Beltz Verlag, vermittelt auf unterhaltsame Weise und in gereimter Form, wie Lyrik in der Schule allzu oft behandelt und bearbeitet wird, bis niemand mehr Freude daran hat. Seine Darstellung ist dabei äußerst zutreffend. Schulen sollten die Beobachtungen des Autors zum Anlass nehmen, ihren Umgang mit Gedichten zu überdenken.
Das zeitgenössische Werk umfasst neun Strophen mit je drei Versen, also insgesamt 27 Verse. Jede Strophe beinhaltet einen Paarreim sowie einen einzelnen Vers. Sprachlich ist es leicht verständlich und in Alltagssprache formuliert. An zwei Stellen im Text verwendet der Autor das

Stilmittel der Personifikation. Er spricht über das Gedicht wie über einen Menschen: „… da verlor das Gedicht schon Arme und Beine" (V. 9) und „Das hat dem Gedicht das Genick gebrochen." (V. 12) Dies beschreibt bildlich, was mit dem Text passiert, als er „auseinandergenommen" (V. 10) wird, sodass sich die Lesenden gut in die Situation hineinversetzen können. Die fünfte Strophe besteht aus aneinandergereihten Fragen. Hier wird die Vorgehensweise der Gedichtsanalyse genauer beschrieben, besonders veranschaulicht wird dies durch die Alliteration „Wort wohl wählen" (V. 13).
Die letzte Strophe gibt eine Zusammenfassung. Unterstrichen wird dies durch die Anapher „so". Mit dieser Anapher beginnen alle Verse der letzten Strophe, wobei die ersten beiden Verse mit „So haben wir" (V. 25 f.) anfangen. Die zweite Variante „So sollen wir" (V. 27), mit der der dritte Vers der letzten Strophe beginnt, schärft den Blick für die Kritik des Autors an der Vorgehensweise im Unterricht. Das lyrische Ich erklärt, dass es das Gedicht zunächst sehr schön fand, als der Lehrer es zum ersten Mal vorgelesen hat. Aber durch die vielen Wiederholungen, die zwar helfen, es auswendig zu lernen, und die Auseinandersetzung damit im Unterricht ist es am Ende „verschandelt" (V. 26). Den Lernenden wird „langweilig" (V. 6) und sie ärgern sich über „das Gedicht und den Dichter". (V. 23) Die Metapher „lange Gesichter" (V. 22) zeigt, wie zäh der Unterricht für sie ist. Das lyrische Ich bezweifelt, dass junge Menschen auf diese Art lernen, Gedichte zu verstehen. Bernd Lunghard ruft dazu auf, den Umgang mit Lyrik in der Schule zu überdenken. Meiner Erfahrung nach beschreibt der Autor treffend, wie Gedichte in den Schulen tatsächlich oft behandelt werden. Es kann sehr zermürbend sein, Lyrik vielfach zu lesen, abzuschreiben und darüber zu reden; es zerstört das Interesse an Sprache. Kreative Schreibideen wären eine willkommene Abwechslung und würden vielleicht das ein oder andere Talent hervorbringen.

3. Prosa

„Das Geheimnis der chinesischen Wäscherei" (Elke Heidenreich)

Die Kurzgeschichte „Das Geheimnis der chinesischen Wäscherei" von Elke Heidenreich ist im Jahr 2006 in dem Buch „Rudernde Hunde" im Fischer Taschenbuch Verlag erschienen. Sie erzählt einen Ausschnitt aus dem Leben Otto Berners, der seine Wäsche zur Reinigung bringt, weil er sie selbst nicht waschen kann. Die Wäscherei wird von Chinesen betrieben, von denen sich der Witwer immer äußerst gut behandelt fühlt.
Herr Berner wird als „kleiner, redseliger Mann mit einer etwas zu dick geratenen Nase" (Z. 1 f.) beschrieben. Er ist seit einigen Jahren verwitwet und lebt mit seinem Hund Bodo in einer kleinen Wohnung, die er selbst in Ordnung hält. Einzig die Wäsche bereitet ihm Kummer, weil er diese auch gerne sauber und gepflegt haben möchte. Regelmäßig besucht er das Grab seiner Frau und spricht mit ihr über seine Sorgen. Generell ist er ein einsamer Mann, der außer seinem Hund wenig soziale Kontakte hat.
Als er eines Tages nach dem Friedhofsbesuch die chinesische Wäscherei entdeckt, erscheint ihm diese wie eine himmlische Fügung. Die zuvorkommende Art des Personals gefällt Herrn Berner ungemein gut und er interpretiert jeden Blick wohlwollend und positiv. Ab sofort besucht er die Wäscherei regelmäßig, um dort anderen Menschen zu begegnen und „ein bisschen schwatzen zu können." (Z. 37) Herr Berner fühlt sich sehr wertgeschätzt, denn hier wird er als Kunde wie ein König behandelt. Herr Berner ist stolz, dass ihm immer sofort das richtige Wäschepaket gereicht wird, obwohl er selbst die Angestellten nicht immer voneinander unterscheiden kann. Nach einigen Wochen erlebt der Mann allerdings eine herbe Enttäuschung. Ein Freund, der chinesische Schriftzeichen lesen kann, klärt ihn darüber auf, dass auf dem vermeintlichen Namensschild seines Wäschepakets keineswegs der Name „Berner" steht, sondern die Bezeichnung „Geschwätziger alter Mann mit dicker Nase und hässlichem Hund".

Die Geschichte endet abrupt mit diesem Satz, der Otto Berner im wirklichen Leben sicher zunächst sprachlos gemacht hätte. Im Allgemeinen verdeutlicht der Text die plaudernde Art des Mannes durch die Verwendung vieler Haupt- und Nebensätze. Die vielen Adjektive unterstreichen dies und helfen der Leserschaft, sich alles bildlich vorzustellen.
Meiner Meinung nach ist es Elke Heidenreich mit der Kurzgeschichte gelungen, die Person Otto Berner und das damit verbundene Dilemma darzustellen. Die Leser/-innen werden angeregt, den eigenen Umgang mit Menschen aus anderen Kulturen und Generationen zu überprüfen. Zu kritisieren ist die klischeehafte Darstellung asiatisch gelesener Menschen.

Pflichtteil – Teil A

A1

„Fitness: Trend oder Wahn?"

Textverständnis

1. Richtig oder falsch?

a) richtig
b) falsch
c) richtig
d) falsch
e) richtig
f) richtig

2. Anhand zweier Zitate belegen, dass der Fitness-Trend überall sichtbar ist

- „Visuell ist der Fitness-Trend überall – lauter trainierte Körper, vor allem in den Medien und ganz besonders in den sozialen Netzwerken." (Z. 11 – 13)
- „In zahllosen Videos demonstrieren ‚normale' Menschen im Internet, wie sie innerhalb kurzer Zeit mit Sport zum ‚Traumbody' kommen." (Z. 19 – 21)

3. Einstellung zum Sport von früher und heute vergleichen

Heutzutage trainiert man nicht wie früher zum Spaß, zur Erholung oder wegen der Gesundheit, sondern man möchte eine bestimmte sportliche Leistung erreichen und einen „Traumbody" bekommen. Deshalb betreiben Menschen sogar Extremsportarten wie Trail Running, Downhill Racing oder Ultra-Marathon.

4. Herausarbeiten, warum immer mehr Zeit und Anstrengung in Sport investiert wird

Das Schönheitsideal hat sich geändert, viele Menschen möchten heute „durchtrainiert, fit und schlank" sein, das gilt als perfekt. Wie Menschen aussehen wird in der Gesellschaft immer wichtiger, weil man daraus auf die Persönlichkeit schließt. Alle sehen, dass man tolle Leistungen erbringen kann. Deshalb liegen auch Extremsportarten im Trend. Damit kann man sich von der Masse abheben, denn man macht etwas Besonderes.

Sprachgebrauch

5. Schreibweise mit Rechtschreibstrategie begründen

a) Die Branche machte ein **Plus** von jährlich 5,6 Prozent.
Regel: „Plus" ist ein Nomen, erkennbar am unbestimmten Artikel „ein".

b) Sport muss auch **Spaß** machen.
Regel: Nach einem lang gesprochenen Vokal folgt ein scharfes s bzw. ein ß.

c) Die sozialen Medien bieten eine **hervorragende** Bühne.
Regel: Zusammensetzung aus den Wörtern „hervor" und „ragend". Dabei bleiben alle Buchstaben erhalten, das ist an der Silbentrennung zu sehen → her-vor-ra-gend.

6. Fehlende Kommas ergänzen und begründen

a) Sport ist nicht nur gesund für den Körper, Sport ist auch gesund für die Seele.
→ Das Komma trennt zwei Hauptsätze.

b) Je außergewöhnlicher die Leistung, desto größer ist die Anerkennung.
→ Wenn Satzteile durch aneinanderreihende Konjunktionen verbunden sind, steht ein Komma.

c) Menschen, die zu viel trainieren, können sich schaden.
→ Komma bei eingeschobenem Relativsatz.

7. Synonyme finden

Modeströmung:	Trend (Z. 1)
sichtbar:	visuell (Z. 11)
einschließlich:	inklusive (Z. 16)
fehlerfrei:	makellos (Z. 46)
beherrscht sein:	diszipliniert (Z. 50)
Rückmeldung:	Feedback (Z. 54)

8. Genus, Numerus und Kasus der unterstrichenen Wörter bestimmen

a) **Genus:** maskulin bzw. Maskulinum; **Numerus:** Singular; **Kasus:** Akkusativ
b) **Genus:** neutral bzw. Neutrum; **Numerus:** Plural; **Kasus:** Dativ

9. Tempus und Wortart bestimmen

a) Tempus: Perfekt	Wortart: Nomen
b) Tempus: Präteritum	Wortart: Adjektiv
c) Tempus: Futur I	Wortart: Verb

A2 – Lektüre

„Herzsteine" (Hanna Jansen)

10. Zusammenhang zum Sprichwort aufzeigen

Das Sprichwort bedeutet, dass nach schwierigen Zeiten auch wieder bessere kommen. Sam ist unglücklich über den Umzug von Hamburg nach Sylt und über die Trennung von seinen Freunden. Auf der Insel freundet er sich aber mit Enna an und diese Beziehung ist gut und wichtig für ihn. Sams Mutter Fe ist unglücklich in Hamburg und auf Sylt, weil sie glaubt, ihre Familie in Afrika im Stich gelassen zu haben. Als sie wieder in Ruanda ist, erkennt sie, dass sie nur dort leben kann, um ihre Vergangenheit zu bewältigen. Dort wird sie gebraucht und kann etwas zum Leben der anderen beitragen.

11. Gedankenbild erläutern

Enna kommt Sam wie eine Insel auf der Insel (Sylt) vor, weil sie sich in ihrer auffälligen Kleidung alleine mitten auf den Schulhof stellt, wo alle sie sehen können. „Um sie herum, in einem Radius von mindestens drei Metern, alles frei." (S. 30) Enna steht bewusst getrennt von den anderen.

12. Wiedergeben, was Sam in Ennas Zuhause empfindet und erfährt

a) Sam kommt sich vor wie in einer anderen Welt. Ennas Haus ist für ihn wie eine Höhle, in die man sich verkriechen kann.

b) Sam erfährt, dass Ennas Mutter eine Heilerin ist. Obwohl sie nicht studiert hat, weiß sie alles über Krankheiten und kann Menschen und auch Tiere heilen. Eine ihrer Heilmethoden ist das Handauflegen. Die Heilkraft fließt dann durch ihre Hände in den anderen Menschen.

13. Sams ersten Eindruck von seiner Mutter in Kigali beschreiben

Als Sam seine Mutter Fe in Kigali wiedersieht, trägt sie völlig andere Kleidung, nämlich ein langes, buntes Kleid mit großen Flügelärmeln. Ihre Haare sind länger und werden von einem bunten Stirnband festgehalten. So sieht sie weiblicher aus, findet Sam. In Hamburg trug sie ihr dichtes schwarzes Kraushaar ganz kurz (S. 9) und europäische Kleidung, die immer perfekt abgestimmt war (S. 14).

14. Zwiespältige Gefühle erklären

Sam ist befremdet, weil seine Mutter im Waisenhaus von „unseren Kindern" spricht und von den Kindern mit „Mama Jean-Claude" angesprochen wird (S. 123). Er beobachtet sie dabei, wie sie Englischunterricht gibt, und findet, dass sie das „wirklich gut macht" (S. 124). Er ist stolz auf sie.

15. Verhalten von Jean-Claude und einem weißen Besucher in der Erinnerungsstätte analysieren und Sams Reaktion auf das Foto eines Mädchens erklären

a) Jean-Claudes Familie wurde im Bürgerkrieg getötet. In den Massengräbern der Erinnerungsstätte sind seine Mutter und seine Schwestern begraben, seit Kurzem auch sein Vater. Jean-Claude hat Schreckliches erlebt und gesehen. Um das auszuhalten, muss er seine Gefühle unterdrücken, vor allem an diesem Ort. Er verbirgt seinen Schmerz hinter einer Fassade, denn nur so kann er das Furchtbare ertragen. Der weiße Besucher hat den Völkermord nicht selbst erlebt, er ist aber so erschüttert über die schrecklichen Ereignisse, an die hier erinnert wird, dass er weinen muss. So zeigt er sein Mitleid oder Mitgefühl.

b) Das Mädchen auf dem Foto liegt im Gras, lacht und schaut in den Himmel, seine Augen leuchten. Sie erinnert Sam sehr an seine Mutter, besonders ihr Lachen, „so ein Lachen tief von innen, wie er es bei keinem sonst gesehen hat". (S. 151) Das berührt ihn so, dass er den Text der Gedenktafel über das Mädchen abschreibt. Darin steht auch, dass sie erschossen wurde.

16. Sams inneren Monolog verfassen

Irgendwie habe ich es mir ja schon gedacht, dass Mum nicht mit zurückkommt, obwohl ich es doch sehr gehofft habe. Dad tut mir echt leid. Klar will er so schnell wie möglich nach Hamburg zurück, er war ja vor allem wegen Mum auf Sylt. Was soll ich denn jetzt bloß machen? Wenn ich Dad auch verlasse und auf Sylt bleibe, dann ist er ganz allein. Aber mit Dad in Hamburg in einem Männerhaushalt leben und zusehen, wie er leidet – nein, danke. Bestimmt ist es besser für ihn, wenn er sich nur noch um sich selbst kümmern muss und nicht auch noch um mich. So kann er ganz neu beginnen. Wir könnten uns dann an den Wochenenden sehen. Ich habe ja einen Grund, auf Sylt zu bleiben, mindestens einen. Wenn Enna das möchte, bleibe ich. Ich möchte doch mit Enna zusammen sein! Außerdem möchte ich meinen eigenen Weg gehen! Erst muss ich in Hamburg alles aufgeben wegen Mum, jetzt soll ich in Sylt wieder alles aufgeben wegen Dad. Nein, das will ich nicht. Ich muss mit Enna reden.

oder

16. Dialog zwischen Enna und Sam formulieren

E: Manchmal hat man's nicht gerade leicht mit einer Mutter, die so … anders ist. Oder? Was sagst du?

S: Hm. Ja, du hast recht. Meine Mutter fällt schon durch ihre Hautfarbe, ihre Haare und ihre Kleidung auf. Sie ist immer perfekt angezogen.

E: Schau dir meine Mutter an! Sie fällt auch auf, nicht nur durch ihr Äußeres, sondern vor allem auch durch ihren Beruf. Aber wir haben ein gutes Verhältnis, und ich bewundere sie für das, was sie macht und kann. Ich hoffe, wir bleiben jetzt noch eine Weile hier, ich mag unser Haus und die Tiere, ich mag auch die Insel.

S: Die Insel mag ich auch. Wir sind ja wegen meiner Mutter nach Sylt gezogen. Aber ich verstehe sie oft nicht. Ich glaube, es geht ihr nicht gut. Das macht mir Angst.

E: Das verstehe ich. Meine Mutter ist ziemlich cool, wir sind schon immer ein gutes Team. Sie erwartet zwar so einiges von mir, aber sie lässt mir auch viel Freiheit. Und sie hat mich immer ernst genommen.

S: Meine Mutter ist oft so distanziert. Sie zeigt sehr selten Gefühle, ich weiß nie so genau, was sie denkt. Als ich klein war, bin ich nachts oft von ihren Schreien aufgewacht, weil sie Albträume hatte.

E: Sie hat bestimmt Schlimmes erlebt.

S: Darüber weiß ich gar nichts. Sie spricht nicht darüber.

„Kleider machen Leute" (Gottfried Keller)

10. Darlegen, inwieweit die Goldacher/-innen selbst schuld an der Täuschung sind

Die Goldacher Gesellschaft meint, weil Wenzel Strapinski einen feinen Mantel und eine Pelzmütze trägt, aus einer vornehmen Kutsche steigt und gepflegt aussieht, könne er nur ein Graf oder Prinz sein. Auch sein schüchternes und zurückhaltendes Auftreten wird so verstanden. Die Goldacher/-innen fragen lange überhaupt nicht nach, wer er ist, sondern interpretieren alles, was Strapinski tut, in diesem Sinn. Erst ist er zu schüchtern, um sich gegen die bevorzugte Behandlung zu wehren, und dann bringt dieses Verhalten ihn dazu, den Irrtum nicht sofort aufzuklären, sondern erst einmal davon zu profitieren.

11. Verhalten des Kutschers erläutern

Der Kutscher hat Mitleid mit Wenzel Strapinski, der erschöpft und im Regen auf der Landstraße nach Goldach läuft, und nimmt ihn deshalb mit. Er hat mit einem Blick gesehen, dass Strapinski kein feiner und reicher Mann ist. Doch weil Strapinski sich bei der Ankunft am Gasthof weder bei ihm bedankt noch von ihm verabschiedet, rächt er sich, indem er Wenzel als Graf Strapinski vorstellt. Er fährt weg, ohne die Zeche für sich und die Pferde bezahlen; das überlässt er Strapinski.

12. Wenzels Geldbesitz erklären

Von dem Geld, das er beim Kartenspiel gewonnen hat, kauft sich Wenzel Lotterie-Lose. Damit gewinnt er noch mehr Geld.

13. Gründe für Wenzels Fluchtgedanken und Bleiben aufzeigen

Wenzel möchte Goldach verlassen, um wieder mit gutem Gewissen ein freies, ruhiges Leben führen zu können. Er will nicht mehr lügen und den Lebensstil eines Grafen kann er sich nicht leisten. Als er fliehen will, begegnet er Nettchen, verliebt sich in sie und bleibt deshalb schließlich doch in Goldach.

14. Nettchens Pläne darlegen

Nettchen will nicht mehr in Goldach leben nach dem, was dort in der letzten Zeit passiert ist. Sie möchte, dass ihr Vater ihr das Erbe gibt, das ihre Mutter hinterlassen hat und das sie zur Hochzeit bekommen soll. Sie will Wenzel trotz allem heiraten, mit ihm nach Seldwyla gehen und dort ein Geschäft aufbauen.

15. Belegen, warum Wenzel nicht schuldig gesprochen werden kann

Wenzel Strapinski wird nicht schuldig gesprochen, weil er einen guten Ruf hat. Niemand kann etwas Böses über ihn berichten. Er hat sich auch nie selbst als Graf ausgegeben, sondern wurde immer nur von anderen als Graf bezeichnet. Er heißt tatsächlich Wenzel Strapinski, der Name stimmt. Die anderen haben ihm ihre Gastfreundschaft und ihre Wohltaten praktisch aufgedrängt, er hat nie etwas gefordert.

16. Anhand zweier Textstellen beschreiben, wie Wenzels Betrug auffliegt

Der Buchhalter Melcher Böhni ist der einzige, der misstrauisch ist. Ihm fallen Wenzel Strapinskis zerstochene Finger auf, die nicht zu einem Grafen passen. Außerdem bemerkt er, dass Strapinski kein Geld für den Einsatz im Kartenspiel hat.

Bei Wenzels und Nettchens Verlobungsfeier spielt der ehemalige Arbeitgeber von Wenzel Strapinski seine Geschichte nach und entlarvt ihn zum Schluss als Schneider.

17. Wenzels Tagebucheintrag verfassen

Liebes Tagebuch,

schon wieder liege ich nachts wach und kann einfach nicht schlafen. Mich plagt das schlechte Gewissen, weil mich alle für einen Grafen halten, und ich bin doch nur ein Schneider. Vor allem habe ich Angst, dass alles auffliegt und ich dann von allen verachtet und aus der Stadt gejagt werde. Heute wollte ich eigentlich weggehen und nun bin ich doch noch hier. Auf der einen Seite sehne ich mich nach einem Leben in Freiheit – ohne diese ständige Angst im Nacken. Ich würde so gerne wieder als Schneider arbeiten und mir ein neues Leben aufbauen. Am liebsten natürlich in Goldach, denn hier gefällt es mir sehr, aber hier kann ich nur der Graf Strapinski sein. Auf der anderen Seite ist das angenehme Leben schön. Ich werde anerkannt, habe einiges an Geld und fühle mich in der Gesellschaft der Reichen wohl. Aber vor allem will ich Nettchen nicht verlassen. Ich habe mich in sie verliebt. Sie ist mir begegnet, als ich fliehen wollte, da musste ich einfach wieder umkehren. Trotzdem bin ich hin- und hergerissen. Leider kann ich auch mit niemandem über meine Probleme reden. Wie lange halte ich das noch aus?

oder

17. Wenzels Brief an Nettchen verfassen

Goldach, im November 1874

Mein allerliebstes Nettchen,

diese Zeilen fallen mir nicht leicht. Wie jede Nacht liege ich wach und bin hin- und hergerissen. Und auch wenn es mir sehr weh tut, dich zu verletzen, liebes Nettchen, habe ich mich dazu entschlossen, Goldach zu verlassen und dich nicht mehr wiederzusehen. Wahrscheinlich wunderst du dich über diese Worte und ich würde dir gerne alles erklären, doch ich kann nicht. Nur so viel: Ich kann in Goldach kein freies, ehrliches Leben führen, denn ich bin nicht der, für den du mich hältst, für den mich alle halten. Daran bin ich nicht alleine schuld, aber ich habe meinen Teil dazu beigetragen. Deshalb muss ich nun gehen. Und das, obwohl ich so verliebt in dich bin, Nettchen. Bitte glaube mir das. Nur deinetwegen konnte ich dieses Leben in Goldach ertragen. Doch nun halte ich diese Qualen nicht mehr aus. Ich muss ehrlich sein und den Weg der Wahrheit gehen, weg von dir und Goldach. Leb wohl, mein Herz! Pass gut auf dich auf und vergiss mich nicht.

In Liebe
dein Wenzel

Teil B – Wahlteil

1. Erörterung

„Fitness: Trend oder Wahn?" und „Gefahr Fitnessstudio: Schlimme Trainingsfehler führen zu Schmerzen"

Der aktuelle Fitness-Trend hat wie alles zwei Seiten. Positiv sind ein durchtrainierter Körper oder ein gutes Bewusstsein für Gesundheit. Auf der anderen Seite stehen Verletzungen und die Möglichkeit, dass Sport zur Sucht wird. Im Folgenden soll der Frage nachgegangen werden, welche Chancen und Risiken dieser Trend hat und was davon überwiegt. Dazu werden die Artikel „Fitness: Trend oder Wahn?" von Edith Schober und „Gefahr Fitnessstudio: Schlimme Trainingsfehler führen zu Schmerzen" von J. Ehresmann als Grundlage genommen.
Der Fitness-Trend hat seine negativen Seiten. Schmerzen nach dem Training im Fitness-Studio kommen häufiger vor, als man denkt, gemeint ist damit aber nicht der normale Muskelkater. Wenn man Übungen an Kraftgeräten nicht richtig ausführt, können schnell ernstere Verletzungen im Nacken entstehen. Zum Beispiel durch Blockaden von Muskeln, die vorher schon zu sehr angespannt waren, oder weil Übungen, die eigentlich für einen ganz anderen Körperteil gedacht sind, die Halswirbelsäule belasten. Es ist gefährlich, wenn diese Schmerzen nicht ernst genommen werden, denn sie können zu bleibenden Schäden am Bewegungsapparat führen. Sollte eine Person beim Training einen stechenden Schmerz in einem Gelenk spüren, muss die Übung sofort beendet und ein Trainer oder eine Trainerin zu Hilfe geholt werden. Bei manchen Menschen ist der Sport sogar schon zur Sucht geworden. Sie denken nur noch an die sportliche Leistung und nicht mehr an den Spaß und die Gesundheit.
Der Fitness-Trend selbst ist nicht neu. Er besteht seit einigen Jahren und es gab ihn auch schon früher. Neu ist aber, dass sportliche Leistungen über soziale Medien verbreitet werden. Manche Menschen wollen ihre sportlichen Erfolge teilen. Doch wer damit unbedingt viel Aufmerksamkeit bekommen möchte, ist unter Umständen eher süchtig nach sozialer Anerkennung.

Sich fit zu halten und Sport zu treiben hat auf jeden Fall sehr viele Vorteile für die einzelnen Menschen und die Gesellschaft. In Sportvereinen halten die Mitglieder zusammen, vor allem bei Mannschaftssportarten werden Erfolge gemeinsam erreicht. Damit das so bleiben kann, müsste der Vereinssport wieder mehr gefördert werden und es müsste mehr Möglichkeiten zum Trainieren geben. Über das Interesse an Sport können junge Leute dazu gebracht werden, auf ihre Gesundheit zu achten. Je mehr sie über Ernährung und körperliche Betätigung wissen, umso besser können sie dieses Wissen anwenden. Gute Fitness-Studios arbeiten immer mit einem Trainingsplan, der von ausgebildeten Trainerinnen und Trainern erstellt wird. Wer Profisport betreibt, hat einen Trainer oder eine Trainerin, eine solche Unterstützung ist auch im Hobbysport sinnvoll. Die größten Chancen des Sports sind, dass er Grenzen überwindet, das Gemeinschaftsgefühl fördert und das Selbstwertgefühl stärkt. Junge Menschen, die Bestätigung im Sport finden, werden seltener sozial auffällig und benötigen die Anerkennung der sozialen Netzwerke weniger, da sie ihre Bestätigung in der realen Welt finden können.

In meinen Augen überwiegen die positiven Seiten des Fitness-Trends die negativen eindeutig, vor allem dann, wenn bestimmte Aspekte beachtet werden: Die Menschen sollen beim Training auf ihren Körper hören. Außerdem muss der Sport in Vereinen wieder mehr Aufmerksamkeit bekommen und besonders für Kinder und Jugendliche attraktiver sein. Dabei muss vor allem das Wir-Gefühl gestärkt werden, denn das ist genauso wichtig wie der trainierte Körper.

Textbeschreibung

2. Lyrik

„Liegen ist Frieden" (Elen)

Das lyrische Ich in dem Gedicht „Liegen ist Frieden" von Elen aus dem Jahr 2019 führt einen inneren Monolog darüber, dass es an diesem Tag gerne die Seele baumeln lassen würde. Es möchte im Bett bleiben und die Stimme in seinem Kopf ignorieren, die es zum Arbeiten antreibt. Es werden etliche Gründe genannt, warum es wichtig ist, aufzustehen, und was von den Menschen im Alltag gesellschaftlich alles gefordert wird. Dagegen wird argumentiert, dass es sehr einfach wäre, Frieden zu haben, wenn jeder und jede einfach im Bett bleiben würde. Die meisten Leser/-innen werden der Aussage wahrscheinlich spontan zustimmen, da es sich sehr verlockend anhört, sich eine Auszeit zu gönnen.

Bei näherer Betrachtung fällt auf, dass es sich bei dem Gedicht um einen Liedtext handelt. Man kann dies am Refrain in den Versen 11 bis 22 erkennen, der sich in den Versen 32 bis 43 fast wörtlich wiederholt. Das Gedicht hat fünf Strophen mit fünf oder vier Versen. Die ersten drei davon haben das Reimschema aabbc, die vierte und die fünfte Strophe sind einen Vers kürzer mit dem Schema aabc und aabb.

Der innere Monolog wird durch das Stilmittel der Personifizierung zu einer Art Dialog, denn das lyrische Ich unterhält sich mit der „Stimme im Kopf", die mit ihm redet. Diese „Stimme im Kopf" zählt im Refrain lauter Dinge auf, die das lyrisch Ich machen soll. Als Leser/-in kann man sich diesen Berg von Aufgaben richtig vorstellen. Das lyrische Ich fühlt sich davon überwältigt. Es weiß genau, dass es ein hitziges Temperament hat und dies an anderen Menschen auslässt. Aber eigentlich möchte es das gar nicht. Es will den Tag viel lieber genießen, anstatt ihn für die alltäglichen Aufgaben zu nutzen.

In dem Lied wird sehr deutlich, dass alle Anforderungen von außen kommen. Die Stimme im Kopf ist die Gesellschaft, die Normen aufstellt, nach denen alle handeln sollen. Es ist kaum möglich, einen freien Willen zu haben. Aber am Ende entscheidet sich das lyrische Ich dafür, diese Normen

nicht zu befolgen, und rechtfertigt das Liegenbleiben damit, dass es dann keine Schuld daran hat, wenn an diesem Tag die Welt „vor die Hunde geht" (V. 44).
Die Autorin des Gedichtes möchte darauf aufmerksam machen, dass viele Menschen in ihrem Leben von Normen und immer gleichen Aufgaben getrieben werden. Ihrer Meinung nach wäre ein friedliches Miteinander leicht zu erreichen, wenn man diesen Anforderungen nicht gehorchen würde. Ich selbst bin absolut ihrer Meinung, bin allerdings schon beim ersten Lesen über die Zeile „Nutze den Tag" (V. 17) gestolpert. Hier ist das so gemeint, dass der Tag genutzt wird, indem man die Aufgaben erfüllt, die einem gestellt werden. Man könnte diese Zeile aber auch anders verstehen, nämlich dass sie das bedeutet, was Elen anstrebt: Der Mensch darf den Tag für sich und seine Bedürfnisse nutzen, wie auch immer diese Bedürfnisse aussehen. Über die genaue Umsetzung und finanzielle Sicherheit muss natürlich an anderer Stelle weiter diskutiert werden.

3. Prosa

„Allmorgendlich" (Shirley Michaela Seul)

Die Kurzgeschichte „Allmorgendlich" von Shirley Michaela Seul aus dem Jahr 1987 erzählt in der ersten Person von den täglichen Busfahrten einer Pendlerin. Die Frau hat ein Problem mit einer anderen Frau, die ebenfalls Tag für Tag den gleichen Bus nimmt. Die beiden kennen sich nicht und reden während der Geschichte kein Wort miteinander, und doch beeinflusst die Beziehung zu der fremden Frau die Ich-Erzählerin sehr.
Die fremde Frau fällt der Ich-Erzählerin schon an dem Morgen auf, als sie zum ersten Mal den Bus nimmt, um zu ihrer neuen Arbeitsstelle zu fahren, und sie kann sie sofort überhaupt nicht leiden. Die Fremde ist gut gekleidet mit kirschrotem Mantel und weißen Stiefeln, ihr Haarknoten ist zwar ungewöhnlich, aber langweilig. Sie setzt sich täglich auf den gleichen Platz, liest eine Zeitung und isst zu einem bestimmten Zeitpunkt zwei immer gleich belegte Brote. Die ganze Zeit macht sie ein mürrisches Gesicht und gibt sich gleichgültig.
Die Ich-Erzählerin empfindet diese Ausstrahlung als persönliche Beleidigung, das Essen der Brote findet sie sogar eklig. Doch trotz der starken Abneigung ist die Ich-Erzählerin auf die fremde Frau angewiesen. Das merkt sie, als diese ein paar Tage lang nicht im Bus erscheint. In dieser Zeit wird der Ich-Erzählerin klar, dass sie das tägliche Ritual, sich über sie zu ärgern, die negativen Gefühle, geradezu braucht. Die Abneigung wirkt wie eine Droge, bei der die Dosis erhöht werden muss, um noch eine Wirkung zu zeigen. Deshalb erzählt sie allmählich in ihrem Bekanntenkreis von der Frau, erzählt immer mehr und erfindet Details, die gar nicht stimmen. Sie kann ohne die Frau im kirschroten Mantel eigentlich nicht mehr leben. Die Geschichte endet damit, dass eine Freundin der Ich-Erzählerin mit ihr im Bus fährt und bemerkt, wie sehr sich die beiden Frauen aus ihrer Sicht ähneln.
Die Farbe Rot ist ein Stilmittel, um Aufmerksamkeit zu erregen. Sie steht für Leidenschaft, sowohl positive als auch negative, für Sehnsüchte und Wünsche oder einfach nur dafür, aufzufallen. In meinen Augen beschreibt die Autorin der Geschichte den inneren Kampf einer jungen Frau, die sich einerseits in die breite Masse der Menschen einfügt, die täglich mit dem Bus zur Arbeit fahren, aber andererseits den Wunsch hat, gesehen zu werden und herauszustechen. Sie lehnt diese Gefühle ab, daher ärgert sie sich über die andere Frau, die aus ihrer Sicht alles tut, um aufzufallen, also das macht, was die Ich-Erzählerin wohl auch gern täte. Durch die Bemerkung der Freundin soll verdeutlicht werden, dass viele Menschen Eigenschaften in anderen wahrnehmen, die sie bei sich selbst nicht sehen möchten.

Notizen

Leitidee Zahl – Variable – Operation

1. Zahlterme berechnen

Aufgabe 1

Umwandlung in Dezimalzahlen

$1{,}3 = 1{,}3$

$\frac{6}{5} = \frac{12}{10} = 1{,}2$

$1{,}26 = 1{,}26$

$\frac{5}{4} = \frac{125}{100} = 1{,}25$

Ordnung: $\frac{6}{5} < \frac{5}{4} < 1{,}26 < 1{,}3$

Umwandlung in gleichnamige Brüche

$1{,}3 = \frac{13}{10} = \frac{130}{100}$

$\frac{6}{5} = \frac{12}{10} = \frac{120}{100}$

$1{,}26 = \frac{126}{100}$

$\frac{5}{4} = \frac{125}{100}$

Aufgabe 2

$22 - 10 \cdot \frac{1}{2}$ (Punkt vor Strich)
$= 22 - 5$
$= 17$

$(22 - 10) \cdot \frac{1}{2}$ (Klammer zuerst)
$= 12 \cdot \frac{1}{2}$
$= 6$

Im ersten Term muss „Punkt vor Strich" beachtet werden, während im zweiten Term zuerst die Klammer berechnet werden muss.

Aufgabe 3

Von 0 bis 1 sind es 24 Kästchen. Also entspricht jedes Kästchen $\frac{1}{24}$.

(A) $\frac{6}{24} = \frac{1}{4} = 0{,}25$

(B) $\frac{9}{24} = \frac{3}{8} = \frac{375}{1000} = 0{,}375$

(C) $\frac{12}{24} = \frac{1}{2} = 0{,}5$

(D) $\frac{18}{24} = \frac{3}{4} = 0{,}75$

Aufgabe 4

$\frac{6}{5} : \frac{3}{4} - \frac{4}{3} \cdot \frac{3}{5}$

$= \frac{6}{5} \cdot \frac{4}{3} - \frac{12}{15}$

$= \frac{24}{15} - \frac{12}{15}$

$= \frac{12}{15}$

$= \frac{4}{5}$

Aufgabe 5

a) $2{,}3 \cdot 10^3$ $\quad 6{,}8 \cdot 10^5$ $\quad 9{,}1 \cdot 10^8$

b) 46 000 $\quad$ 72 000 000 $\quad$ 8 100 000

Aufgabe 6

$$\left(-\frac{5}{8}\right) \cdot \left(1{,}2 - \frac{2}{5}\right) + 1{,}5 : \frac{2}{3}$$
$$= \left(-\frac{5}{8}\right) \cdot \left(\frac{6}{5} - \frac{2}{5}\right) + \frac{3}{2} : \frac{2}{3}$$
$$= \left(-\frac{5}{8}\right) \cdot \frac{4}{5} + \frac{3}{2} \cdot \frac{3}{2}$$
$$= -\frac{1}{2} + \frac{9}{4}$$
$$= -\frac{2}{4} + \frac{9}{4}$$
$$= \frac{7}{4}$$
$$= 1\frac{3}{4}$$

2. Mit Prozenten und Zinsen umgehen

Aufgabe 1

a) $W = \frac{G \cdot p}{100}$ $\Rightarrow$ $W = \frac{240\,€ \cdot 2{,}5}{100}$
$W = 6\,€$

b) $p = \frac{W \cdot 100}{G}$ $\Rightarrow$ $p = \frac{120\,l \cdot 100}{800\,l}$
$p = 15$

c) $G = \frac{W \cdot 100}{p}$ $\Rightarrow$ $G = \frac{45\,m^2 \cdot 100}{3}$
$G = 1500\,m^2$

Aufgabe 2

25 % Preisnachlass bedeutet, dass das Fahrrad jetzt noch 75 % des ursprünglichen Preises kostet.

: 3 (75 % ≙ 375 €) : 3
25 % ≙ 125 €
· 4 (100 % ≙ 500 €) · 4

Vor dem Preisnachlass kostete das Fahrrad 500 €.

Aufgabe 3

100 % – 75 % Rabatt = 25 % Kosten für die Tochter
100 % – 25 % Rabatt = 75 % Kosten für Timo

Berechnung der Kosten für die Kinder:

I. Möglichkeit (Dreisatz)

100 % ≙ 1600 €

$1\ \% \triangleq \frac{1600\ €}{100} = 16\ €$

25 % ≙ 16 € · 25 = 400 €
75 % ≙ 16 € · 75 = 1200 €

II. Möglichkeit

Formel: $P = \frac{G \cdot p}{100}$

$P = \frac{1600\ € \cdot 25}{100} = 400\ €$

$P = \frac{1600\ € \cdot 75}{100} = 1200\ €$

Kostenaufstellung

2 Erwachsene = 2 · 1600 €	= 3200 €
Timo	= 1200 €
2-jährige Tochter	= 400 €
	4800 €

Der Urlaub kostet 4800 €.

Aufgabe 4

Der Schuletat von 55 485 € ist der Prozentwert und macht 100 % – 10 % Kürzung = 90 % vom Vorjahreswert aus.

a) Ursprünglicher Etat (letztes Jahr bzw. vorletztes Jahr) ist jeweils der gesuchte Grundwert.

I. Möglichkeit (Dreisatz)

90 % ≙ 55 485 €

$1\ \% \triangleq \frac{55\,485\ €}{90} = 616{,}50\ €$

100 % ≙ 616,50 € · 100 = 61 650 € (Etat letztes Jahr)

Berechnung Grundwert (vorletztes Jahr):

90 % ≙ 61 650 €

$1\ \% \triangleq \frac{61\,650\ €}{90} = 685\ €$

100 % ≙ 685 € · 100 = 68 500 € (Etat vorletztes Jahr)

II. Möglichkeit

Formel: $G = \frac{W \cdot 100}{p}$

$$G_1 = \frac{55\,485\text{ €} \cdot 100}{90} = 61\,650\text{ €}$$

$$G_2 = \frac{61\,650\text{ €} \cdot 100}{90} = 68\,500\text{ €}$$

Der Schulleiter hatte vor 2 Jahren noch 68 500 € zur Verfügung.

b) Gesamte Kürzung:

$$\begin{array}{r} 68\,500\text{ €} \\ -\ 55\,485\text{ €} \\ \hline 13\,015\text{ €} \end{array}$$

Der Grundwert ist der ursprüngliche Etat von vor 2 Jahren = 68 500 €. Das entspricht 100 %.

Lösung mit dem Dreisatz

$68\,500\text{ €} \triangleq 100\ \%$

$1\text{ €} \triangleq \frac{100\ \%}{68\,500}$

$13\,015\text{ €} \triangleq \frac{100\ \% \cdot 13\,015}{68\,500} = 19\ \%$

Lösung mit der Formel

$p = \frac{W \cdot 100}{G}$

$p = \frac{13\,015 \cdot 100}{68\,500} = 19\ \%$

Die prozentuale Kürzung insgesamt beträgt 19 %.

Aufgabe 5

a) $Z = \frac{K \cdot p \cdot m}{100 \cdot 12}$ $\Rightarrow$ $Z = \frac{4000\text{ €} \cdot 2{,}8 \cdot 4}{100 \cdot 12}$

$Z = 37{,}33\text{ €}$

b) $Z = \frac{K \cdot p \cdot i}{100}$ $\Rightarrow$ $Z = \frac{12\,500\text{ €} \cdot 3{,}2 \cdot 1}{100}$

$Z = 400\text{ €}$

c) $Z = \frac{K \cdot p \cdot t}{100 \cdot 360}$ $\Rightarrow$ $Z = \frac{8600\text{ €} \cdot 3{,}5 \cdot 178}{100 \cdot 360}$

$Z = 148{,}83\text{ €}$

Aufgabe 6

a)

Jahr	Kapital zu Jahresbeginn in €	Zinsen in € ($Z = K \cdot p\,\%$)	Kapital am Jahresende in €
1	15 000	$15\,000 \cdot 0{,}008 = 120$	15 120
2	15 120	$15\,120 \cdot 0{,}008 = 120{,}96$	15 240,96
3	15 240,96	$15\,240{,}96 \cdot 0{,}008 = 121{,}93$	15 362,89

Das Endkapital beträgt 15 362,89 €.

b) $K_0 = 35\,000$; $n = 8$; $q = \left(1 + \frac{0{,}9}{100}\right) = 1{,}009$

Folglich gilt mit der Zinseszinsformel:

$K_8 = 35\,000 \cdot 1{,}009^8$

$K_8 = 37\,600{,}83$

Das Endkapital beträgt 37 600,83 €.

Aufgabe 7

Mögliche Formeln:

B3: =D2

C4: =B4*0,0075

D5: =B5+C5–620

3. Mit Termen umgehen, die auch Variablen enthalten

Aufgabe 1

a) $(x - 3) \cdot 4$

b) $(27 - 3) \cdot 4 = 24 \cdot 4 = 96$

Die Einnahmen der Lehrerin betragen 96 €.

Aufgabe 2

a) $u = 2 \cdot (4a - 2) + 2a$

$= 8a - 4 + 2a$

$= 10a - 4$

b) $u = 10 \cdot 2{,}5 - 4$

$u = 25 - 4 = 21$

Der Umfang des Rechtecks beträgt 21 cm.

Aufgabe 3

$6x \cdot 3 - (-2 + 4x) + 5$
$= 18x + 2 - 4x + 5$
$= 14x + 7$

Aufgabe 4

a) $2(2x + 4y) - 3(x + y)$
$= 4x + 8y - 3x - 3y$
$= x + 5y$

b) $21xy^2 - 15x^2y$
$= 3xy \cdot (7y - 5x)$

Aufgabe 5

a) $a^2 - 8a + 16$
$= a^2 - 2 \cdot 4 \cdot a + 4^2$
$= (a - 4)^2$

b) $y^2 - 49$
$= y^2 - 7^2$
$= (y + 7)(y - 7)$

c) $x^2 + 22x + 121$
$= x^2 + 2 \cdot 11 \cdot x + 11^2$
$= (x + 11)^2$

Aufgabe 6

a) $K = 3 + 2x + \frac{1}{5}y$
$K = 3 + 2 \cdot 4 + \frac{1}{5} \cdot 5$
$K = 3 + 8 + 1$
$K = 12$

Die Taxifahrt kostet 12 €.

b) $25 = 3 + 2 \cdot x + \frac{1}{5} \cdot 10$ | zusammenfassen
$25 = 3 + 2 \cdot x + 2$ | zusammenfassen
$25 = 5 + 2 \cdot x$ | – 5
$20 = 2 \cdot x$ | : 2
$x = 10$

Die gefahrene Strecke der Taxifahrt beträgt 10 km.

c) Auflösung nach x:

$K = 3 + 2x + \frac{1}{5}y$ | – 3
$K - 3 = 2x + \frac{1}{5}y$ | $-\frac{1}{5}y$
$K - 3 - \frac{1}{5}y = 2x$ | : 2
$(K - 3 - \frac{1}{5}y) : 2 = x$

Auflösung nach y:

$$K = 3 + 2x + \frac{1}{5}y \qquad | -3$$
$$K - 3 = 2x + \frac{1}{5}y \qquad | -2x$$
$$K - 3 - 2x = \frac{1}{5}y \qquad | \cdot 5$$
$$(K - 3 - 2x) \cdot 5 = y$$

4. Mit Wurzeln umgehen

Aufgabe 1

a) Da $8^2 = 64$ und $9^2 = 81$ gilt, muss $\sqrt{68}$ zwischen den Zahlen 8 und 9 liegen.

b) $s^2 = 68$
$s = \sqrt{68} = 8{,}25$

Das Quadrat hat eine Seitenlänge von etwa 8,25 m.

Aufgabe 2

$k^3 = 91$
$k = \sqrt[3]{91}$
$k \approx 4{,}5$

Die Kantenlänge des Würfels beträgt etwa 4,5 cm.

Aufgabe 3

☒ die Zahl 64

Aufgabe 4

Die Breite, die Höhe und die Diagonale d des Bildschirms bilden ein rechtwinkliges Dreieck. Die Länge der Diagonale kann mit dem Satz des Pythagoras berechnet werden:

$70^2 + 40^2 = d^2 \qquad | \sqrt{\ }$
$d = \sqrt{70^2 + 40^2}$
$d = 80{,}6$

Die Diagonale ist 80,6 cm lang.

Aufgabe 5

Der Taschenrechner liefert die folgenden Ergebnisse:

$\sqrt{10} \approx 3{,}16$

$\sqrt[3]{31} \approx 3{,}14$

$\sqrt{10}$ ist die größere Zahl.

5. Gleichungen lösen

Aufgabe 1

a)
$$\begin{aligned} 4x - (2x - 1) &= -(-2 + 15x) \\ 4x - 2x + 1 &= 2 - 15x \\ 2x + 1 &= 2 - 15x && \mid +15x \\ 17x + 1 &= 2 && \mid -1 \\ 17x &= 1 && \mid :17 \\ x &= \frac{1}{17} && \Rightarrow \quad \mathbb{L} = \{\tfrac{1}{17}\} \end{aligned}$$

Beim Auflösen einer Minusklammer ändern sich die Vorzeichen in der Klammer.

b)
$$\begin{aligned} (24x - 320) : 4 - 8x \cdot 12 &= (20x + 22) : 2 - 1 \\ 6x - 80 - 96x &= 10x + 11 - 1 \\ -90x - 80 &= 10x + 10 && \mid -10x \\ -100x - 80 &= 10 && \mid +80 \\ -100x &= 90 && \mid :(-100) \\ x &= -\frac{9}{10} \\ \text{oder } x &= -0{,}9 && \Rightarrow \quad \mathbb{L} = \{-0{,}9\} \end{aligned}$$

Aufgabe 2

a)
$$\begin{aligned} \text{I} \quad 2x - 4y &= -8 \\ \text{II} \quad x &= y + 5 \end{aligned}$$

Lösung mit dem Einsetzverfahren:

$$\begin{aligned} \text{II in I} \quad 2 \cdot (y + 5) - 4y &= -8 \\ 2y + 10 - 4y &= -8 \\ -2y + 10 &= -8 && \mid -10 \\ -2y &= -18 && \mid :(-2) \\ y &= 9 \end{aligned}$$

$$\begin{aligned} y = 9 \text{ in II} \quad x &= 9 + 5 \\ x &= 14 && \Rightarrow \quad \mathbb{L} = \{(14 \mid 9)\} \end{aligned}$$

b) Lösung mit dem Additionsverfahren:

$$\begin{array}{llll} \text{I} & 3x - 1{,}5y = 4{,}5 & \mid \cdot 2 & \Rightarrow & \text{III} & 6x - 3y = 9 \\ \text{II} & 2x - 7y = 15 & \mid \cdot (-3) & \Rightarrow & \text{IV} & -6x + 21y = -45 \\ & & & & \text{III + IV} & 18y = -36 \quad \mid :18 \\ & & & & & y = -2 \end{array}$$

$y = -2$ in II

$$\begin{aligned} 2x - 7 \cdot (-2) &= 15 \\ 2x + 14 &= 15 \quad \mid -14 \\ 2x &= 1 \quad \mid :2 \\ x &= 0{,}5 \quad \Rightarrow \quad \mathbb{L} = \{(0{,}5 \mid -2)\} \end{aligned}$$

Aufgabe 3

Basis: y
Schenkel: x

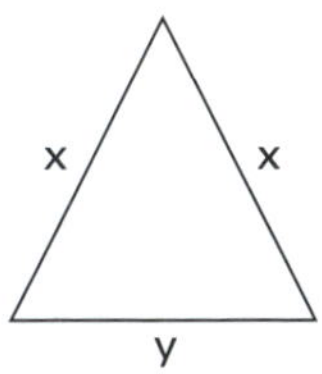

$$\begin{array}{ll} \text{I} & y + 2x = 27 \\ \text{II} & x = y + 6 \end{array}$$

Lösung mit dem Einsetzverfahren:

II in I

$$\begin{aligned} y + 2 \cdot (y + 6) &= 27 \\ y + 2y + 12 &= 27 \quad \mid -12 \\ 3y &= 15 \quad \mid :3 \\ y &= 5 \end{aligned}$$

$y = 5$ in II

$$\begin{aligned} x &= 5 + 6 \\ x &= 11 \end{aligned}$$

Die Basis ist 5 cm lang, ein Schenkel ist 11 cm lang.

Aufgabe 4

Anzahl der EZ: x
Anzahl der DZ: y

	Einzelzimmer	+	Doppelzimmer	=	alle Zimmer
	↓		↓		↓
I	x	+	y	=	255
	Betten in Einzelzimmern	+	Betten in Doppelzimmern	=	alle Betten
	↓		↓		↓
II	x	+	2 · y	=	465

$$\begin{array}{ll} \text{I} & x + y = 255 \\ \text{II} & x + 2y = 465 \end{array}$$

Im Hotel gibt es 45 Einzelzimmer und 210 Doppelzimmer.

Lösung mit dem Additionsverfahren:

$$\begin{array}{lrl} \text{I} & x + y = 255 & \\ \text{II} & x + 2y = 465 & \mid \cdot (-1) \\ \text{III} & -x - 2y = -465 & \\ \text{I + III} & -y = -210 & \mid \cdot (-1) \\ & y = 210 & \\ y = 210 \text{ in I} & x + 210 = 255 & \mid -210 \\ & x = 45 & \end{array}$$

Aufgabe 5

Zunächst muss die Gleichung in die Normalform gebracht werden.

$2x^2 - 4x + 5 = 0 \quad | :2$

$x^2 - 2x + 2{,}5 = 0$

Für die Diskriminante gilt: $D = \left(\frac{-2}{2}\right)^2 - 2{,}5 = 1 - 2{,}5 = -1{,}5 < 0$.

Da $D < 0$ ist, hat die Gleichung keine Lösung.

Aufgabe 6

$(x - 2)^2 + 10x = 44 \quad$ | ausmultiplizieren

$x^2 - 4x + 4 + 10x = 44 \quad$ | zusammenfassen

$x^2 + 6x + 4 = 44 \quad | -44$

$x^2 + 6x - 40 = 0$

Da hier $b = 6$ und $c = -40$ ist, gilt für die Lösungsformel:

$x_{1,2} = -\frac{6}{2} \pm \sqrt{\left(\frac{6}{2}\right)^2 - (-40)}$

$x_{1,2} = -3 \pm \sqrt{9 + 40}$

$x_{1,2} = -3 \pm \sqrt{49}$

$x_{1,2} = -3 \pm 7$

$x_1 = -3 + 7 = 4$

$x_2 = -3 - 7 = -10$

Aufgabe 7

	Länge in cm
1. Kathete	x
2. Kathete	x + 7
Hypotenuse	13

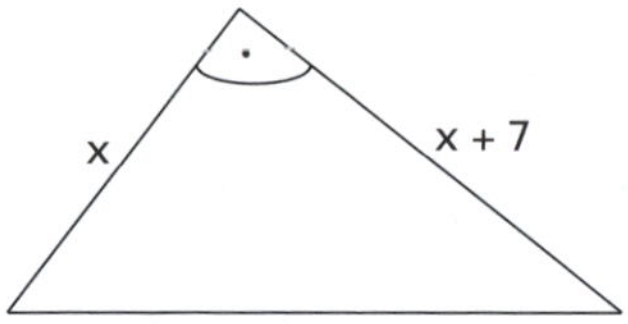

Nach dem Satz des Pythagoras gilt:

$x^2 + (x + 7)^2 = 13^2$

$x^2 + x^2 + 14x + 49 = 169$

$2x^2 + 14x + 49 = 169 \quad | -169$

$2x^2 + 14x - 120 = 0 \quad | :2$

$x^2 + 7x - 60 = 0$

$b = 7 \qquad c = -60$

Pythagoras

$a^2 + b^2 = c^2$

$x_{1,2} = -\frac{7}{2} \pm \sqrt{\left(\frac{7}{2}\right)^2 - (-60)}$
$x_{1,2} = -3{,}5 \pm \sqrt{3{,}5^2 + 60}$
$x_{1,2} = -3{,}5 \pm \sqrt{72{,}25}$
$x_{1,2} = -3{,}5 \pm 8{,}5$
$x_1 = 5 \quad \underbrace{x_2 = -12}$

Nicht möglich, weil eine Streckenlänge nicht negativ sein kann!

Die Katheten sind 5 cm und 12 cm lang.

Leitidee Messen

Aufgabe 1

Das Rechteck hat den Flächeninhalt $A_R = a \cdot b = 20\text{ m} \cdot 8\text{ m} = 160\text{ m}^2$.

Der Pfad hat die Form eines Parallelogramms mit der Grundseite $x = 1{,}50$ m und der Höhe $b = 8$ m.
Der Flächeninhalt A_P dieses Parallelogramms berechnet sich wie folgt:
$A_P = 1{,}50\text{ m} \cdot 8\text{ m} = 12\text{ m}^2$
Damit ist der Flächeninhalt F der mit Rasen bedeckten Fläche
$F = A_R - A_P = 160\text{ m}^2 - 12\text{ m}^2 = 148\text{ m}^2$.

Aufgabe 2

In der Zeichnung befinden sich ein großer Kreis mit Radius 4,5 m (= 1,7 m + 2,8 m) und ein kleiner Kreis mit Radius 1,7 m.
Der Flächeninhalt der zu teerenden Fahrbahn berechnet sich wie folgt:

$A_{\text{großer Kreis}} - A_{\text{kleiner Kreis}}$
$= \pi \cdot (4{,}5)^2 - \pi \cdot (1{,}7)^2$
$= 3{,}14 \cdot 20{,}25 - 3{,}14 \cdot 2{,}89$
$= 54{,}5104$

Die zu teerende Fahrbahn hat den Flächeninhalt 54,5 m^2.

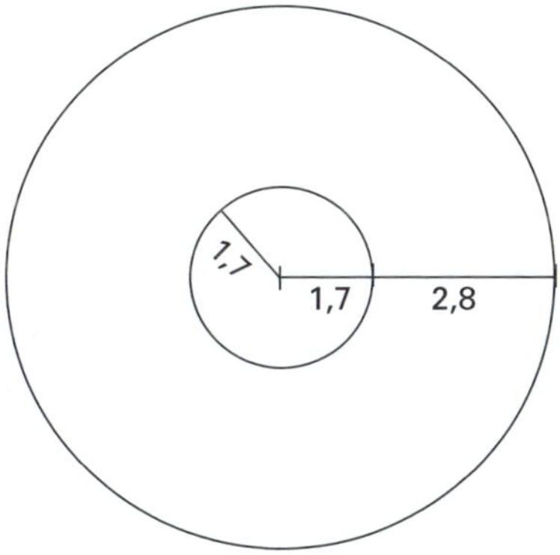

Aufgabe 3

Es gibt zwei Flächenabschnitte, die mit Rasen bedeckt sind. Einer hat die Form eines Trapezes, der andere hat die Form eines Rechtecks, aus dem ein Kreis (Teich) ausgeschnitten ist.

1. Schritt:
Berechnung des Trapezes:
Parallele Seite 1 = 9 m
Parallele Seite 2 = 19 m – 5 m = 14 m
Höhe = 24 m – 15 m – 1,5 m = 7,5 m

$A_T = \frac{a + b}{2} \cdot h = \frac{9 + 14}{2} \cdot 7{,}5 = 11{,}5 \cdot 7{,}5 = 86{,}25$
Das Trapez hat den Flächeninhalt 86,25 m^2.

2. Schritt:
Berechnung des Rechtecks:
$A_R = a \cdot b$
$= 19 \cdot 15$
$= 285$

Das Rechteck hat den Flächeninhalt 285 m^2.

3. Schritt:
Berechnung des Kreises:
$A_K = \pi \cdot r^2$
$= \pi \cdot (2{,}5)^2 = 19{,}63$

Der Kreis hat den Flächeninhalt 19,63 m^2.

4. Schritt:
Berechnung der Gesamtfläche, die mit Rasen bedeckt ist:
$A = A_T + A_R - A_K$
$A = 86{,}25 + 285 - 19{,}63$
$A = 351{,}62$

Die Gesamtfläche beträgt etwa 351,6 m^2.

Aufgabe 4

Der Flächeninhalt eines Kreissektors ist ein Sechstel des Flächeninhalts des gesamten Kreises. Damit gilt:

$A_{Sektor} = \frac{1}{6} \cdot \pi \cdot r^2$
$= \frac{1}{6} \cdot \pi \cdot 18^2$
$= 169{,}65$

Der Flächeninhalt eines Kreissektors beträgt etwa 169,7 m^2.

Aufgabe 5

Da die Breite des Rechtecks 6 m beträgt, muss der Mittelpunkt des Halbkreises genau 3 m von der Halbkreislinie entfernt sein. Das bedeutet, dass der Radius des Halbkreises 3 m beträgt. Wenn die Höhe der Tunnelöffnung 5 m beträgt, so teilt sich diese Höhe auf in 3 m Radius des Halbkreises und 2 m Höhe des Rechtecks.

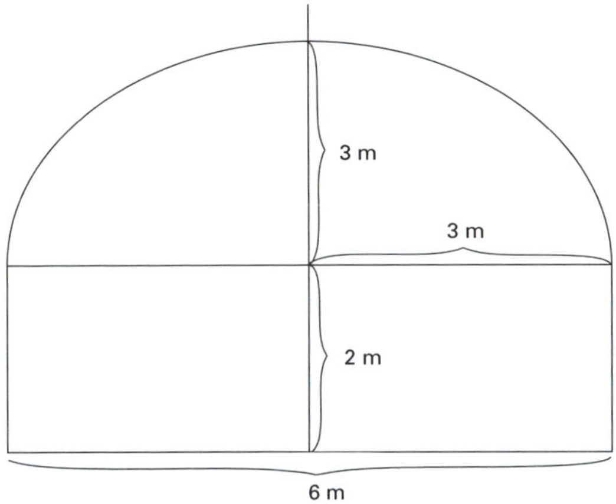

Zeichnung nicht maßstabsgetreu

Der gesuchte Flächeninhalt setzt sich aus dem Inhalt der Rechtecksfläche und dem Inhalt der Halbkreisfläche zusammen: $A_{gesamt} = A_{Halbkreis} + A_{Rechteck}$

Berechnung von $A_{Halbkreis}$:

$$A_{Halbkreis} = \frac{1}{2} \cdot \pi \cdot r^2 = \frac{1}{2} \cdot \pi \cdot (3\text{ m})^2 \approx 14{,}1\text{ m}^2$$

Berechnung von $A_{Rechteck}$:

$$A_{Rechteck} = \text{Breite} \cdot \text{Höhe} = 6\text{ m} \cdot 2\text{ m} = 12\text{ m}^2$$

Damit gilt: $A_{gesamt} = A_{Halbkreis} + A_{Rechteck} \approx 14{,}1\text{ m}^2 + 12\text{ m}^2 = 26{,}1\text{ m}^2$

Es werden also etwa $26{,}1\text{ m}^2$ Holz benötigt.

Aufgabe 6

$O = 6 \cdot a^2$ und $O = 37{,}5\text{ cm}^2$

$$6 \cdot a^2 = 37{,}5\text{ cm}^2 \quad | :6$$
$$a^2 = 6{,}25\text{ cm}^2 \quad | \sqrt{}$$
$$a = 2{,}5\text{ cm}$$

Die Kantenlänge des Würfels beträgt 2,5 cm.

Aufgabe 7

1. Schritt:
Berechnung von r:

$$M = 2r\pi \cdot h$$

$$M = 2r\pi \cdot h \qquad | : (2\pi \cdot h)$$

$$\frac{M}{2\pi h} = r$$

$$r = \frac{94{,}25 \text{ cm}^2}{2 \cdot \pi \cdot 5 \text{ cm}} \quad \Rightarrow \quad r = 3 \text{ cm}$$

2. Schritt:
Berechnung von V:

$$V = r^2 \pi \cdot h$$

$$\Rightarrow \quad V = (3 \text{ cm})^2 \cdot \pi \cdot 5$$

$$V = 141{,}37 \text{ cm}^3$$

Aufgabe 8

G = Grundfläche

$$V_{Würfel} = G \cdot h = G \cdot 4$$

$$V_{Py1} = \frac{1}{3} \cdot G \cdot h = G \cdot \frac{1}{3} \cdot 4 = G \cdot \frac{4}{3}$$

$$V_{Py2} = \frac{1}{3} \cdot G \cdot h = G \cdot \frac{1}{3} \cdot 12 = G \cdot \frac{12}{3} = G \cdot 4$$

$$V_{Py3} = \frac{1}{3} \cdot G \cdot h = G \cdot \frac{1}{3} \cdot 8 = G \cdot \frac{8}{3}$$

Offensichtlich hat Pyramide 2 das gleiche Volumen wie der Würfel.

Aufgabe 9

Der Körper lässt sich in 4 gleich große Würfel teilen.

$$V = 4 \cdot V_1$$
$$V_1 = a^3$$
$$V_1 = 50^3 = 125\,000$$
$$V = 4 \cdot 125\,000 = 500\,000$$

Das Volumen beträgt 500 000 mm^3.

Die Oberfläche lässt sich auf verschiedenen Wegen berechnen.

I. Möglichkeit

Ein Würfel hat 6 gleich große Flächen. Da die einzelnen Würfel mit ihrem Nachbarn eine Einheit bilden, entfallen die entsprechenden Grenzflächen.

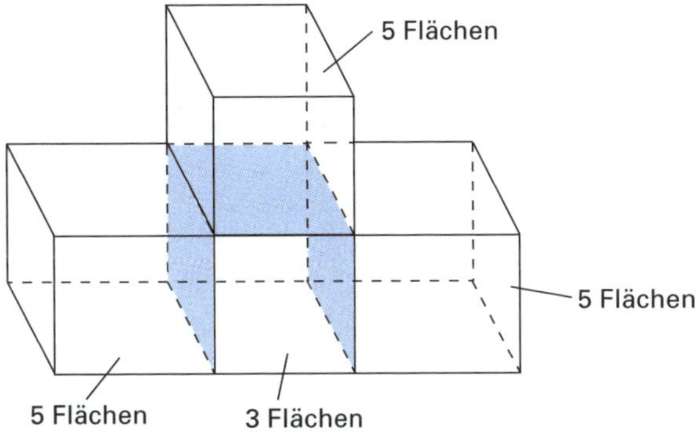

Summe = 5 Fl. + 5 Fl. + 5 Fl. + 3 Fl.
Summe = 18 Fl.

$A = a^2$
$A = 50^2 = 2500$
$O = 18 \cdot A = 18 \cdot 2500$
$O = 45\,000\ mm^2$

II. Möglichkeit

Grundfläche	$= A_1 = 50 \cdot 150$	=	7500
2 x Seitenfläche	$= A_2 = 2 \cdot (50 \cdot 150) + 2\ (50)^2$	=	20 000
4 x Stirnfläche	$= A_3 = 4 \cdot (50)^2$	=	10 000
3 x Deckfläche	$= A_4 = 3 \cdot (50)^2$	=	7500
			45 000

Die Oberfläche beträgt 45 000 mm^2.

Aufgabe 10

Bei den beiden Flächeninhalten handelt es sich einerseits um den Oberflächeninhalt einer Halbkugel $O_{Halbkugel}$ und andererseits um den Oberflächeninhalt eines Kegels O_{Kegel}.

Berechnung von $O_{Halbkugel}$:

$O_{Halbkugel} = \frac{1}{2} \cdot 4\pi \cdot r^2 = \frac{1}{2} \cdot 4\pi \cdot (3{,}5\ cm)^2 \approx 76{,}97\ cm^2$

Der Flächeninhalt des oberen, pink einzufärbenden Teils des Weinglases beträgt also etwa 76,97 cm^2.

Berechnung von O_{Kegel}:
Um hier die Formel für den Oberflächeninhalt anwenden zu können, müssen vorher noch die Höhe h und die Mantellinie s des Kegels bestimmt werden:

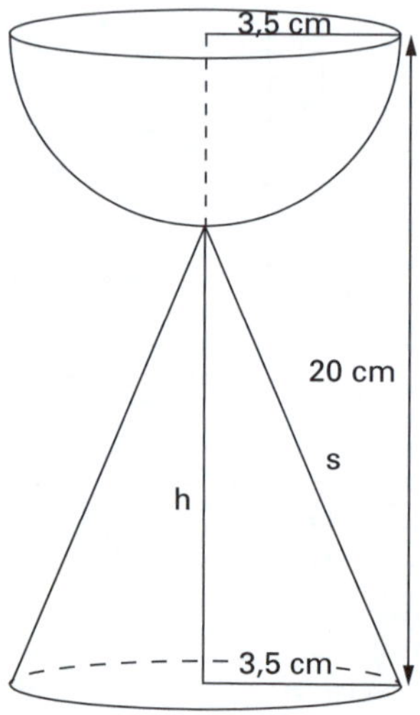

Zeichnung nicht maßstabsgetreu

Berechnung von h:
$h = 20\ cm - 3{,}5\ cm = 16{,}5\ cm$

Berechnung der Mantellinie s des Kegels mit dem Satz des Pythagoras:

$s^2 = h^2 + (3{,}5\ cm)^2 = (16{,}5\ cm)^2 + (3{,}5\ cm)^2$

$s = \sqrt{(16{,}5\ cm)^2 + (3{,}5\ cm)^2} \approx 16{,}87\ cm$

Berechnung des Oberflächeninhalts des Kegels mit:

$O_{Kegel} = \pi \cdot r^2 + \pi \cdot r \cdot s \approx \pi \cdot (3{,}5\ cm)^2 + \pi \cdot 3{,}5\ cm \cdot 16{,}87\ cm = 223{,}98\ cm^2$

Der Flächeninhalt des unteren, blau einzufärbenden Teils des Weinglases beträgt also etwa 223,98 cm^2.

Aufgabe 11

Berechnung des Volumens der Halbkugel:

$V_{Halbkugel} = \frac{1}{2} \cdot \frac{4}{3} \cdot r^3 \cdot \pi$

$V_{Halbkugel} = \frac{1}{2} \cdot \frac{4}{3} \cdot 5^3 \cdot \pi$

$V_{Halbkugel} = 261{,}8$

Das Volumen der Halbkugel beträgt 261,8 cm^3.

Berechnung des Volumens des Kegels:

$V_{Kegel} = \frac{1}{3} \cdot r^2 \cdot \pi \cdot h$

$V_{Kegel} = \frac{1}{3} \cdot 5^2 \cdot \pi \cdot 5$

$V_{Kegel} = 130{,}9$

Das Volumen des Kegels beträgt 130,9 cm^3.

Berechnung des Volumens des Restkörpers:

$V = V_{Halbkugel} - V_{Kegel} = 261{,}8 - 130{,}9 = 130{,}9$

Das Volumen des Restkörpers beträgt 130,9 cm^3 (also genauso viel wie das Volumen des Kegels und genau halb so viel wie das Volumen der Halbkugel).

Leitidee Raum und Form

1. Dreiecke untersuchen

Aufgabe 1

In allen Teilaufgaben wird der Winkelsummensatz für Dreiecke verwendet: $\alpha + \beta + \gamma = 180°$

a) $\gamma = 180° - \alpha - \beta = 180° - 50° - 60° = 70°$

b) $\beta = 180° - \alpha - \gamma = 180° - 120° - 38° = 22°$

c) $\alpha = 180° - \beta - \gamma = 180° - 31° - 90° = 59°$

d) Es handelt sich um ein gleichschenkliges Dreieck mit $\alpha = \beta = 72°$.
Für γ gilt daher: $\gamma = 180° - \alpha - \beta = 180° - 72° - 72° = 36°$

Aufgabe 2

[3] $\alpha = 87°$; c = 7 cm; $\beta = 42°$

[4] a = 6 cm; b = 4 cm; $\alpha = 68°$

[2] $\alpha = 53°$; b = 3 cm; c = 5 cm

[1] a = 4 cm; b = 3 cm; c = 2 cm

Aufgabe 3

Das Dreieck ABC ist rechtwinklig, das Dreieck ADC ist spitzwinklig und das Dreieck DBC ist stumpfwinklig.

Aufgabe 4

a) Es gilt: $\alpha + \beta = 91° + 89° = 180°$. Wegen der Winkelsumme im Dreieck müsste für den fehlenden Winkel γ gelten: $\gamma = 0°$. Deshalb kann man aus diesen Angaben kein Dreieck konstruieren.

b) Für die Summe der Seitenlängen von b und c gilt: b + c = 5 cm + 3 cm = 8 cm
Die dritte gegebene Seitenlänge ist a = 9 cm. Diese Seitenlänge ist größer als die Summe aus b und c. Deshalb kann man aus diesen Angaben kein Dreieck konstruieren.

Aufgabe 5

Planfigur:

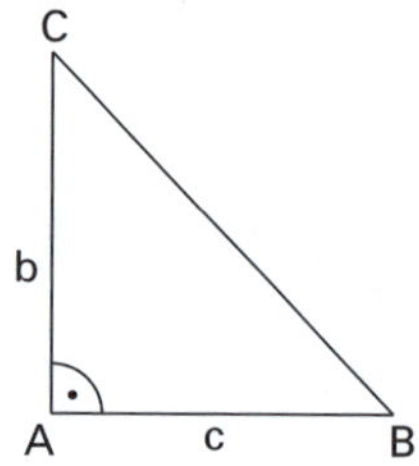

Es handelt sich hier um die Grundkonstruktion SWS.

Konstruiert werden:
1. die Seite $c = \overline{AB} = 4$ cm
2. der Winkel $\alpha = 90°$
3. die Seite $b = \overline{AC} = 6$ cm auf dem freien Schenkel von α durch einen Kreisbogen um A mit Radius 6 cm
4. die Seite $\overline{BC}$

Zeichnung:

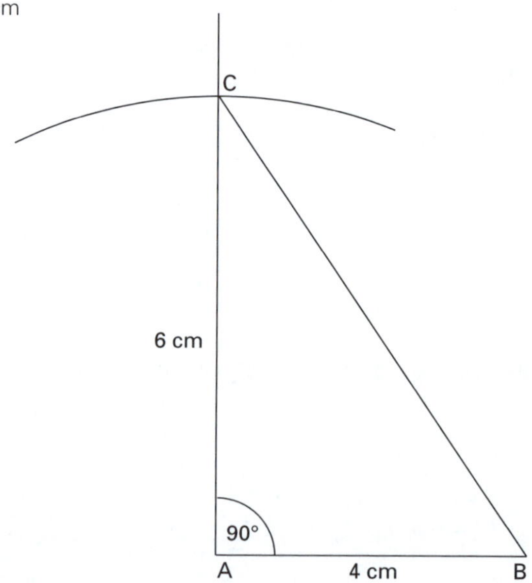

2. Vierecke untersuchen

Aufgabe 1

a) Quadrat; Rechteck; Raute; Parallelogramm

b) Quadrat; Raute; Drachenviereck

c) Raute; Parallelogramm; gleichschenkliges Trapez

Aufgabe 2

a) Da im Parallelogramm jeweils gegenüberliegende Winkel gleich groß sind, gilt $\delta = \beta = 63°$ und $\alpha = \gamma$.

$$\begin{aligned} \alpha + \beta + \gamma + \delta &= 360° \\ \alpha + 63° + \alpha + 63° &= 360° && \mid \text{zusammenfassen} \\ 2\alpha + 126° &= 360° && \mid -126° \\ 2\alpha &= 234° && \mid :2 \\ \alpha &= 117° \end{aligned}$$

Damit gilt auch $\gamma = 117°$.

b) Da im gleichschenkligen Trapez jeweils die an den parallelen Seiten anliegenden Winkel gleich groß sind, gilt $\gamma = \delta = 110°$ und $\alpha = \beta$.

$$\begin{aligned} \alpha + \beta + \gamma + \delta &= 360° \\ \alpha + \alpha + 110° + 110° &= 360° \\ 2\alpha + 220° &= 360° && \mid -220° \\ 2\alpha &= 140° && \mid :2 \\ \alpha &= 70° \end{aligned}$$

Damit gilt auch $\beta = 70°$.

3. Winkelweiten erschließen

Aufgabe 1

1. $\alpha = 75°$ (Begründung: Stufenwinkel)
2. $\beta = 180° - 75° = 105°$ (Begründung: Nebenwinkel)

Aufgabe 2

1. $\alpha = 42°$ (Begründung: Wechselwinkel)
2. $\beta = 180° - 42° = 138°$ (Begründung: Nebenwinkel)
3. $\gamma = 138°$ (Begründung: Wechselwinkel zu β)

Aufgabe 3

Wechselwinkel	Stufenwinkel	Scheitelwinkel
α_1 und γ α_2 und δ α_3 und ε α_4 und β	α_1 und ε α_2 und β α_3 und γ α_4 und δ	α_1 und α_3 α_2 und α_4 ε und γ β und δ

Aufgabe 4

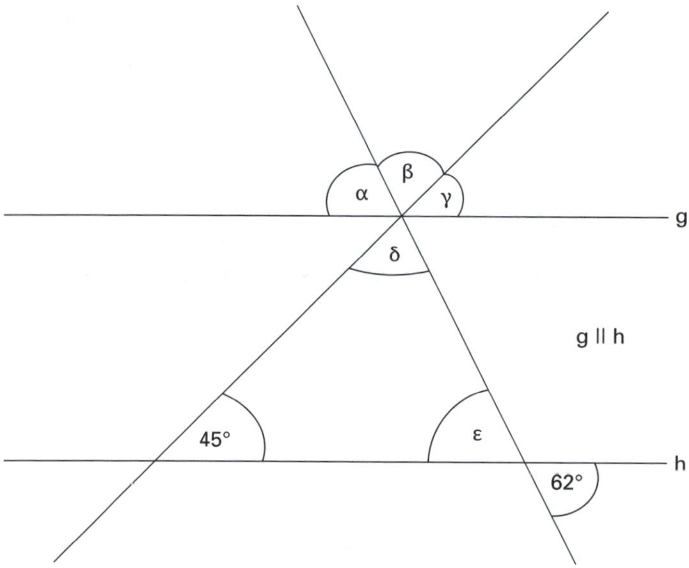

Es sind viele verschiedene (auch noch kürzere) Lösungswege möglich. Einer dieser Lösungswege wird hier exemplarisch dargestellt. Dafür wurden die Hilfswinkel δ und ε eingezeichnet.

1. $\varepsilon = 62°$ (Begründung: Scheitelwinkel)
2. $\gamma = 45°$ (Begründung: Stufenwinkel)
3. $\delta = 180° - 45° - \varepsilon = 180° - 45° - 62° = 73°$ (Begründung: Winkelsumme im Dreieck)
4. $\beta = 73°$ (Begründung: Scheitelwinkel zu δ)
5. $\alpha = 62°$ (Begründung: Stufenwinkel zu ε)

Damit gilt: $\alpha = 62°$; $\beta = 73°$; $\gamma = 45°$

Aufgabe 5

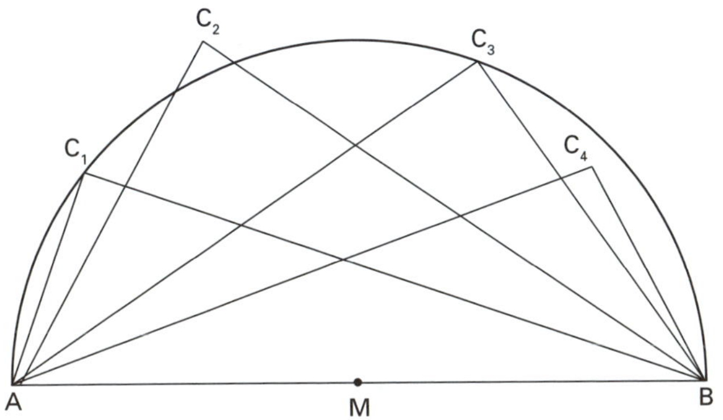

Wenn man den Thaleskreis über der Strecke $\overline{AB}$ einzeichnet, erkennt man, dass die Punkte C_1 und C_3 auf dem Halbkreis liegen, die Punkte C_2 und C_4 aber nicht. Das bedeutet nach dem Thalessatz, dass die Dreiecke ABC_1 und ABC_3 rechtwinklig sind, die Dreiecke ABC_2 und ABC_4 hingegen nicht.

Aufgabe 6

1. Es handelt sich um einen Thaleskreis, deshalb gilt: $\beta = 90°$
2. Nach dem Winkelsummensatz für Dreiecke gilt:

$$\begin{aligned} \alpha + \beta + \gamma &= 180° \\ 33° + 90° + \gamma &= 180° && \text{| zusammenfassen} \\ \gamma + 123° &= 180° && \text{| − 123°} \\ \gamma &= 57° \end{aligned}$$

4. Ortslinien konstruieren

Aufgabe 1

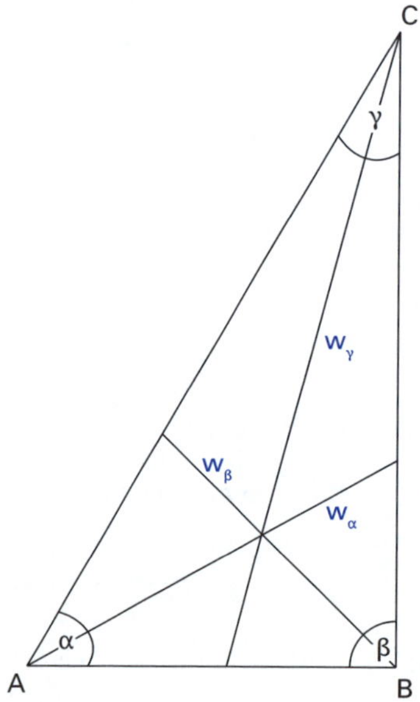

Beobachtung: Die drei Winkelhalbierenden schneiden sich in einem Punkt.

Aufgabe 2

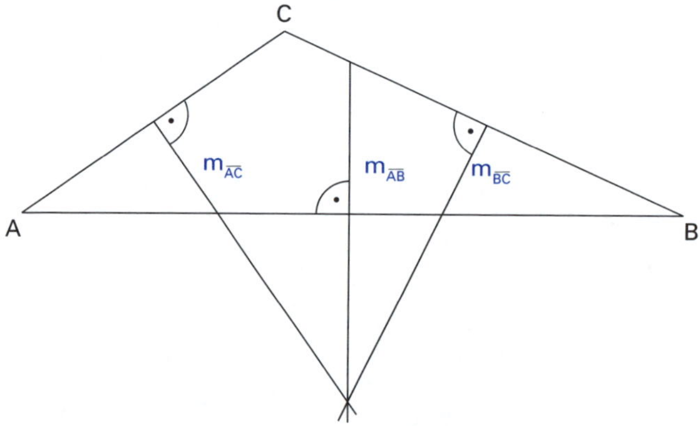

Beobachtung: Die drei Mittelsenkrechten schneiden sich in einem Punkt.

Aufgabe 3

a) / b)

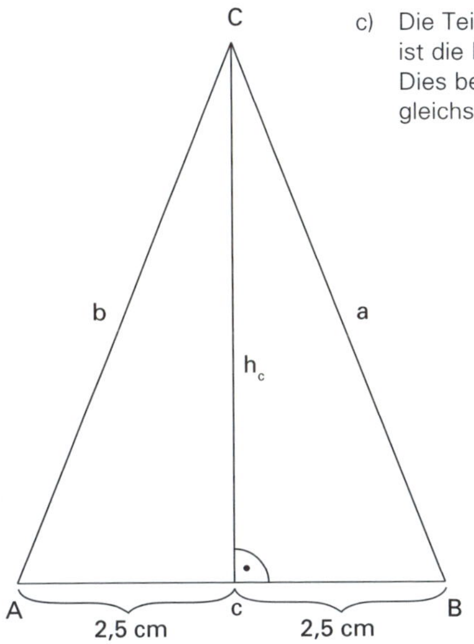

c) Die Teilstrecken sind jeweils 2,5 cm lang. Das ist die Hälfte der Gesamtstrecke $\overline{AB}$.
Dies bedeutet, dass die Höhe h_c in diesem gleichschenkligen Dreieck die Seite c halbiert.

5. Körper zeichnerisch darstellen

Aufgabe 1

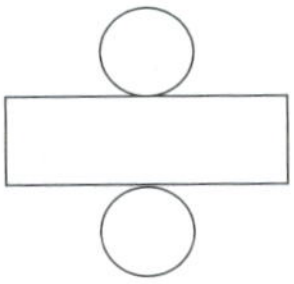

Zylinder

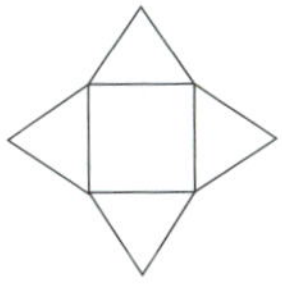

Pyramide

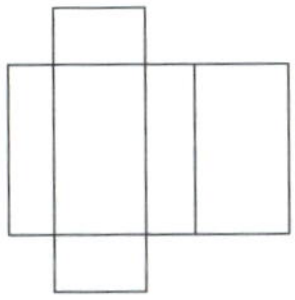

Quader

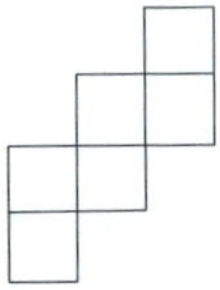

Würfel

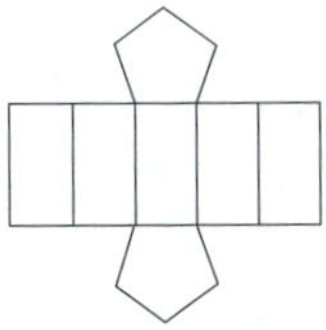

Fünfecksprisma

Aufgabe 2

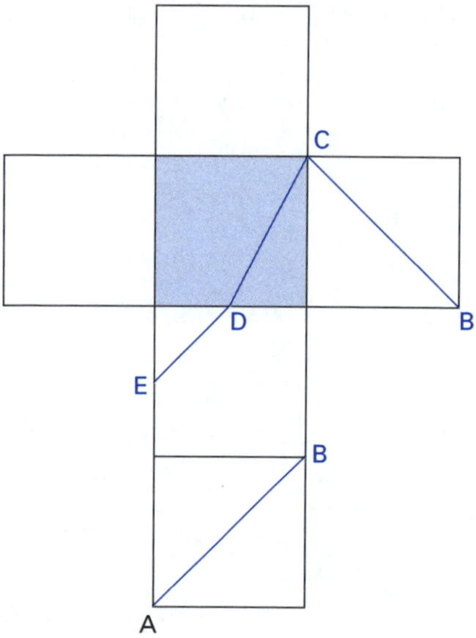

Aufgabe 3

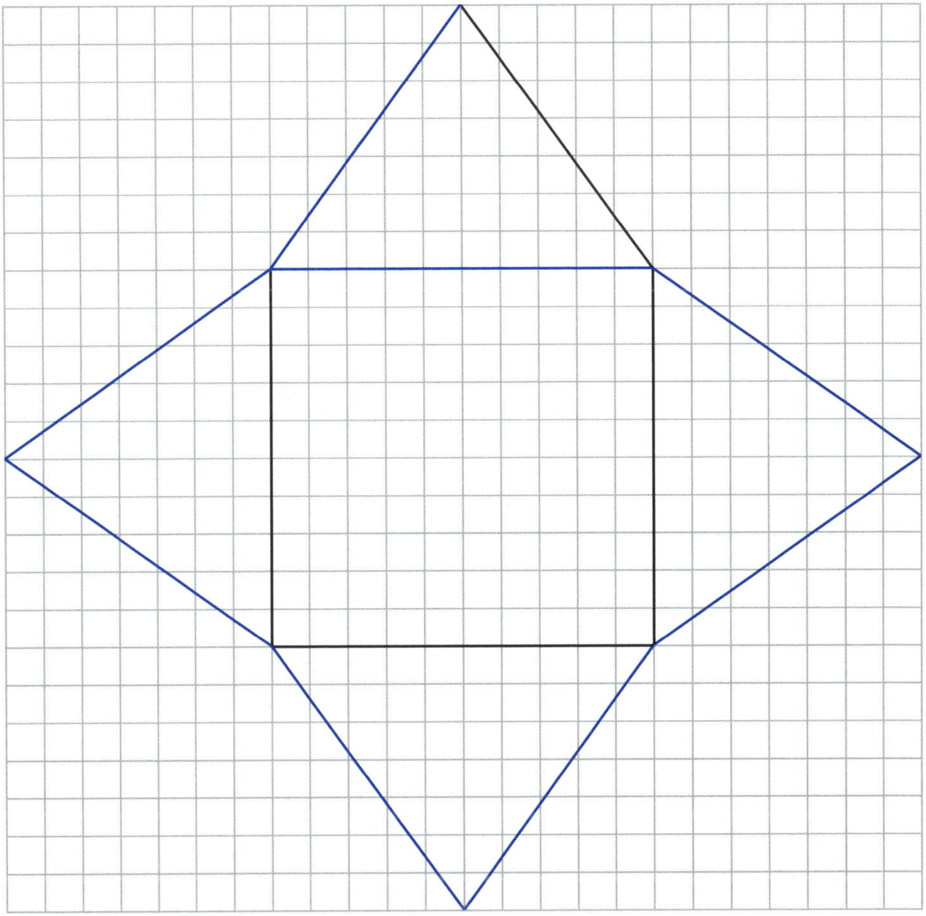

6. Mit Strahlensätzen und Ähnlichkeit arbeiten

Aufgabe 1

a) Berechnung der fehlenden Winkelangaben in beiden Dreiecken nach dem Winkelsummensatz für Dreiecke:

Großes Dreieck: Der fehlende Winkel ist $180° - 44° - 102° = 34°$.
Kleines Dreieck: Der fehlende Winkel ist $180° - 44° - 34° = 102°$.

Beide Dreiecke stimmen in allen drei Winkeln überein und sind somit ähnlich.

b) Die jeweils kleinsten, mittleren und längsten Seiten der beiden Dreiecke gehören zusammen, also gilt:

- Zur Seitenlänge 3 cm des großen Dreiecks gehört die Seitenlänge 2,4 cm des kleinen Dreiecks.
- Zur Seitenlänge 4 cm des großen Dreiecks gehört die Seitenlänge 3,2 cm des kleinen Dreiecks.
- Zur Seitenlänge 5 cm des großen Dreiecks gehört die Seitenlänge 4,2 cm des kleinen Dreiecks.

Berechnung der Längenverhältnisse für jeweils zusammengehörende Seiten:
$2{,}4 : 3 = 0{,}8$
$3{,}2 : 4 = 0{,}8$
$4{,}2 : 5 = 0{,}84$

Da nicht alle zusammengehörenden Längenverhältnisse übereinstimmen, sind die beiden Dreiecke nicht ähnlich.

Aufgabe 2

Bei ähnlichen Dreiecken gilt:

$$k = \frac{b'}{b} = \frac{4}{12} = \frac{1}{3}$$

Damit gilt auch:

$$a' = k \cdot a = \frac{1}{3} \cdot 15 = 5$$

$a' = 5$ cm

$$c' = k \cdot c = \frac{1}{3} \cdot 7{,}5 = 2{,}5$$

$c' = 2{,}5$ cm

Aufgabe 3

a)

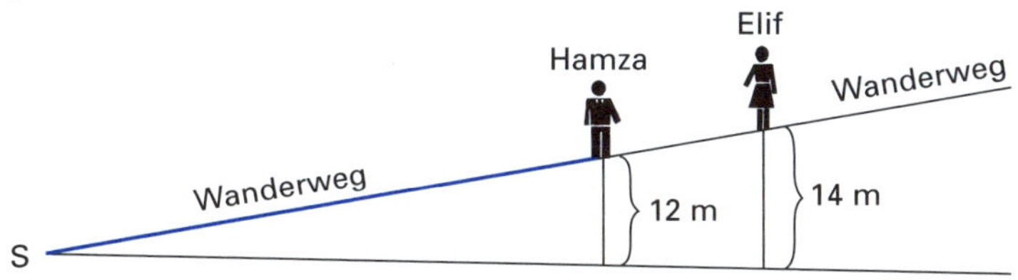

b) Die blau markierte Strecke wird mit x bezeichnet. Dann gilt nach den Strahlensätzen:

$$\frac{14}{12} = \frac{210}{x} \quad | \cdot x$$

$$\frac{14}{12} \cdot x = 210 \quad | \cdot 12$$

$$14x = 2520 \quad | : 14$$

$$x = 180$$

Hamza ist nach 5 Minuten insgesamt 180 m auf dem Wanderweg gelaufen.

Aufgabe 4

☑ $\frac{f+e}{c} = \frac{f}{d}$ ☑ $\frac{a}{a+b} = \frac{f}{e+f}$ ☑ $\frac{d}{a} = \frac{c}{a+b}$

Aufgabe 5

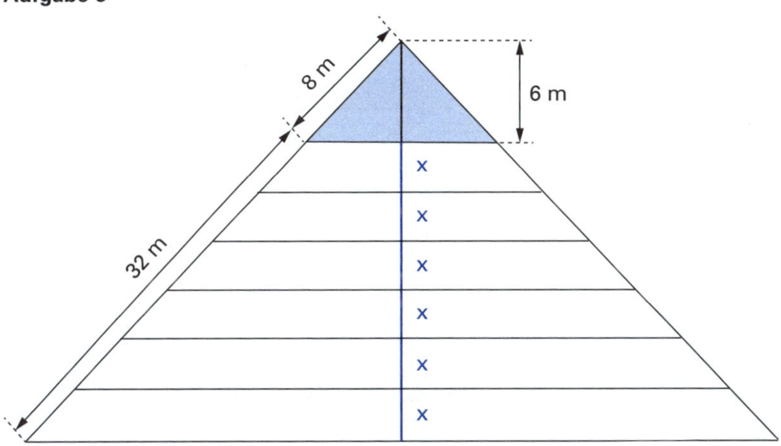

Nach den Strahlensätzen gilt:

$\frac{6x + 6}{6} = \frac{40}{8}$ | vereinfachen

$\frac{6x + 6}{6} = 5$ | $\cdot 6$

$6x + 6 = 30$ | -6

$6x = 24$ | $:6$

$x = 4$

Jedes Stockwerk in dem Bürogebäude ist 4 m hoch.

7. Den Satz des Pythagoras anwenden

Aufgabe 1

a) Überprüfung mit dem Satz des Pythagoras:

(1) $a^2 + b^2 = 5^2 + 12^2$
$= 25 + 144$
$= 169$

(2) $c^2 = 13^2 = 169$

(3) Also gilt für dieses Dreieck: $a^2 + b^2 = c^2$. Damit ist das Dreieck rechtwinklig.

b) Überprüfung mit dem Satz des Pythagoras:

(1) $a^2 + b^2 = 1^2 + 2^2$
$= 1 + 4$
$= 5$

(2) $c^2 = 3^2 = 9$

(3) Da für dieses Dreieck $a^2 + b^2 \neq c^2$ gilt, ist es nicht rechtwinklig.

Aufgabe 2

a) $s^2 + r^2 = t^2$ b) $v^2 + w^2 = u^2$ c) $c^2 + b^2 = a^2$

d) $z^2 + x^2 = y^2$ e) $a^2 + c^2 = b^2$

Aufgabe 3

Das Dreieck ABC wird durch die Höhe h_c in zwei rechtwinklige Teildreiecke zerlegt.

Berechnung von h_c:

$h_c^2 + 3^2 = 4{,}2^2$

$h_c^2 + 9 = 17{,}64$ | -9

$h_c^2 = 8{,}4$ | $\sqrt{}$

$h_c = \sqrt{8{,}64}$

$h_c = 2{,}94$ cm

Berechnung von b:

$h_c^2 + 1^2 = b^2$
$2{,}94^2 + 1 = b^2$
$b^2 = 9{,}64 \quad | \sqrt{}$
$b = \sqrt{9{,}64}$
$b = 3{,}1$ cm

Aufgabe 4

Schritt 1: Berechnung der Flächendiagonale f:

$\overline{AB}^2 + \overline{BC}^2 = f^2$

$f^2 = 10^2 + 5^2$
$f^2 = 125 \quad | \sqrt{}$
$f = \sqrt{125}$
$f = 11{,}18$ cm

Schritt 2: Berechnung der Raumdiagonale e:

$f^2 + \overline{CG}^2 = e^2$

$e^2 = 11{,}18^2 + 6^2 \quad | \sqrt{}$
$e = \sqrt{11{,}18^2 + 6^2}$
$e = 12{,}69$ cm

Die Raumdiagonale e ist etwa 12,7 cm lang.

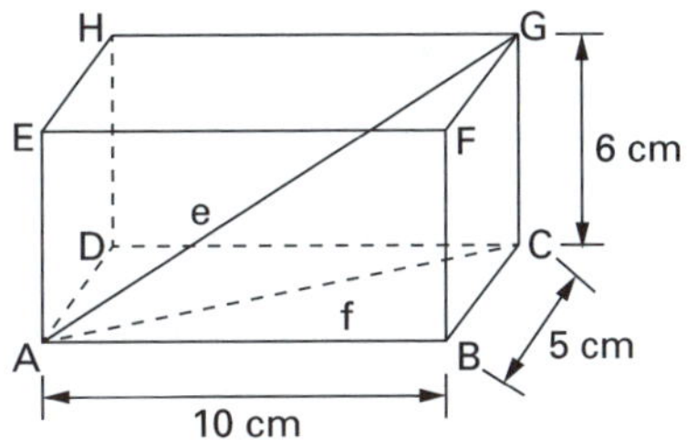

Aufgabe 5

Schritt 1: Berechnung der Höhe des Fernsehers:

Gegeben: a = 78,9 cm, d = 94 cm Gesucht: h

$a^2 + h^2 = d^2 \Rightarrow h^2 = d^2 - a^2$

$h^2 = 94^2 - 78{,}9^2 \quad | \sqrt{}$
$h = \sqrt{94^2 - 78{,}9^2}$
$h = 51{,}1$ cm

Schritt 2: Berechnung des Flächeninhalts des Bildschirms:

$A = a \cdot h$

$A = 78{,}9 \cdot 51{,}1 = 4031{,}79$

Der Flächeninhalt des Bildschirms beträgt etwa 4031,8 cm^2.

8. Trigonometrische Längenverhältnisse erkennen, nutzen und berechnen

Aufgabe 1

=	$\frac{a}{b}$	$\frac{c}{a}$	$\frac{a}{c}$	$\frac{c}{b}$
$\sin(\alpha)$	x			
$\tan(\alpha)$			x	
$\sin(\gamma)$				x
$\tan(\gamma)$		x		

Aufgabe 2

a) Gesucht: Seitenlängen a und b sowie der Winkel α:

$$\sin(40°) = \frac{b}{c}$$

$$\sin(40°) = \frac{b}{4{,}6} \qquad | \cdot 4{,}6$$

$$4{,}6 \cdot \sin(40°) = b$$

$$b = 3 \text{ cm}$$

Wegen der Winkelsumme im Dreieck gilt:

$$\alpha + 40° = 90° \qquad | - 40°$$

$$\alpha = 50°$$

$$\tan(50°) = \frac{a}{b}$$

$$\tan(50°) = \frac{a}{3} \qquad | \cdot 3$$

$$3 \cdot \tan(50°) = a$$

$$a = 3{,}6 \text{ cm}$$

b) Gesucht: Seitenlängen b und c sowie der Winkel β:

$$\sin(56°) = \frac{a}{c}$$

$$\sin(56°) = \frac{4{,}5}{c} \qquad | \cdot c$$

$$c \cdot \sin(56°) = 4{,}5 \qquad | : \sin(56°)$$

$$c = \frac{4{,}5}{\sin(56°)}$$

$$c = 5{,}4 \text{ cm}$$

Wegen der Winkelsumme im Dreieck gilt:

$\beta + 56° = 90° \quad | - 56°$

$\beta = 34°$

$\tan(34°) = \frac{b}{a}$

$\tan(34°) = \frac{b}{4,5} \quad | \cdot 4,5$

$4,5 \cdot \tan(34°) = b$

$b = 3 \text{ cm}$

c) Gesucht: Seitenlänge a sowie die Winkel α und β:

$\sin(\beta) = \frac{b}{c}$

$\sin(\beta) = \frac{1,9}{3,2}$

$\beta = \sin^{-1}\left(\frac{1,9}{3,2}\right)$

$\beta = 36,4°$

Wegen der Winkelsumme im Dreieck gilt:

$\alpha + 36,4° = 90° \quad | - 36,4°$

$\alpha = 53,6°$

$\sin(53,6°) = \frac{a}{c}$

$\sin(53,6°) = \frac{a}{3,2} \quad | \cdot 3,2$

$3,2 \cdot \sin(53,6°) = a$

$a = 2,6 \text{ cm}$

Aufgabe 3

Berechnung der Höhe h_c:

$\sin(30°) = \frac{h_c}{a}$

$\sin(30°) = \frac{h_c}{5,5} \quad | \cdot 5,5$

$5,5 \cdot \sin(30°) = h_c$

$h_c = 2,8 \text{ cm}$

Berechnung der Seitenlänge b:

$\sin(45°) = \frac{h_c}{b}$

$\sin(45°) = \frac{2,8}{b} \quad | \cdot b \quad | : \sin(45°)$

$b = \frac{2,8}{\sin(45°)}$

$b = 4 \text{ cm}$

Aufgabe 4

1. Berechnung des Winkels β im rechtwinkligen Dreieck ABC:

$$\tan(\beta) = \frac{\overline{AB}}{\overline{BC}}$$

$$\tan(\beta) = \frac{8}{6}$$

$$\beta = \tan^{-1}\left(\frac{8}{6}\right)$$

$$\beta = 53{,}1°$$

2. Berechnung der Grundflächendiagonale $\overline{AC}$ im rechtwinkligen Dreieck ABC:

$$\sin(53{,}1°) = \frac{\overline{AB}}{\overline{AC}}$$

$$\sin(53{,}1°) = \frac{8}{\overline{AC}} \qquad | \cdot \overline{AC} \qquad | : \sin(53{,}1°)$$

$$\overline{AC} = \frac{8}{\sin(53{,}1°)}$$

$$\overline{AC} = 10 \text{ cm}$$

3. Berechnung des Winkels α im rechtwinkligen Dreieck ACG:

$$\tan(\alpha) = \frac{\overline{CG}}{\overline{AC}} \qquad \text{(Beachten Sie: } \overline{CG} = \overline{BF}\text{)}$$

$$\tan(\alpha) = \frac{5}{10}$$

$$\alpha = \tan^{-1}\left(\frac{5}{10}\right)$$

$$\alpha = 26{,}6°$$

4. Berechnung der Raumdiagonale $\overline{AG}$ im rechtwinkligen Dreieck ACG:

$$\sin(26{,}6°) = \frac{\overline{CG}}{\overline{AG}}$$

$$\sin(26{,}6°) = \frac{5}{\overline{AG}} \qquad | \cdot \overline{AG} \qquad | : \sin(26{,}6°)$$

$$\overline{AG} = \frac{5}{\sin(26{,}6°)}$$

$$\overline{AG} = 11{,}2 \text{ cm}$$

Leitidee Funktionaler Zusammenhang

1. Funktionale Zusammenhänge erfassen, darstellen und nutzen

Aufgabe 1

a) Die wenigsten Bundesbürger/-innen erwerbstätig: 2003 mit 39,24 Mio.
Die meisten Bundesbürger/-innen erwerbstätig: 2019 mit 45,24 Mio.

b) Der Anstieg der Erwerbstätigkeit war mit einer Steigerung von über einer Million von 2015 (43,12 Mio.) auf 2017 (44,25 Mio.) am stärksten.

c) Im Jahr 2019 waren 45,24 Mio. Menschen in Deutschland erwerbstätig. 4,5 % davon waren verbeamtet.

I. Möglichkeit

Dreisatz:

$$100\,\% \triangleq 45{,}24\text{ Mio.}$$

$$1\,\% \triangleq \frac{45{,}24\text{ Mio.}}{100}$$

$$4{,}5\,\% \triangleq \frac{45{,}24\text{ Mio.} \cdot 4{,}5}{100}$$

$$\approx 2{,}04\text{ Mio.}$$

II. Möglichkeit

Formel:

GW = 45,24 Mio., p = 4,5 %

$$PW = \frac{GW \cdot p}{100}$$

$$PW = \frac{45{,}24\text{ Mio.} \cdot 4{,}5}{100}$$

$$PW = 2{,}04$$

Im Jahr 2019 waren etwa 2,04 Mio. Bundesbürger/-innen als Beamte und Beamtinnen tätig.

d) Die Addition der Prozentwerte müsste eigentlich 100 % ergeben.
75,5 % + 10,5 % + 9,4 % + 4,5 % = 99,9 %
Da es sich um gerundete Werte handelt, um den Graph übersichtlich zu halten, kann es sein, dass die Summe nicht genau 100 % ergibt.

Aufgabe 2

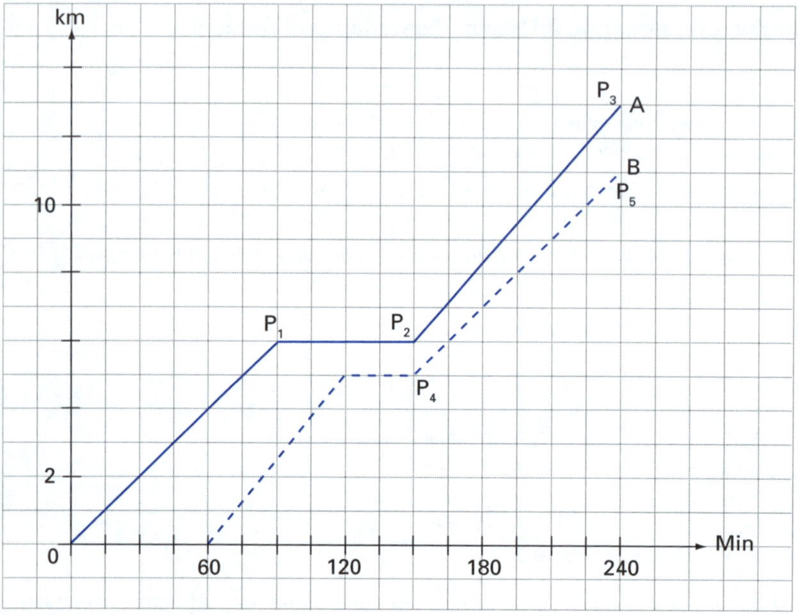

a) A ist 13 km gelaufen, B ist 11 km gelaufen.

b) Pause von A: 1 Stunde

Pause von B: $\frac{1}{2}$ Stunde

c) A ist 4 Stunden unterwegs, B ist 3 Stunden unterwegs.

d) Laufzeit von A: 3 Stunden

Laufzeit von B: $2\frac{1}{2}$ Stunden

Aufgabe 3

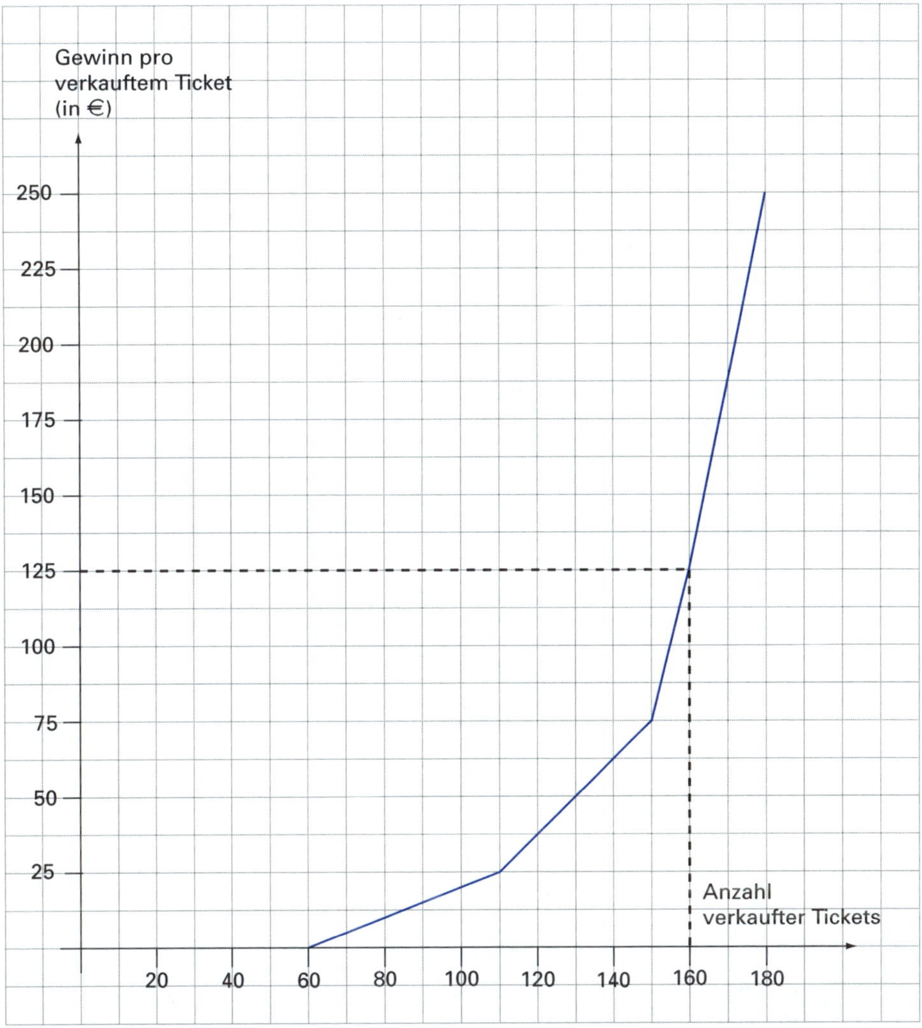

a) Wie man den gestrichelten Linien entnehmen kann, muss die Fluggesellschaft 160 Tickets verkaufen, um 125 € pro Ticket zu erwirtschaften.

b) Der Graph zeigt, dass nach dem 60. verkauften Ticket ein Gewinn erwirtschaftet wird. Die Fluggesellschaft sollte also mindestens 61 Tickets verkaufen, um überhaupt in die Gewinnzone zu gelangen.

Aufgabe 4

Zu Vase **A** gehört Graph ③, weil sich die Vase zu Beginn nur langsam füllt, dann aber stetig schneller, weil sie oben immer enger wird.

Zu Vase **B** gehört Graph ①. Hier steigt die Füllhöhe immer langsamer.

Zu Vase **C** gehört Graph ②, weil sich die Vase erst langsam füllt, dann aber immer schneller bis zur Mitte der Vase, wo sie am engsten ist. Danach füllt sich die Vase wieder zunehmend langsamer, weil sie oben erneut breiter wird.

Aufgabe 5

Allgemein gilt bei einem Zeit-Weg-Diagramm:
Je schneller eine Bewegung, desto steiler steigt der Graph.

Da Triathleten schneller Rad fahren als laufen, aber auch schneller laufen als schwimmen können, entspricht Schaubild C am besten einem wirklichen Triathlon.

2. Proportionalität und Antiproportionalität erkennen und nutzen

Aufgabe 1

Um die beiden Angebote zu vergleichen, muss man jeweils den Preis für 1 kg berechnen.

Angebot A

$$:3\left(\begin{array}{l}3\text{ kg} \mathrel{\hat=} 4{,}50\text{ €}\\ 1\text{ kg} \mathrel{\hat=} 1{,}50\text{ €}\end{array}\right):3$$

Angebot B

$$:10\left(\begin{array}{l}10\text{ kg} \mathrel{\hat=} 12{,}00\text{ €}\\ 1\text{ kg} \mathrel{\hat=} 1{,}20\text{ €}\end{array}\right):10$$

Angebot B ist günstiger (pro kg).

Aufgabe 2

Ein/-e Gewinner/-in bekommt den gesamten Betrag von 3000 €.
Die fehlenden Angaben berechnet man mithilfe einer antiproportionalen Zuordnung:

$$:2\left(\begin{array}{l}300\text{ €} \mathrel{\hat=} 10\text{ Gewinner/-innen}\\ 150\text{ €} \mathrel{\hat=} 20\text{ Gewinner/-innen}\end{array}\right)\cdot 2$$

(laut Tabelle)

Im Juni war die Anzahl an Gewinner/-innen 20.

$$\cdot 10\left(\begin{array}{l}300\text{ €} \mathrel{\hat=} 10\text{ Gewinner/-innen}\\ 3000\text{ €} \mathrel{\hat=} 1\text{ Gewinner/-in}\end{array}\right):10$$

Im März bekam der oder die (einzige) Gewinner/-in 3000 €.

Aufgabe 3

Je mehr kg Teig vorhanden sind, umso mehr Pfannkuchen kann man backen. Also liegt eine proportionale Zuordnung (Quotientengleichheit) vor.

Zuordnungstabelle oder **Quotientengleichheit**

kg Teig	Anzahl Pfannkuchen
1,5	24
0,5	8
4,5	72

(: 3, dann · 9 auf beiden Seiten)

$$\frac{1,5}{24} = \frac{4,5}{x}$$

$$\frac{24}{1,5} = \frac{x}{4,5} \qquad | \cdot 4,5$$

$$\frac{24 \cdot 4,5}{1,5} = x$$

$$\frac{108}{1,5} = x$$

$$72 = x$$

Er erhält 72 Stück Pfannkuchen.

Aufgabe 4

3 · 0,77 € + 2 · 0,69 €
= 2,31 € + 1,38 €
= 3,69 €

Louis muss 3,69 € bezahlen, gibt aber einen 5-Euro-Schein: 5,00 € – 3,69 € = 1,31 €

Louis bekommt 1,31 € Wechselgeld zurück.

Aufgabe 5

Hier liegt eine antiproportionale Beziehung vor, weil die Zahl der Arbeitsstunden umso kleiner wird, je höher die Anzahl der Holzfäller ist.

: 5 / · 5
5 Holzfäller ≙ 15 Stunden
1 Holzfäller ≙ 75 Stunden
3 Holzfäller ≙ 25 Stunden
· 3 / : 3

Drei Holzfäller würden 25 Stunden brauchen.

3. Mit linearen Funktionen umgehen

Aufgabe 1

a) g_1: $y = -x + 2$ g_2: $y = -\frac{1}{3}x + 3$ g_3: $y = \frac{4}{3}x + 4$

b)

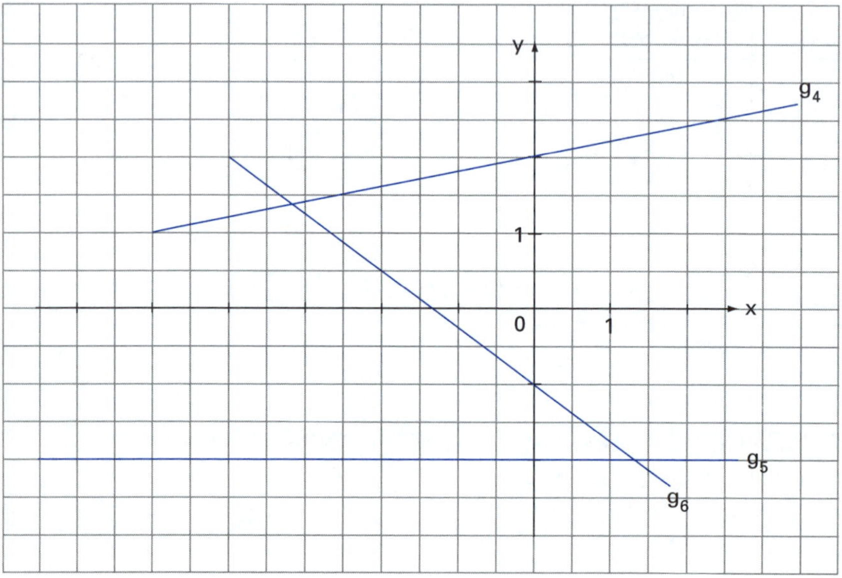

g_4: $m_4 = 0{,}2 = \frac{1}{5}$

g_5: Parallele zur x-Achse durch (0 I -2)

g_6: $m_6 = -0{,}75 = -\frac{3}{4}$

Aufgabe 2

$$m = \frac{y_B - y_A}{x_B - x_A}$$

a) $m = \frac{-4 + 1}{1{,}5 + 4} = \frac{-3}{5{,}5} = \frac{-30}{55} = -\frac{6}{11}$

b) $m = \frac{-1{,}5 + 2}{8 - 0{,}5} = \frac{0{,}5}{7{,}5} = \frac{5}{75} = \frac{1}{15}$

Aufgabe 3

1. Schritt:
Berechnung der Steigung m:

$$m = \frac{0{,}5 + 1}{1 + 4} = \frac{1{,}5}{5} = \frac{3}{10}$$

2. Schritt:
Berechnung des Achsenabschnitts c:

$$g\colon y = \frac{3}{10}x + c$$

P_1 in g eingesetzt:

$$-1 = \frac{3}{10} \cdot (-4) + c$$

$$-1 = -\frac{12}{10} + c \qquad \mid + \frac{12}{10}$$

$$c = \frac{2}{10}$$

$$c = \frac{1}{5}$$

3. Schritt:
Aufstellen der Geradengleichung:

$$g\colon y = \frac{3}{10}x + \frac{1}{5}$$

Aufgabe 4

Zunächst werden bei den Steigungen der Geraden alle Dezimalzahlen in vollständig gekürzte Brüche verwandelt:

$g_3\colon y = \frac{2}{5}x + 5$ $\qquad$ $g_4\colon y = \frac{1}{4}x - 2$ $\qquad$ $g_5\colon y = -\frac{5}{2}x - 3$

Zueinander parallele Geraden:

$g_1 \parallel g_3$ $\qquad$ $g_4 \parallel g_6$

Zueinander senkrechte Geraden:

Da $\frac{2}{5} \cdot \left(-\frac{5}{2}\right) = -1$ ist, gilt $g_1 \perp g_5$ und $g_3 \perp g_5$.

Da $-4 \cdot \frac{1}{4} = -1$ ist, gilt $g_4 \perp g_2$ und $g_6 \perp g_2$.

Aufgabe 5

Der Wert -0,2 ist die Steigung des zugehörigen Graphen. Das bedeutet, dass die Kerze pro Minute 0,2 cm (also 2 mm) an Länge verliert. Der Wert 8 ist der y-Achsenabschnitt des zugehörigen Graphen. Das bedeutet, dass die Kerze zum Zeitpunkt des Anzündens 8 cm lang ist.

Aufgabe 6

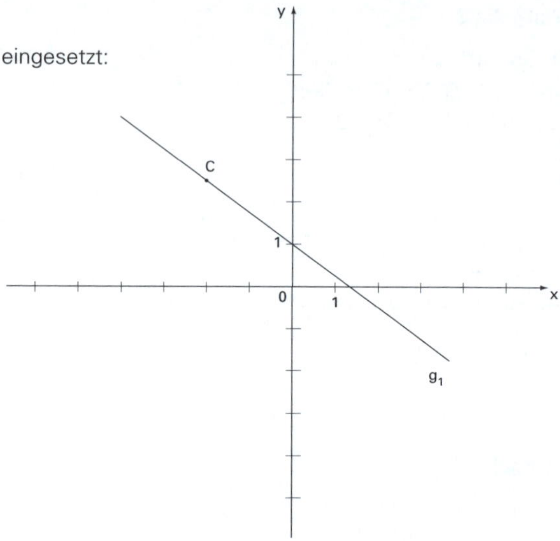

a) Die Koordinaten von C werden in g_1 eingesetzt:

$\frac{5}{2} = -\frac{3}{4} \cdot (-2) + 1$

$\frac{5}{2} = \frac{3}{2} + 1$

$\frac{5}{2} = \frac{5}{2}$ (w) $\Rightarrow C \in g_1$

b) $h \parallel g_1 \Rightarrow m_h = m_{g_1}$

$m_{g_1} = -\frac{3}{4} \Rightarrow m_h = -\frac{3}{4}$

h: $y = -\frac{3}{4}x + c$

A in h eingesetzt:

$4 = -\frac{3}{4} \cdot 1 + c \qquad | + \frac{3}{4}$

$c = \frac{19}{4} \Rightarrow$ h: $y = -\frac{3}{4}x + \frac{19}{4}$

c) $l \perp g_1 \Rightarrow m_l = -\frac{1}{m_{g_1}}$

$m_{g_1} = -\frac{3}{4} \Rightarrow m_l = \frac{4}{3}$

l: $y = \frac{4}{3}x + c$

B in l eingesetzt:

$-3 = \frac{4}{3} \cdot (-1) + c \qquad | + \frac{4}{3}$

$c = -\frac{5}{3} \Rightarrow$ l: $y = \frac{4}{3}x - \frac{5}{3}$

d) $g_1 \cap g_2 = \{S\}$

g_1: $y = -\frac{3}{4}x + 1$

g_2: $y = \frac{1}{4}x - 1$ — Gleichsetzverfahren → $-\frac{3}{4}x + 1 = \frac{1}{4}x - 1 \qquad | -\frac{1}{4}x - 1$

$-x = -2 \qquad | \cdot (-1)$

$x = 2$

x = 2 in g_1 eingesetzt:

$y = -\frac{3}{4} \cdot 2 + 1$

$y = -0{,}5 \Rightarrow S\,(2 \mid -0{,}5)$

Training

e)

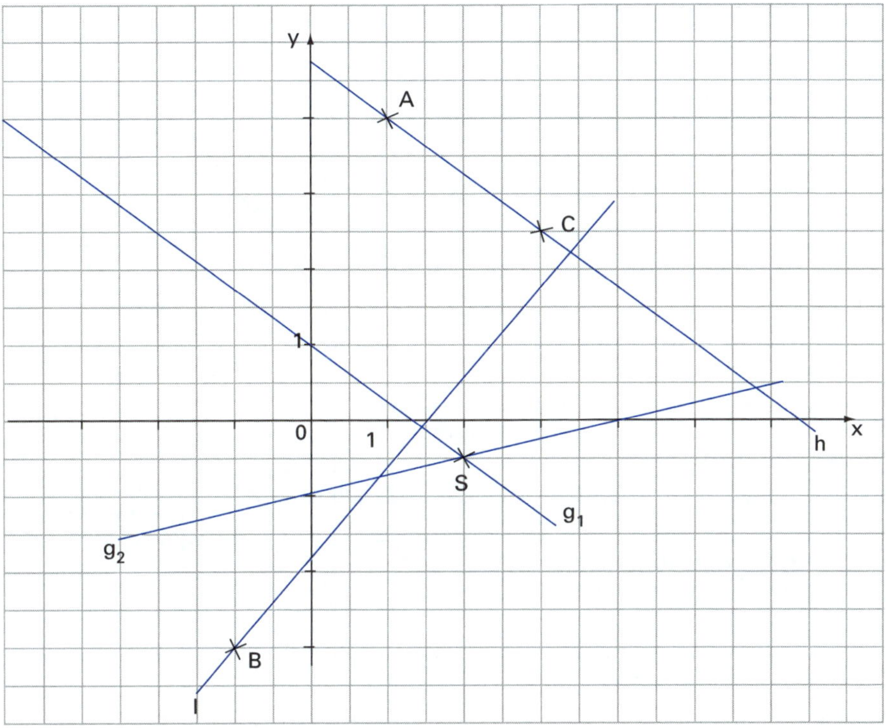

4. Mit quadratischen Funktionen umgehen

Aufgabe 1

Die Parabel ist nach unten geöffnet und breiter als die Normalparabel. Ihr Scheitelpunkt liegt unterhalb der x-Achse.

Die Parabel ist nach unten geöffnet und schmaler als die Normalparabel. Ihr Scheitelpunkt liegt oberhalb der x-Achse.

Die Parabel ist nach oben geöffnet und breiter als die Normalparabel. Ihr Scheitelpunkt liegt oberhalb der x-Achse.

Die Parabel ist nach oben geöffnet und schmaler als die Normalparabel. Ihr Scheitelpunkt liegt unterhalb der x-Achse.

$y = -2x^2 + 5$

$y = -\frac{1}{2}x^2 + 7$

$y = -\frac{3}{4}x^2 - 6$

$y = 0{,}8x^2 + 4$

$y = 1{,}2x^2 - 0{,}5$

$y = -0{,}1x^2 - 0{,}1$

$y = \frac{1}{4}x^2 + 1$

$y = \frac{4}{3}x^2 - 2$

Aufgabe 2

$y = 0{,}5x^2 - 1$ P_3 $y = 0{,}25x^2 + 3$ P_4 $y = -x^2 + 3$ P_1

$y = -0{,}25x^2 + 3$ P_2 $y = 2x^2 - 1$ P_5

Aufgabe 3

Gleichsetzen der Geradengleichung und der Parabelgleichung ergibt:

$$-3x^2 + 8 = -3x - 10 \quad | + 3x \quad | + 10$$
$$-3x^2 + 3x + 18 = 0 \quad | : (-3)$$
$$x^2 - x - 6 = 0 \quad | \text{ Lösungsformel}$$

$$x_{1,2} = -\frac{-1}{2} \pm \sqrt{\left(\frac{-1}{2}\right)^2 - (-6)}$$

$$x_{1,2} = \frac{1}{2} \pm \sqrt{\frac{1}{4} + 6}$$

$$x_{1,2} = \frac{1}{2} \pm \sqrt{\frac{1}{4} + \frac{24}{4}}$$

$$x_{1,2} = \frac{1}{2} \pm \sqrt{\frac{25}{4}}$$

$$x_{1,2} = \frac{1}{2} \pm \frac{5}{2}$$

$$x_1 = \frac{1}{2} + \frac{5}{2} = \frac{6}{2} = 3 \qquad x_2 = \frac{1}{2} - \frac{5}{2} = -\frac{4}{2} = -2$$

Einsetzen der beiden gefundenen Lösungen x_1 und x_2, z. B. in die Geradengleichung, ergibt:

$$y_1 = -3x_1 - 10 = -9 - 10 = -19$$
$$y_2 = -3x_2 - 10 = 6 - 10 = -4$$

Damit gilt für die beiden Schnittpunkte: A (3 | -19) und B (-2 | -4).

Aufgabe 4

Gleichsetzen der Geradengleichung und der Parabelgleichung ergibt:

$$2x^2 + 3 = 8x - 5 \quad | - 8x \quad | + 5$$
$$2x^2 - 8x + 8 = 0 \quad | : 2$$
$$x^2 - 4x + 4 = 0$$

Die Diskriminante D dieser Gleichung ist

$$D = \left(\frac{-4}{2}\right)^2 - 4 = 4 - 4 = 0$$

Da D = 0 ist, haben die Parabel p und die Gerade g genau einen Schnittpunkt (= Berührpunkt).

Aufgabe 5

Die Parabel $y = x^2 - 3$ geht aus der Normalparabel durch …	… eine Verschiebung um 3 Einheiten nach unten hervor.
Die Parabel $y = -3x^2$ geht aus der Normalparabel durch …	… eine Spiegelung an der x-Achse und eine Streckung mit dem Faktor 3 hervor.
Die Parabel $y = -x^2 - 3$ geht aus der Normalparabel durch …	… eine Spiegelung an der x-Achse und eine anschließende Verschiebung um 3 Einheiten nach unten hervor.
Die Parabel $y = -x^2 + 3$ geht aus der Normalparabel durch …	… eine Spiegelung an der x-Achse und eine anschließende Verschiebung um 3 Einheiten nach oben hervor.
Die Parabel $y = 3x^2$ geht aus der Normalparabel durch …	… eine Streckung mit dem Faktor 3 hervor.

5. Die Sinusfunktion und ihr Graph

Aufgabe 1

Drei verschiedene Winkel mit positivem Sinuswert: z. B. 120°; 130°; 140°
Drei verschiedene Winkel mit negativem Sinuswert: z. B. 185°; 190°; 195°
Alle Winkel mit dem Sinuswert 0: 180°

Aufgabe 2

a) sin(94°) = sin(180° – 94°) = sin(86°); der zweite Winkel ist 86°.

b) sin(168°) = sin(180° – 168°) = sin(12°); der zweite Winkel ist 12°.

c) sin(227°) = sin(180° + 47°) = sin(360° – 47°) = sin(313°); der zweite Winkel ist 313°.

d) sin(341°) = sin(180° + 161°) = sin(360° – 161°) = sin(199°); der zweite Winkel ist 199°.

e) sin(11°) = sin(180° – 11°) = sin(169°); der zweite Winkel ist 169°.

Aufgabe 3

a) Der Taschenrechner liefert:

$\alpha = \sin^{-1}(0{,}75) \approx 48{,}6°$
$\sin(48{,}6°) = \sin(180° - 48{,}6°) = \sin(131{,}4°)$; der zweite Winkel ist 131,4°.

b) Der Taschenrechner liefert:

$\alpha = \sin^{-1}\left(\frac{\sqrt{3}}{2}\right) = 60°$
$\sin(60°) = \sin(180° - 60°) = \sin(120°)$; der zweite Winkel ist 120°.

Leitidee Daten und Zufall

1. Daten erfassen und darstellen

Aufgabe 1

a) Summe aller Prozentwerte:
20 % + 25 % + 35 % + 20 % + 5 % = 105 %
Katja hat 5 % zu viel gezeichnet. Es kann bei dieser Fragestellung aber nicht entschieden werden, bei welcher Altersgruppe der Fehler liegt.

b) Altersstufen an der Schule:

unter 12 Jahre	20 %
12–13 Jahre	25 %
13–14 Jahre	30 %
14–16 Jahre	20 %
über 16 Jahre	5 %

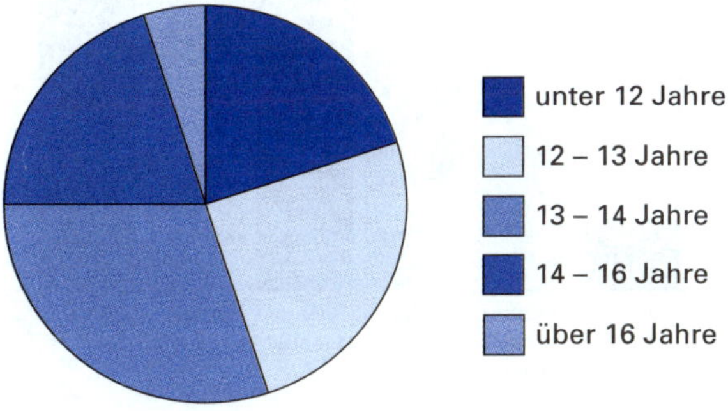

Aufgabe 2

Wählt man 0,1 t als Einheit pro Kästchen auf der y-Achse, so braucht man 35 Kästchen. Dies ist zwar möglich, erzeugt aber ein sehr großes Schaubild. Sinnvoller ist es, 0,2 t als Einheit pro Kästchen zu wählen.

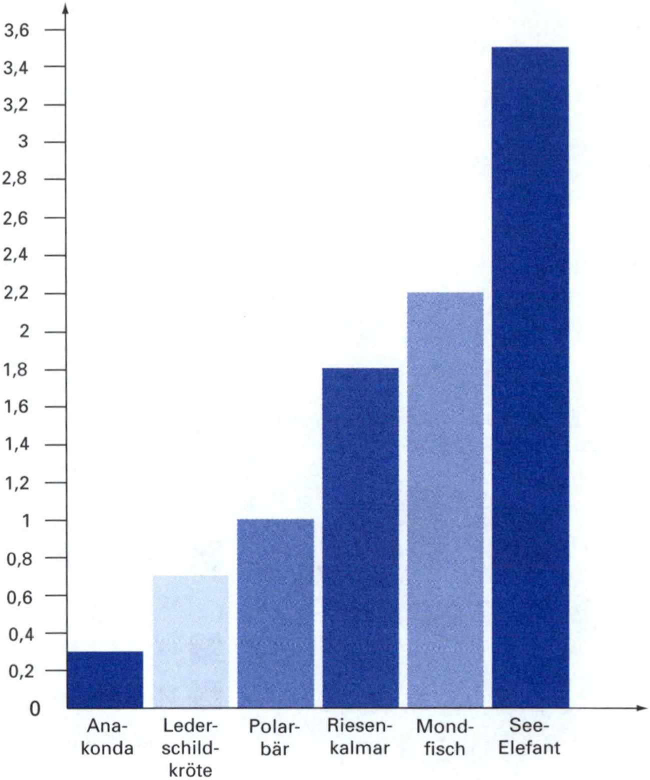

Aufgabe 3

a) Da alle Fächer zusammen 100 % ergeben, berechnet man den Prozentsatz für die sonstigen Fächer so:

100 % – 12 % – 15 % – 10 % – 40 % = 23 %

Gradzahlen für das Kreisdiagramm:

Mathe:	12 % von 360° = 0,12 · 360° = 43,2° ≈ 43°
Englisch:	15 % von 360° = 0,15 · 360° = 54°
Deutsch:	10 % von 360° = 0,1 · 360° = 36°
Sport:	40 % von 360° = 0,4 · 360° = 144°
Sonstige:	23 % von 360° = 0,23 · 360° = 82,8° ≈ 83°

Kreisdiagramm

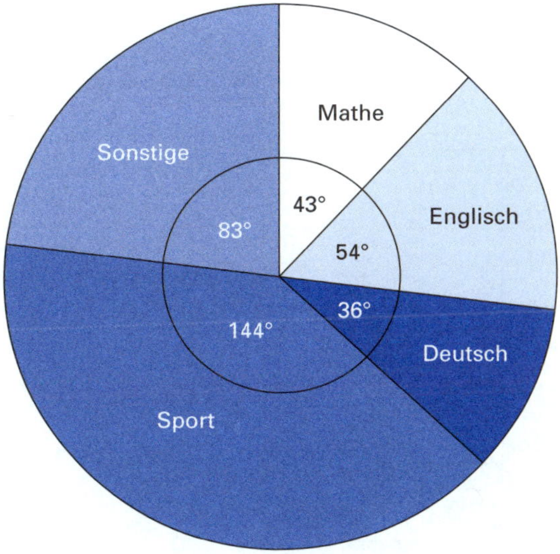

b) 40 % von 6000 = 0,4 · 6000 = 2400

Aufgabe 4

a) Aus dem Säulendiagramm kann man die Anzahlen für den Einzelhandel (7) und das Transportwesen (1) ablesen und in die Tabelle eintragen. Es sind insgesamt 24 Befragte. Deshalb berechnet sich die Anzahl für das Gesundheitswesen wie folgt:
24 – 5 – 7 – 2 – 2 – 1 – 3 = 4. Damit kann die Tabelle komplett ausgefüllt werden.

Berufsfeld	Handwerk	Einzelhandel	Industrie	Gesundheitswesen	Baugewerbe	Transportwesen	Sonstige
Anzahl	5	**7**	2	**4**	2	**1**	3

Tabellenübertrag in Säulendiagramm:

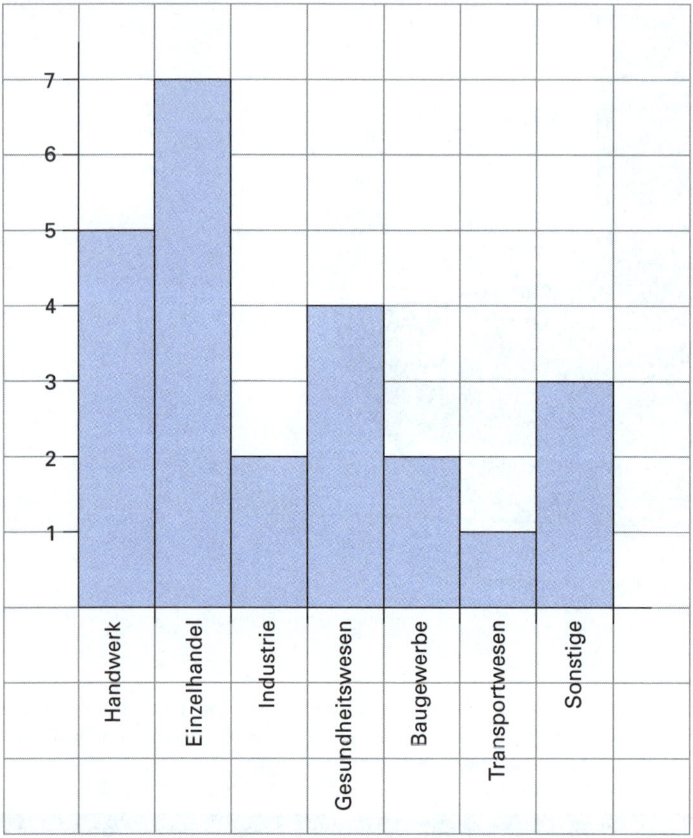

b) Berechnung der Winkel der verschiedenen Kreissektoren:

Handwerk: $\frac{5}{24} \cdot 360° = 75°$

Einzelhandel: $\frac{7}{24} \cdot 360° = 105°$

Industrie: $\frac{2}{24} \cdot 360° = 30°$

Gesundheitswesen: $\frac{4}{24} \cdot 360° = 60°$

Baugewerbe: $\frac{2}{24} \cdot 360° = 30°$

Transportwesen: $\frac{1}{24} \cdot 360° = 15°$

Sonstige: $\frac{3}{24} \cdot 360° = 45°$

Kreisdiagramm:

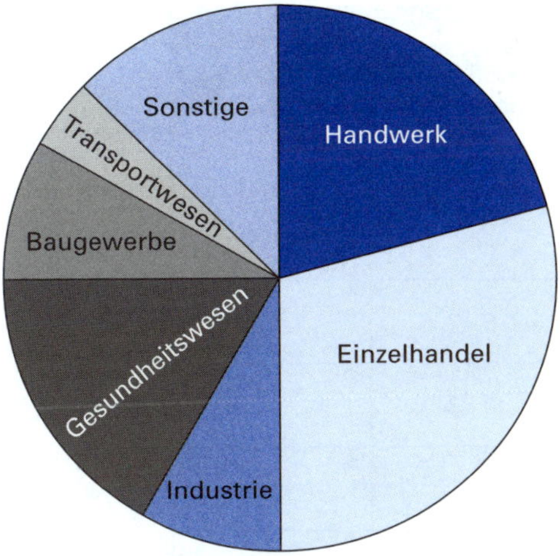

c)

	Wahr	Falsch	Nicht entscheidbar
A In der Klasse sind 10 Schülerinnen und 14 Schüler.			X
B Mehr als ein Drittel der Befragten bevorzugt den Einzelhandel.		X $\left(< \frac{1}{3}\right)$	
C Ein Sechstel der Befragten bevorzugt das Gesundheitswesen.	X		
D Niemand möchte Schaffner bei der Deutschen Bahn werden.			X
E Über 20 % der Befragten bevorzugen das Handwerk.	X		

2. Daten ordnen und auswerten

Aufgabe 1

$5 + 3 + 11 + 10 + 2 + 2 = 33$

$$\text{Notendurchschnitt} = \frac{5 \cdot 1 + 3 \cdot 2 + 11 \cdot 3 + 10 \cdot 4 + 2 \cdot 5 + 2 \cdot 6}{33}$$

$$= \frac{5 + 6 + 33 + 40 + 10 + 12}{33} = \frac{106}{33} = 3{,}21$$

Der Notendurchschnitt beträgt 3,21.

Aufgabe 2

	Absolute Häufigkeit	Relative Häufigkeit		
		Bruch	Dezimalzahl	Prozent
⚀	② 0	② $\frac{0}{15}$	② 0,0	0
⚁	⑥ 3	⑦ $\frac{1}{5}$	0,2	⑧ 20
⚂	2	⑨ $\frac{2}{15}$	⑩ 0,13	⑪ 13
⚃	③ 5	$\frac{1}{3}$	④ 0,33	⑤ 33
⚄	4	⑫ $\frac{4}{15}$	⑬ 0,27	⑭ 27
⚅	1	⑮ $\frac{1}{15}$	⑯ 0,07	⑰ 7
	① 15			

Relative Häufigkeit = $\frac{\text{Absolute Häufigkeit}}{\text{Gesamtzahl aller Würfe}}$

Berechnung der Lösungsschritte ① – ⑰

① Es wurde 15-mal gewürfelt.

② 0 % bedeutet, dass die „1" nicht gewürfelt wurde.

③ $\frac{1}{3}$ erweitert auf den Nenner 15 $\Rightarrow$ $\frac{5}{15}$ $\Rightarrow$ es wurde 5-mal die „4" gewürfelt.

④ 1 : 3 = 0,33 $\Rightarrow$ ⑤ 33 %

⑥ I. Möglichkeit: Differenz 15 – 1 – 4 – 5 – 2 = 3

II. Möglichkeit: 0,2 = $\frac{1}{5} = \frac{3}{15}$ $\Rightarrow$ ⑦ $\frac{1}{5}$

$\Rightarrow$ Die „2" wurde 3-mal gewürfelt.

⑧ 0,20 = $\frac{20}{100}$ = 20 %

⑨ $\frac{2}{15}$ $\Rightarrow$ ⑩ 2 : 15 = 0,13 $\Rightarrow$ ⑪ 13 %

⑫ $\frac{4}{15}$ $\Rightarrow$ ⑬ 4 : 15 = 0,27 $\Rightarrow$ ⑭ 27 %

⑮ $\frac{1}{15}$ $\Rightarrow$ ⑯ 1 : 15 = 0,07 $\Rightarrow$ ⑰ 7 %

Probe

Die Summe aller Brüche und Dezimalzahlen muss 1 ergeben, die Summe der Prozentwerte muss 100 ergeben.

$$\frac{0}{15} + \frac{1}{5} + \frac{2}{15} + \frac{1}{3} + \frac{4}{15} + \frac{1}{15} = 0 + \frac{3}{15} + \frac{2}{15} + \frac{5}{15} + \frac{4}{15} + \frac{1}{15} = \frac{15}{15} = 1$$

0,0 + 0,2 + 0,13 + 0,33 + 0,27 + 0,07 = 1

0 + 20 + 13 + 33 + 27 + 7 = 100

Aufgabe 3

a) Spannweite d = 40 – 12
d = 28

b) 12 15 ☐ 23 28 30 34 34 40

Es stehen 9 Werte in der Rangliste. ⇒ Der mittlere Wert ist der Zentralwert.
⇒ Zentralwert = 28

c) Im Platzhalter können stehen: 15, 16, 17, 18, 19, 20, 21, 22, 23

d) Wenn Zahlen fehlen bzw. unbekannt sind, kann das arithmetische Mittel nicht berechnet werden.

Aufgabe 4

Daten in aufsteigender Reihenfolge sortieren:

a) Werte aus Tabelle ablesen:
x_{min} = kleinster Wert = 1003 hPa
x_{max} = größter Wert = 1023 hPa

Spannweite $W = x_{max} - x_{min} = 1023 - 1003$
$W = 20$ hPa

b) Die Anzahl der Werte ist ungerade. Der mittlere Wert ist der Zentralwert. Er beträgt 1015 hPa.

Der Modalwert ist der am häufigsten vorkommende Wert einer Datenreihe. Das sind 1015 hPa.

c) Der Mittelwert errechnet sich aus:

$$\overline{x} = \frac{\text{Summe aller Werte}}{\text{Anzahl der Werte}}$$

$$\overline{x} = \frac{31\,470}{31} = 1015 \text{ hPa}$$

Tabelle sortiert	
lfd. Nr.	Luftdruck in hPa
	max
1	1003
2	1006
3	1007
4	1009
5	1010
6	1010
7	1011
8	1012
9	1012
10	1013
11	1014
12	1015
13	1015
14	1015
15	1015
16	1015
17	1016
18	1017
19	1018
20	1018
21	1018
22	1019
23	1019
24	1019
25	1019
26	1020
27	1020
28	1020
29	1020
30	1022
31	1023

d)

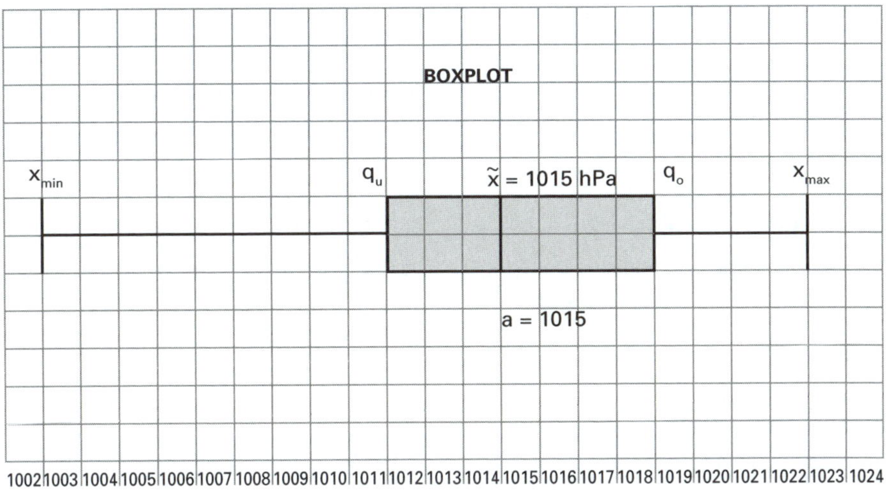

Aufgabe 5

a) Arithmetisches Mittel:

$$\frac{85 + 25 + 50 + 15\,000 + 35 + 20 + 95 + 35 + 55 + 220}{10}$$

= 1562 €

Zentralwert (= Median):
Zur Bestimmung des Zentralwerts müssen die Daten der Größe nach geordnet werden.

20 25 35 35 50 ↓ 55 85 95 220 15 000

Zentralwert

Da insgesamt 10 Daten vorliegen, liegt der Zentralwert zwischen dem 5. und 6. Datenwert. Dabei bildet man das arithmetische Mittel dieser beiden Datenwerte:

Zentralwert $= \frac{50 + 55}{2} = \frac{105}{2} = 52{,}50$ €

b) Mögliche Gründe:

1. Der „Ausreißer" 15 000 zieht das arithmetische Mittel extrem in die Höhe. Damit liegt der Durchschnitt von 1562 € viel höher als 9 von 10 Datenwerte. Das arithmetische Mittel ist also nicht sehr aussagekräftig, was die überwiegende Anzahl der Datenwerte betrifft. Der Durchschnitt „verfälscht" hier zu sehr die tatsächlichen Daten.

2. Da die Journalistin nur Verluste in ihre Statistik einbezieht, mögliche Gewinne anderer Casinobesucher/-innen jedoch ignoriert, entsteht ebenfalls ein übertriebenes Bild von den „durchschnittlichen" Verlusten der Casinobesucher/-innen.

3. Es ist statistisch sehr fragwürdig, ob eine kleine Datenmenge von nur 10 Werten überhaupt eine verallgemeinernde Schlussfolgerung über „alle" Casinobesucher/-innen zulässt. Um allgemeinere Aussagen über durchschnittliche Gewinne oder Verluste zu treffen, müsste man wesentlich mehr Casinobesucher/-innen befragen.

Aufgabe 6

Mittelwert:
(-150 + 300 – 40 – 210 + 20 – 120 + 100 + 60 – 160 + 50 – 200 – 10) : 12 = (-360) : 12 = - 30

Der Durchschnitt der Kontostände beträgt -30 €. Da -30 € < -25 € ist, bekommt Frau Sanchez den Kredit nicht.

Aufgabe 7

Der gesuchte Wert für 2017 wird mit x bezeichnet. Dann gilt gemäß der Berechnung eines Mittelwertes folgende Gleichung:

$$\frac{356 + 342 + x + 1630 + 1753}{5} = 1076{,}6 \quad | \cdot 5$$

$$356 + 342 + x + 1630 + 1753 = 5383 \quad | \text{ zusammenfassen}$$

$$4081 + x = 5383 \quad | - 4081$$

$$x = 1302$$

Im Jahr 2017 wurden in Baden-Württemberg 1302 neue Ladestationen für E-Autos installiert.

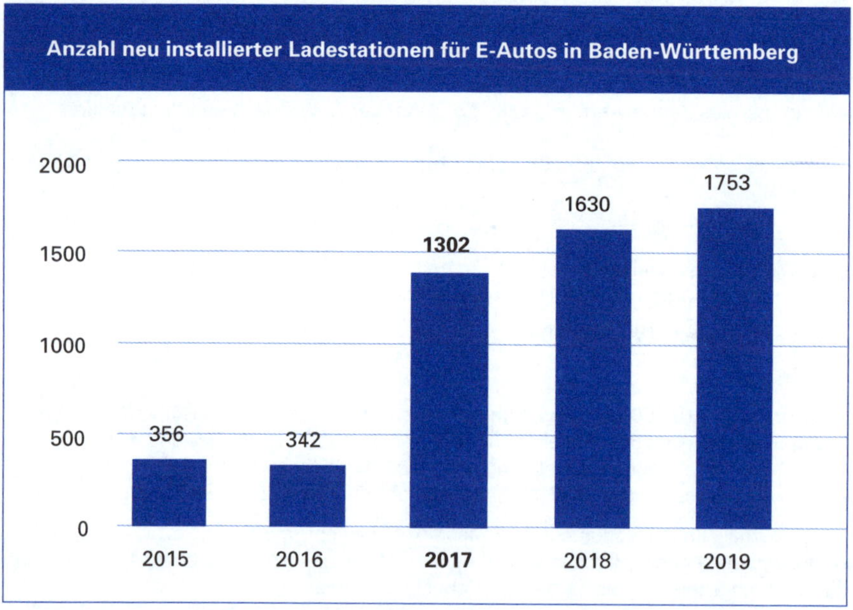

3. Wahrscheinlichkeiten verstehen und berechnen

Aufgabe 1

Lena

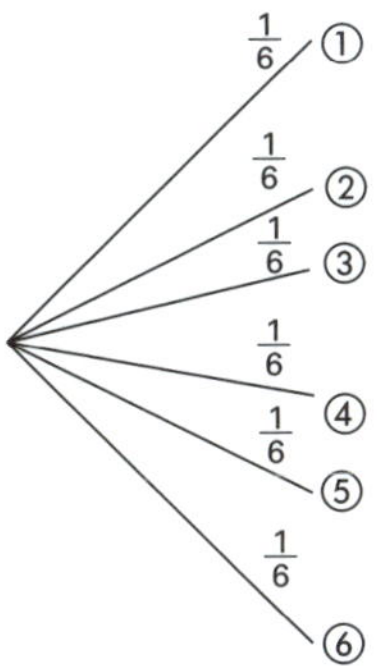

Jonas

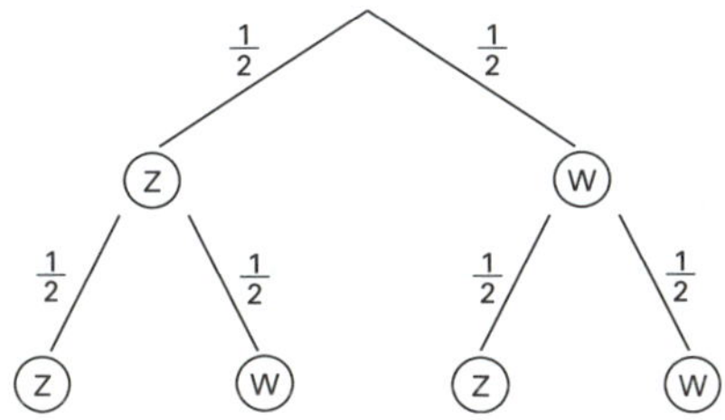

$P(6) = \frac{1}{6}$

$P(ZZ) = \frac{1}{2} \cdot \frac{1}{2} = \frac{1}{4}$

$\frac{1}{4} > \frac{1}{6} \quad \Rightarrow \quad$ Jonas hat recht.

Aufgabe 2

Von 10 Kugeln sind 3 Primzahlen (13, 17, 19) in der Schale.

$\Rightarrow$ P(Primzahl) $= \frac{3}{10} = 0{,}3 = 30\ \%$

Die Wahrscheinlichkeit beträgt 30 %.

Merke: Primzahlen haben nur zwei Teiler.
P = {2; 3; 5; 7; 11; 13; ...}

Aufgabe 3

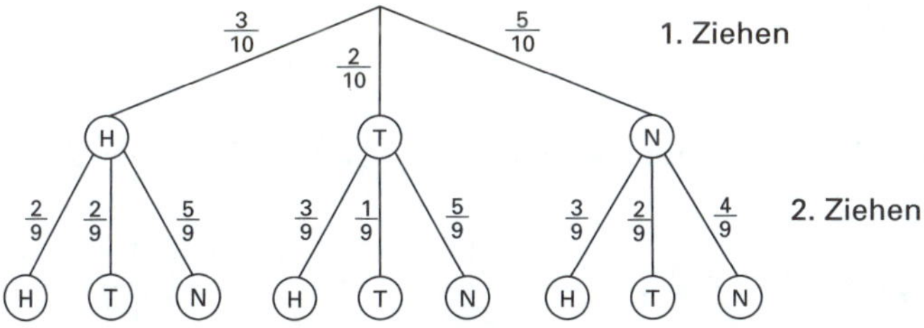

Beim ersten Ziehen sind insgesamt 10 Lose in der Lostrommel. Beim zweiten Ziehen sind nur noch 9 Lose in der Trommel.

Wenn Leonard beim ersten Zug einen Haupttreffer H zieht, sind beim zweiten Ziehen noch 2 H, 2 T und 5 N in der Trommel (linker Ast).

$\Rightarrow$ Wahrscheinlichkeit $P(H) = \frac{2}{9}$ $\quad P(T) = \frac{2}{9}$ $\quad P(N) = \frac{5}{9}$

Wenn Leonard beim ersten Zug einen Trostpreis T zieht, sind beim zweiten Ziehen noch 3 H, 1 T und 5 N in der Trommel (mittlerer Ast).

$\Rightarrow$ Wahrscheinlichkeit $P(H) = \frac{3}{9}$ $\quad P(T) = \frac{1}{9}$ $\quad P(N) = \frac{5}{9}$

Berechnung der Wahrscheinlichkeit zuerst H, dann T:

$\Rightarrow P(HT) = \frac{3}{10} \cdot \frac{2}{9} = \frac{6}{90} = \frac{1}{15}$ (1. Pfadregel)

Berechnung der Wahrscheinlichkeit zuerst T, dann H:

$\Rightarrow P(TH) = \frac{2}{10} \cdot \frac{3}{9} = \frac{6}{90} = \frac{1}{15}$ (1. Pfadregel)

Die Wahrscheinlichkeit, einen Hauptpreis und einen Trostpreis (ohne Rücksicht auf die Reihenfolge) zu ziehen, beträgt:

$P(HT, TH) = P(HT) + P(TH)$ (2. Pfadregel)

$= \frac{1}{15} + \frac{1}{15}$

$= \frac{2}{15}$

Aufgabe 4

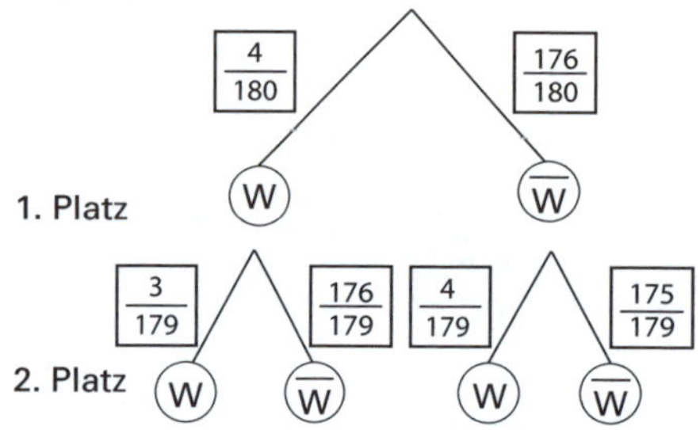

$P(\overline{W}; \overline{W}) = \frac{176}{180} \cdot \frac{175}{179} \approx 95{,}6\ \%$

Die Wahrscheinlichkeit, dass kein Mitglied von Familie Weller ausgewählt wird, beträgt etwa 95,6 %.

Training

Aufgabe 5

Auf dem Glücksrad befinden sich 4 Sektoren mit Vokalen (A; A; I; A) und 5 Sektoren mit Konsonanten (K; T; H; R; N).
Für das Baumdiagramm soll gelten: V = Vokal; $\overline{V}$ = kein Vokal

1. Versuch 2. Versuch

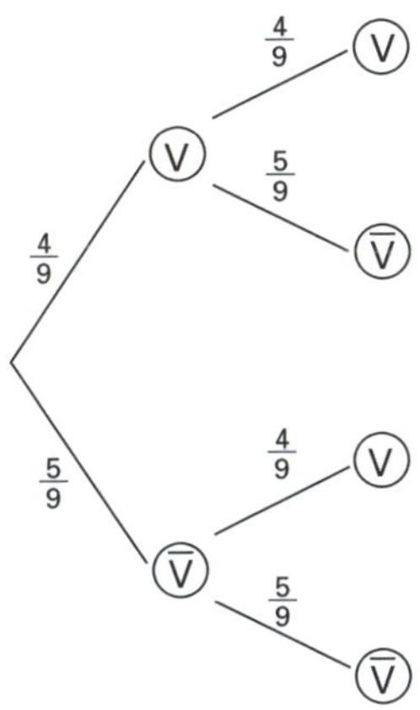

P(mindestens ein Vokal) = 1 – P(kein Vokal) = 1 – P($\overline{V}$; $\overline{V}$) = $1 - \frac{5}{9} \cdot \frac{5}{9} \approx 69{,}1\ \%$

Die Wahrscheinlichkeit, dass Katharina einen Preis gewinnt, beträgt etwa 69,1 %.

Alternativer Lösungsweg:

P(mindestens ein Vokal) = $\frac{4}{9} \cdot \frac{4}{9} + \frac{4}{9} \cdot \frac{5}{9} + \frac{5}{9} \cdot \frac{4}{9} = \frac{56}{81} \approx 69{,}1\ \%$

Mathematik-Musterprüfung I – A

Teil A1

Aufgabe 1

$5x^2 - 6 = 14 \quad | +6$

$5x^2 = 20 \quad | :5$

$x^2 = 4 \quad | \sqrt{\ }$

$x_1 = 2 \qquad x_2 = -2$

Aufgabe 2

Lösung mit dem Additionsverfahren:

Multiplizieren von Gleichung (II) mit 4 ergibt:

(I) $-2x + 6y = -20$

(IIa) $2x - 6y = 20$

Addieren der beiden Gleichungen (I) und (IIa) ergibt:

$0x + 0y = 0$

$0 = 0$

Diese letzte Gleichung ist allgemeingültig. Folglich hat das Gleichungssystem unendlich viele Lösungen.

Aufgabe 3

Mögliche Formeln:
C2: =B2*0,007
C5: =D4*0,01
D6: =B6+C6

Aufgabe 4

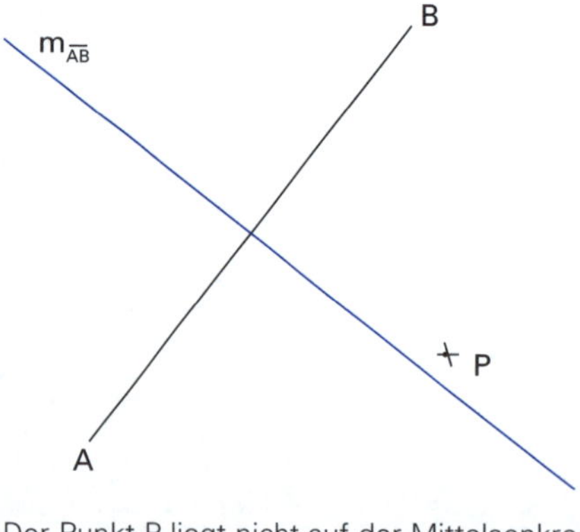

Der Punkt P liegt nicht auf der Mittelsenkrechten $m_{\overline{AB}}$.

Aufgabe 5

1. Die Mittelsenkrechte von $\overline{AB}$ wird konstruiert.
2. Der Thaleskreis wird als Vollkreis bezüglich $\overline{AB}$ konstruiert.
3. Die Schnittpunkte der Mittelsenkrechten und des Thaleskreises werden mit C und C′ benannt.
4. So entstehen die beiden kongruenten Dreiecke ABC und AC′B.

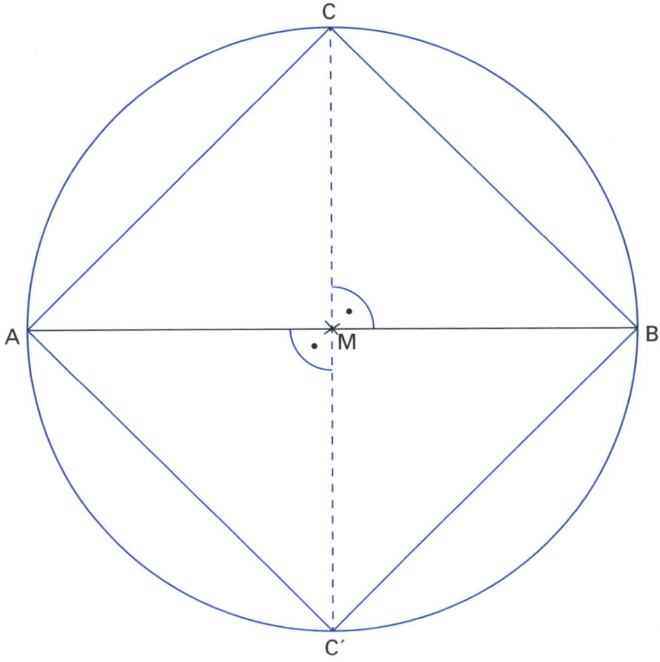

Aufgabe 6

Aus $y = \frac{2}{5}x - \frac{3}{2}$ folgt:

→ die Gerade schneidet die y-Achse bei -1,5
→ es kommen nur noch a, c oder d infrage
→ a und d haben eine Steigung > 1
→ c ist die gesuchte Gerade

Aufgabe 7

Ankathete von β: e
Ankathete von α: f

Gegenkathete von β: f
Gegenkathete von α: e

$\sin(\beta) = \frac{f}{g}$
$\tan(\alpha) = \frac{e}{f}$

Aufgabe 8

Graph B könnte zu der Zugfahrt passen.
Begründung: Die Entfernung von Ulm nimmt mit fortschreitender Zeit ab, weil der Zug von Stuttgart in Richtung Ulm fährt. Also muss der Graph entweder fallen oder parallel zur x-Achse verlaufen (bei Zwischenhalten des Zuges). Dies ist ausschließlich bei Graph B der Fall. Außerdem kommt der Zug (hoffentlich) irgendwann in Ulm an, sodass die Entfernung des Zuges von Ulm 0 km ist. Dies kann man ebenfalls nur am Graphen B ablesen, weil nur dieser die x-Achse schneidet.

Aufgabe 9

Die Parabel p_1 ist nach oben geöffnet und schmaler als die Normalparabel.
Ihr Scheitelpunkt liegt unterhalb der x-Achse.

Die Parabel p_2 ist nach unten geöffnet und breiter als die Normalparabel.
Ihr Scheitelpunkt liegt oberhalb der x-Achse.

Die Parabel p_3 ist nach unten geöffnet und hat dieselbe Form wie die Normalparabel.
Ihr Scheitelpunkt liegt auf der x-Achse.

Aufgabe 10

Alle durch 3 teilbaren Zahlen: 12, 24 und 36
Alle durch 6 teilbaren Zahlen: 12, 24 und 36

$P(\text{durch 3 teilbar}) = \frac{3}{10} = 30\ \%$

$P(\text{durch 6 teilbar}) = \frac{3}{10} = 30\ \%$

Damit ist die Wahrscheinlichkeit in beiden Fällen gleich groß (= 30 %).

Teil A2

Aufgabe 1

Der Graph zeigt die Parabel p_5.
Bestimmung der Schnittpunkte mit der x-Achse:

$2x^2 - 4{,}5 = 0 \quad | + 4{,}5$

$2x^2 = 4{,}5 \quad | : 2$

$x^2 = 2{,}25 \quad | \sqrt{\ }$

$x_1 = -1{,}5 \qquad x_2 = 1{,}5$

Schnittpunkte mit der x-Achse: N_1 (-1,5 | 0); N_2 (1,5 | 0)

Aufgabe 2

Berechnung der Streckenlänge von A-Burg nach B-Dorf:

Die Formel für die Geschwindigkeit ist $v = \frac{s}{t}$, wobei v für die Geschwindigkeit (in km/h), s für die zurückgelegte Strecke (in km) und t für die benötigte Zeit (in h) steht. Da in der Aufgabenstellung v und t gegeben sind und die Strecke s gesucht wird, muss die Formel nach s umgestellt werden:

$v = \frac{s}{t} \quad | \cdot t$

$v \cdot t = s$

$123 \cdot \frac{51}{60} = s$ (Beachten Sie, dass 51 min = $\frac{51}{60}$ h)

$s = 104{,}55$

Die Strecke zwischen A-Burg und B-Dorf ist etwa 104,6 km lang.

Berechnung des Steigungswinkels der Rampe:

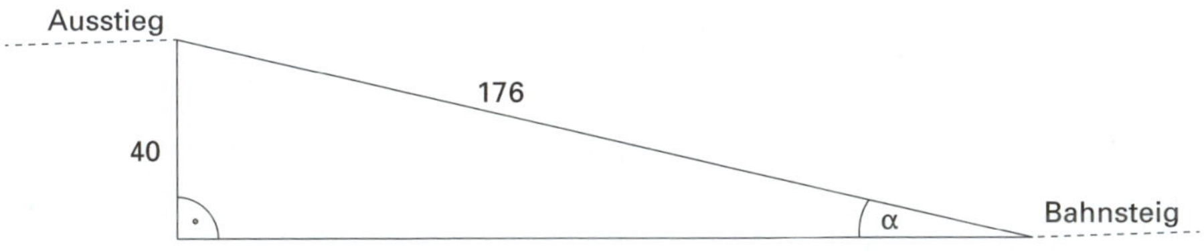

Skizze nicht maßstabsgetreu

Aus der Grafik lässt sich ablesen, dass gilt:

$\sin(\alpha) = \frac{40}{176}$

$\alpha = \sin^{-1}\left(\frac{40}{176}\right)$

$\alpha = 13{,}1°$

Der Steigungswinkel der Rampe beträgt etwa 13°.

Prüfungen

Aufgabe 3

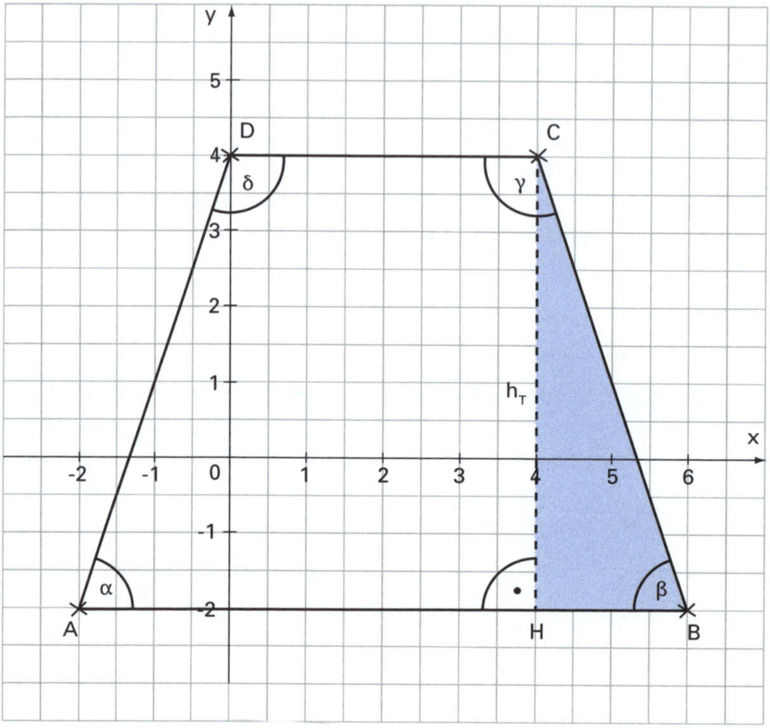

Aus der Grafik lässt sich ablesen, dass gelten muss: D (0 I 4)

Bestimmung der Seitenlängen:

1. Die Seitenlängen $\overline{AB}$ und $\overline{CD}$ können direkt aus der Grafik abgelesen werden:

   $\overline{AB}$ = 8 cm und $\overline{CD}$ = 4 cm

2. Die Seitenlängen $\overline{BC}$ und $\overline{AD}$ sind gleich lang, weil es sich um ein gleichschenkliges Trapez handelt.

   $\overline{HB}^2 + \overline{HC}^2 = \overline{BC}^2$ (Pythagoras im Dreieck HBC)

   $2^2 + 6^2 = BC^2$

   $\overline{BC} = \sqrt{2^2 + 6^2}$

   $\overline{BC} = 6{,}3$

   Damit gilt: $\overline{BC} = \overline{AD}$ = 6,3 cm

Berechnung der Innenwinkel:

1. Da es sich um ein gleichschenkliges Trapez handelt, gilt: $\alpha = \beta$ und $\gamma = \delta$.
2. Berechnung des Winkels β (= α):

   $\tan(\beta) = \frac{\overline{HC}}{\overline{HB}} = \frac{6}{2} = 3$

   $\beta = \tan^{-1}(3) = 71{,}6°$

   Damit gilt: $\alpha = \beta = 71{,}6°$.
3. Berechnung des Winkels γ (= δ):

   $\alpha + \beta + \gamma + \delta = 360°$ (Begründung: Winkelsumme im Viereck)

   $71{,}6° + 71{,}6° + 2\gamma = 360°$ (Begründung: $\delta = \gamma$)

   $2\gamma + 143{,}2° = 360°$ | – 143,2°

   $2\gamma = 216{,}8°$ | : 2

   $\gamma = 108{,}4°$

   Damit gilt: $\delta = \gamma = 108{,}4°$.

Aufgabe 4

Berechnung des Gewichts von 1 cm^3 Gold:

1. Berechnung des Volumens des Goldkegels:

   $V_{Kegel} = \frac{1}{3} \cdot G \cdot h = \frac{1}{3} \cdot \pi \cdot r^2 \cdot h = \frac{1}{3} \cdot \pi \cdot 7^2 \cdot 8 = 410{,}5$

   Das Volumen des Goldkegels beträgt 410,5 cm^3.
2. Berechnung des Gewichts von 1 cm^3 Gold:

   7922,7 : 410,5 = 19,3

   Ergebnis: 1 cm^3 Gold wiegt 19,3 g.

Berechnung des Prozentsatzes, um den das Gewicht der Aluminiumkugel vom Gewicht des Goldkegels abweicht:

1. Berechnung des Volumens einer Aluminiumkugel:

   $r_{Kugel} = 20\text{ cm} : 2 = 10\text{ cm}$

   $V_{Kugel} = \frac{4}{3} \cdot \pi \cdot r^3$

   $V_{Kugel} = \frac{4}{3} \cdot \pi \cdot 10^3$

   $V_{Kugel} = 4188{,}79\text{ cm}^3$
2. Berechnung des Gewichts einer Aluminiumkugel:

   4188,79 · 2,7 = 11 309,7

   Eine Aluminiumkugel wiegt etwa 11 309,7 g.

3. Prozentuale Abweichung des Gewichts der Aluminiumkugel vom Gewicht des Goldkegels:

$11\,309{,}7\text{ g} - 7922{,}7\text{ g} = 3387\text{ g}$

$$W = G \cdot \frac{p}{100}$$

$$3387 = 7922{,}7 \cdot \frac{p}{100} \qquad | : 7922{,}7$$

$$0{,}428 = \frac{p}{100} \qquad | \cdot 100$$

$$42{,}8 = p$$

Ergebnis: Das Gewicht der Aluminiumkugel ist um 42,8 % größer als das Gewicht des Goldkegels.

Aufgabe 5

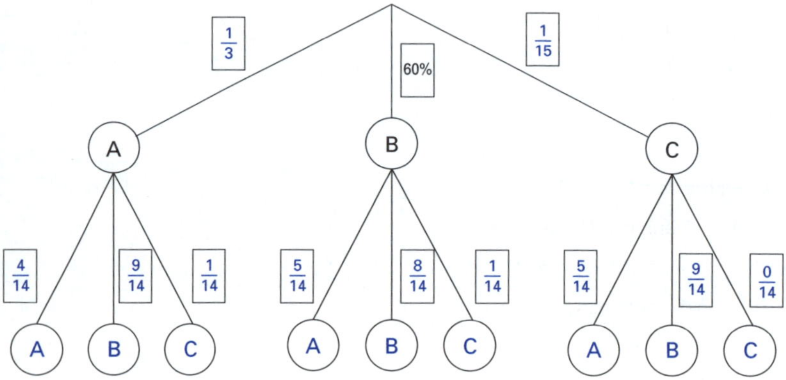

Berechnung der fehlenden Angabe im Baumdiagramm:

$60\ \% = \frac{3}{5}$

$1 - \frac{1}{3} - \frac{3}{5} = 1 - \frac{5}{15} - \frac{9}{15} = 1 - \frac{14}{15} = \frac{1}{15}$

Die fehlende Angabe ist $\frac{1}{15}$.

Bestimmung der Verteilung von Kärtchen mit A, B oder C in der Schachtel:
Da insgesamt 15 Kärtchen in der Schachtel sind, gilt die folgende Verteilung:
Von den 15 Kärtchen sind fünf (= $\frac{1}{3} \cdot 15$) mit einem A und neun (= 60 % von 15) mit einem B bedruckt.
Nur ein einziges Kärtchen (= $\frac{1}{15} \cdot 15$) ist mit einem C bedruckt.

Berechnung der Wahrscheinlichkeit, genau ein Kärtchen mit C zu ziehen:

P(„genau ein Kärtchen mit C") = P(A; C) + P(B; C) + P(C; A) + P(C; B)

$= \frac{5}{15} \cdot \frac{1}{14} + \frac{9}{15} \cdot \frac{1}{14} + \frac{1}{15} \cdot \frac{5}{14} + \frac{1}{15} \cdot \frac{9}{14} = 13{,}3\ \%$

Prüfungen

Berechnung der Wahrscheinlichkeit, nach dem Hinzufügen der drei Kärtchen genau ein Kärtchen mit C zu ziehen:

P(„genau ein Kärtchen mit C") = P(A; C) + P(B; C) + P(C; A) + P(C; B)

$= \frac{6}{18} \cdot \frac{2}{17} + \frac{10}{18} \cdot \frac{2}{17} + \frac{2}{18} \cdot \frac{6}{17} + \frac{2}{18} \cdot \frac{10}{17} = 20{,}9\ \%$

Die Wahrscheinlichkeit, genau ein Kärtchen mit C zu ziehen, hat sich nach dem Hinzufügen der drei Kärtchen um 7,6 % erhöht.

Aufgabe 6

Berechnung des Endkapitals nach 6 Jahren:

$K_0 = 9000;\ \ n = 6;\ \ q = \left(1 + \frac{0{,}95}{100}\right) = 1{,}0095$

Folglich gilt mit der Zinseszinsformel:

$K_6 = 9000 \cdot 1{,}0095^6$

$K_6 = 9525{,}34$

Das Endkapital beträgt nach 6 Jahren 9525,34 €.

Bestimmung der Anzahl an Jahren, nach denen Pia die geliehenen 10 000 € frühestens zurückzahlen kann:

$K_0 = 9000;$ n ist gesucht; $q = \left(1 + \frac{0{,}95}{100}\right) = 1{,}0095$

$K_n = 9000 \cdot 1{,}0095^n$

Systematisches Probieren mit dem Taschenrechner ergibt z. B.:

$n = 9$: $\quad K_9 = 9000 \cdot 1{,}0095^9 = 9799{,}40$

$n = 12$: $\quad K_{12} = 9000 \cdot 1{,}0095^{12} = 10081{,}34$

$n = 11$: $\quad K_{11} = 9000 \cdot 1{,}0095^{11} = 9986{,}47$

Nach 12 Jahren überschreitet das Endkapital (= Guthaben) erstmals die Grenze von 10 000 €. Dann kann Pia ihren Eltern das geliehene Geld frühestens zurückzahlen.

Aufgabe 7

- $\sin(30°) = \frac{6\text{ cm}}{\overline{AB}}$

  $\overline{AB} = \frac{6\text{ cm}}{\sin(30°)}$

  $\overline{AB} = 12\text{ cm}$

$\sin(\alpha) = \frac{GK}{Hy}$

- △ $\overline{MBC}$ ist gleichschenklig-rechtwinklig.

  $\Rightarrow \overline{MC} = 6\text{ cm}$

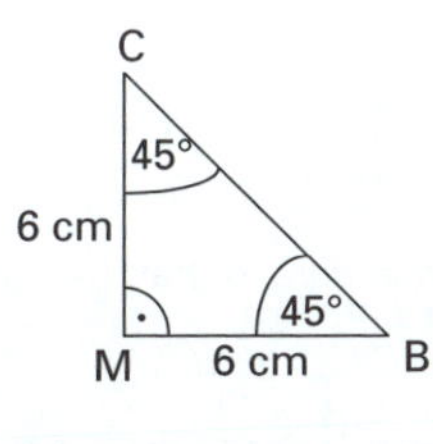

Berechnung von $\overline{AM}$ mit dem Satz des Pythagoras:

$$a^2 + b^2 = c^2$$

$$\overline{AM}^2 + \overline{MB}^2 = \overline{AB}^2 \quad | -\overline{MB}^2$$
$$\overline{AM}^2 = \overline{AB}^2 - \overline{MB}^2$$
$$\overline{AM}^2 = (12\text{ cm})^2 - (6\text{ cm})^2 \quad | \sqrt{\ }$$
$$\overline{AM} = 10{,}39\text{ cm}$$

$$\Rightarrow \quad \overline{AC} = \overline{AM} + \overline{MC}$$
$$\overline{AC} = 10{,}39\text{ cm} + 6\text{ cm}$$
$$\overline{AC} = 16{,}39\text{ cm}$$

▶ Flächeninhalt im Drachenviereck:

$$A = \frac{1}{2}\overline{AC} \cdot \overline{BD}$$

$$A = \frac{1}{2} \cdot 16{,}39\text{ cm} \cdot 12\text{ cm}$$
$$A = 98{,}34\text{ cm}^2$$

Aufgabe 8

▶ Berechnung des (voraussichtlichen) prozentualen Anstiegs der Bevölkerung in Afrika, Asien und in der gesamten Welt von 2010 bis 2050:

Afrika: 1998 – 1033 = 965

$$W = G \cdot \frac{p}{100}$$
$$965 = 1033 \cdot \frac{p}{100} \quad | : 1033 \quad | \cdot 100$$
$$p = 93{,}4\ \%$$

Die Einwohnerzahl Afrikas wird in dem Zeitraum voraussichtlich um 93,4 % ansteigen.

Asien: 5231 – 4167 = 1064

$$W = G \cdot \frac{p}{100}$$
$$1064 = 4167 \cdot \frac{p}{100} \quad | : 4167 \quad | \cdot 100$$
$$p = 25{,}5\ \%$$

Die Einwohnerzahl Asiens wird in dem Zeitraum voraussichtlich um 25,5 % ansteigen.

Welt gesamt: 9148 – 6910 = 2238

$$W = G \cdot \frac{p}{100}$$
$$2238 = 6910 \cdot \frac{p}{100} \quad | : 6910 \quad | \cdot 100$$
$$p = 32{,}4\ \%$$

Die Weltbevölkerung wird in dem Zeitraum voraussichtlich um 32,4 % ansteigen.

- Berechnung der 2010 in Afrika lebenden Menschen, die keinen Zugang zu sauberem Trinkwasser hatten:

  1. Berechnung von 10 % der Weltbevölkerung:
     10 % von 6910 = 691
  2. Berechnung der Anzahl an in Afrika lebenden Menschen ohne Zugang zu sauberem Trinkwasser:
     40 % von 691 = 691 · 0,4 = 276,4

  Im Jahr 2010 hatten etwa 276,4 Millionen in Afrika lebende Menschen keinen Zugang zu sauberem Trinkwasser.

  Berechnung des prozentualen Anteils der in Afrika lebenden Menschen ohne Zugang zu sauberem Trinkwasser an der Gesamtbevölkerung Afrikas im Jahr 2010:

$$W = G \cdot \frac{p}{100}$$
$$276{,}4 = 1033 \cdot \frac{p}{100} \qquad | : 1033 \qquad | \cdot 100$$
$$p = 26{,}8\ \%$$

  Im Jahr 2010 hatten etwa 26,8 % der Bevölkerung Afrikas keinen Zugang zu sauberem Trinkwasser.

Teil B

Aufgabe 1

a) Vorbemerkungen: Da es sich bei ABCD um ein Parallelogramm handelt, gilt Folgendes:

  1. $\overline{DC} = \overline{AB}$ und $\overline{AD} = \overline{BC}$
  2. Die jeweils gegenüberliegenden Innenwinkel des Parallelogramms sind gleich groß.

- Berechnung des Winkels β:
  1. Wenn der Innenwinkel bei A mit α bezeichnet wird, dann gilt im Dreieck AFD:

$$\alpha + \delta + 90° = 180° \qquad \text{(Winkelsummensatz für Dreiecke)}$$
$$\alpha + 20° + 90° = 180°$$
$$\alpha + 110° = 180° \qquad | - 110°$$
$$\alpha = 70°$$

  2. Der Innenwinkel bei C sei mit γ bezeichnet. Im Parallelogramm sind gegenüberliegende Winkel gleich groß. Deshalb gilt:
     $\gamma = \alpha = 70°$
     Dann gilt im Dreieck BCE:

$$\varepsilon + \beta + \gamma = 180° \qquad \text{(Winkelsummensatz für Dreiecke)}$$
$$40° + \beta + 70° = 180°$$
$$\beta + 110° = 180° \qquad | - 110°$$
$$\beta = 70°$$

- Berechnung der Länge der Strecke $\overline{BC}$:
  Im rechtwinkligen Dreieck AFD gilt:

1.
$$\sin(\delta) = \frac{\overline{AF}}{\overline{AD}}$$
$$\sin(20°) = \frac{3}{\overline{AD}} \qquad | \cdot \overline{AD}$$
$$\overline{AD} \cdot \sin(20°) = 3 \qquad | : \sin(20°)$$
$$\overline{AD} = \frac{3}{\sin(20°)}$$
$$\overline{AD} = 8{,}8 \text{ cm}$$

2. Damit gilt im Parallelogramm: $\overline{AD} = \overline{BC} = 8{,}8$ cm

- Berechnung des Umfangs des Parallelogramms:

$u = \overline{AB} + \overline{BC} + \overline{CD} + \overline{DA}$
$u = 9 + 8{,}8 + 9 + 8{,}8$ (Im Parallelogramm gilt: $\overline{DC} = \overline{AB}$)
$u = 35{,}6$ cm

b)

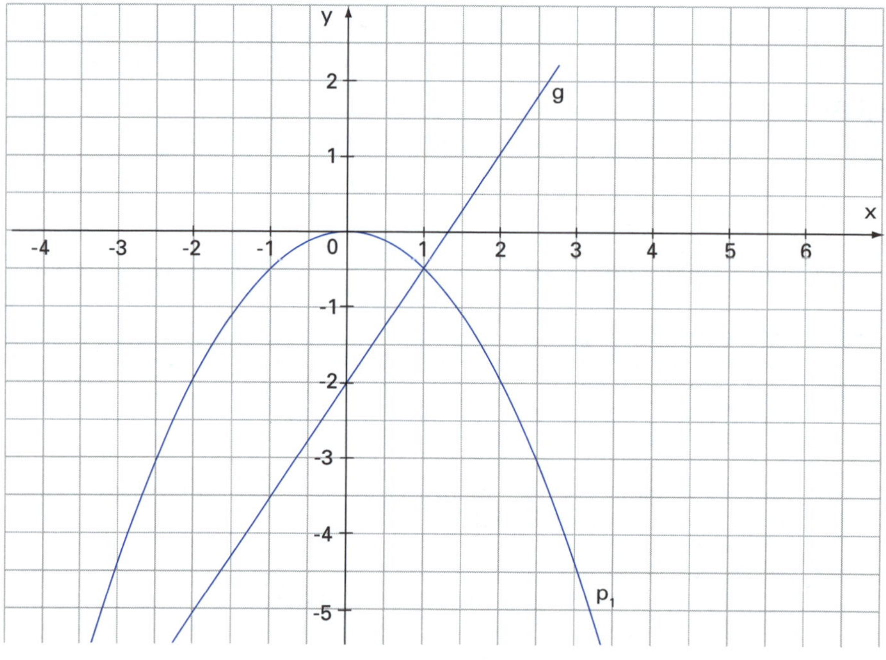

Bestimmung der Parabelgleichungen für p_2, p_3 und p_4:
p_2: $y = -2x^2$
p_3: $y = -2x^2 - 2{,}5$
p_4: $y = 2x^2 + 2{,}5$

Berechnung der Schnittpunkte von p_1 und g:
Gleichsetzen der Geradengleichung und der Parabelgleichung ergibt:

$$-0{,}5x^2 = 1{,}5x - 2 \qquad | - 1{,}5x \qquad | + 2$$
$$-0{,}5x^2 - 1{,}5x + 2 = 0 \qquad | \cdot (-2)$$
$$x^2 + 3x - 4 = 0 \qquad | \text{ Lösungsformel}$$

$$x_{1,2} = -\frac{3}{2} \pm \sqrt{\left(\frac{3}{2}\right)^2 - (-4)}$$
$$x_{1,2} = -\frac{3}{2} \pm \sqrt{\frac{9}{4} + 4}$$
$$x_{1,2} = -\frac{3}{2} \pm \sqrt{\frac{9}{4} + \frac{16}{4}}$$
$$x_{1,2} = -\frac{3}{2} \pm \sqrt{\frac{25}{4}}$$
$$x_{1,2} = -\frac{3}{2} \pm \frac{5}{2}$$
$$x_1 = -\frac{3}{2} + \frac{5}{2} = \frac{2}{2} = 1$$
$$x_2 = -\frac{3}{2} - \frac{5}{2} = -\frac{8}{2} = -4$$

Einsetzen der beiden gefundenen Lösungen x_1 und x_2 z. B. in die Geradengleichung ergibt:

$$y_1 = 1{,}5x_1 - 2 = 1{,}5 \cdot 1 - 2 = -0{,}5$$
$$y_2 = 1{,}5x_2 - 2 = 1{,}5 \cdot (-4) - 2 = -8$$

Damit gilt für die beiden Schnittpunkte: A (1 | -0,5) und B (-4 | -8).

Aufgabe 2

a) $V_{Ke} = \frac{1}{3} r^2 \pi \cdot h$ $M = r \pi s$

1. Schritt:
Berechnung der Höhe h:

$$\tan(50°) = \frac{4\text{ cm}}{h}$$
$$h = \frac{4\text{ cm}}{\tan(50°)}$$
$$h = 3{,}36\text{ cm}$$

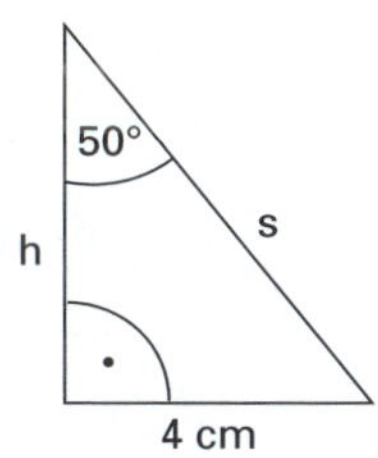

2. Schritt:
Berechnung der Mantellinie s:

I. Möglichkeit

$\sin 50° = \frac{4\ cm}{s}$

$s = \frac{4\ cm}{\sin 50°}$

$s = 5{,}22\ cm$

II. Möglichkeit

$s^2 = (4\ cm)^2 + (3{,}36\ cm)^2$

$s = 5{,}22\ cm$

3. Schritt:
Berechnung des Volumens V:

$V = \frac{1}{3} \cdot (4\ cm)^2\ \pi \cdot 3{,}36\ cm$

$V = 56{,}30\ cm^3$

4. Schritt:
Berechnung des Inhalts der Mantelfläche M:

$M = 4\ cm \cdot \pi \cdot 5{,}22\ cm$
$M = 65{,}60\ cm^2$

b) Berechnung des Kugelvolumens:

$V_K = \frac{4}{3} \cdot \pi \cdot r^3$

$V_K = \frac{4}{3} \cdot \pi \cdot 6^3$

$V_K = 904{,}78\ cm^3$

Berechnung des prozentualen Anteils des leer bleibenden Raumes an dem Gesamtvolumen des Zylinders:

1. Berechnung des Zylindervolumens:
   Die Höhe des Zylinders ist doppelt so groß wie der Radius des Zylinders bzw. der Kugel, d. h. es gilt: $h = 2r$

   $V_Z = \pi \cdot r^2 \cdot h$
   $V_Z = \pi \cdot r^2 \cdot 2r$
   $V_Z = \pi \cdot 6^2 \cdot 2 \cdot 6$
   $V_Z = 1357{,}17\ cm^3$

2. Berechnung des prozentualen Anteils des leer bleibenden Raumes an dem Gesamtvolumen des Zylinders:
   Das Volumen des leer bleibenden Raumes V_{leer} berechnet sich wie folgt:

   $V_{leer} = V_Z - V_K$
   $V_{leer} = 1357{,}17 - 904{,}78$
   $V_{leer} = 452{,}39\ cm^3$

   $W = G \cdot \frac{p}{100}$

   $452{,}39 = 1357{,}17 \cdot \frac{p}{100}$ | : 1357,17 | · 100

   $p = 33{,}3\ \%$

Prüfungen

Berechnung des Inhalts der Gesamtfläche A, die lackiert werden muss:

1. Oberflächeninhalt der Kugel:

$O_K = 4 \cdot \pi \cdot r^2$

$O_K = 4 \cdot \pi \cdot 6^2$

$O_K = 452{,}39\ cm^2$

2. Oberflächeninhalt des Zylinders:

$O_Z = 2 \cdot \pi \cdot r \cdot (r + h)$

$O_Z = 2 \cdot \pi \cdot r \cdot (r + 2r)$

$O_Z = 2 \cdot \pi \cdot 6 \cdot (6 + 12)$

$O_Z = 678{,}58\ cm^2$

3. Gesamtfläche A:

$A = O_K + O_Z$

$A = 452{,}39 + 678{,}58$

$A = 1130{,}97\ cm^2$

Der Flächeninhalt der Gesamtfläche, die lackiert werden muss, beträgt etwa 1131 cm^2.

Aufgabe 3

a) Die durchschnittliche Geschwindigkeit in $\frac{km}{h}$ wird mit dem Dreisatz berechnet.

Pkw Russo

3 Std. 22,5 min = 202,5 min

$: 202{,}5 \quad 202{,}5\ min \triangleq 270\ km \quad : 202{,}5$

$1\ min \triangleq \frac{270}{202{,}5}\ km$

$\cdot 60 \quad 60\ min \triangleq \frac{270 \cdot 60}{202{,}5}\ km \quad \cdot 60$

$1\ h \triangleq 80\ km$

$\Rightarrow \quad v_R = 80\ \frac{km}{h}$

Pkw Kraus

2,5 Std. = 150 min

$: 150 \quad 150\ min \triangleq 225\ km \quad : 150$

$1\ min \triangleq \frac{225}{150}\ km$

$\cdot 60 \quad 60\ min \triangleq \frac{225 \cdot 60}{150}\ km \quad \cdot 60$

$1\ h \triangleq 90\ km$

$\Rightarrow \quad v_K = 90\ \frac{km}{h}$

Herr Russo fährt mit 80 $\frac{km}{h}$, Herr Kraus fährt mit 90 $\frac{km}{h}$.

Rechnerische Lösung

Pkw Russo: v_1; t_1; s_1

$v_1 = 80\ \frac{km}{h}$

Pkw Kraus: v_2; t_2; s_2

$v_2 = 90\ \frac{km}{h}$

Benötigte Formeln

$v = \frac{s}{t}$ aufgelöst nach s: $s = v \cdot t$

v = Geschwindigkeit
s = Weg
t = Zeit

Bis zum Treffpunkt legen beide Pkws den gleichen Weg zurück: $s_1 = s_2$

Bis zum Treffpunkt braucht Herr Kraus 15 min = $\frac{1}{4}$ Std. weniger: $t_2 = t_1 - \frac{1}{4}$ h

$s_1 = v_1 \cdot t_1$ $\qquad$ $s_2 = v_2 \cdot t_2$

$t_2 = t_1 - \frac{1}{4}\,h$

$\Downarrow$

$s_1 = 80\,\frac{km}{h} \cdot t_1$ $\qquad$ $s_2 = 90\,\frac{km}{h} \cdot \left(t_1 - \frac{1}{4}\,h\right)$

$s_1 = s_2$

$80\,t_1 = 90 \cdot (t_1 - \frac{1}{4}\,h)$

$80\,t_1 = 90\,t_1 - 22{,}5\,h \qquad | - 90\,t_1$

$-10\,t_1 = -22{,}5\,h \qquad | : (-10)$

$t_1 = 2{,}25\,h$

$t_1 = 2\,\frac{1}{4}\,h$

10.00 Uhr + $2\,\frac{1}{4}$ h = 12.15 Uhr

Herr Kraus holt Herrn Russo um 12.15 Uhr ein.

Berechnung des zurückgelegten Weges:

$s_1 = 80\,\frac{km}{h} \cdot 2\,\frac{1}{4}\,h$

$s_1 = 180\,km$

Beide Pkws haben 180 km zurückgelegt.

b) Bei beiden Angeboten handelt es sich um lineare Zusammenhänge zwischen den gefahrenen Kilometern (bzw. der Entfernung Stuttgart – Campingplatz) und den Gesamtkosten für das/die Auto(s).

Bestimmung der Funktionsgleichung y = mx + b für Angebot 1:

x: einfache Entfernung Stuttgart – Campingplatz (in km)
y: Gesamtkosten für den Kleinbus (in €)

Berechnung des y-Achsenabschnitts b:
Der y-Achsenabschnitt b entspricht der Leihgebühr für 2 Tage, also 2 · 35 € = 70 €.

Berechnung der Steigung m:
Da die Studierenden mit dem Kleinbus die Entfernung Stuttgart – Campingplatz einmal hin- und einmal zurückfahren, zahlen sie pro einfachem Entfernungskilometer $2 \cdot 0{,}40\ € = 0{,}80\ €$.
Dieser Betrag entspricht dann der Steigung m in der Geradengleichung $y = mx + b$.

Damit lautet die Funktionsgleichung für Angebot 1: $y = 0{,}8x + 70$

Bestimmung der Funktionsgleichung $y = mx + b$ für Angebot 2:

x: einfache Entfernung Stuttgart – Campingplatz (in km)
y: Gesamtkosten für beide Kleinwagen zusammen (in €)

Berechnung des y-Achsenabschnitts b:
Der y-Achsenabschnitt b entspricht der Leihgebühr für 2 Autos für jeweils 2 Tage, also $4 \cdot 30\ € = 120\ €$.

Berechnung der Steigung m:
Da die Studierenden mit jedem der beiden Kleinwagen die Entfernung Stuttgart – Campingplatz jeweils einmal hin- und einmal zurückfahren, zahlen sie pro einfachem Entfernungskilometer $4 \cdot 0{,}15\ € = 0{,}60\ €$. Dieser Betrag entspricht dann der Steigung m in der Geradengleichung $y = mx + b$.

Damit lautet die Funktionsgleichung für Angebot 2: $y = 0{,}6x + 120$

Bestimmung des Schnittpunktes der beiden Geradengleichungen:

$0{,}8x + 70 = 0{,}6x + 120 \quad | -0{,}6x - 70$
$0{,}2x = 50 \quad | \cdot 5$
$x = 250$

Dieses Zwischenergebnis bedeutet:
Bei einer einfachen Entfernung Stuttgart – Campingplatz von 250 km wären die Gesamtkosten beider Angebote gleich, und zwar $0{,}8\ € \cdot 250 + 70\ € = 270\ €$.

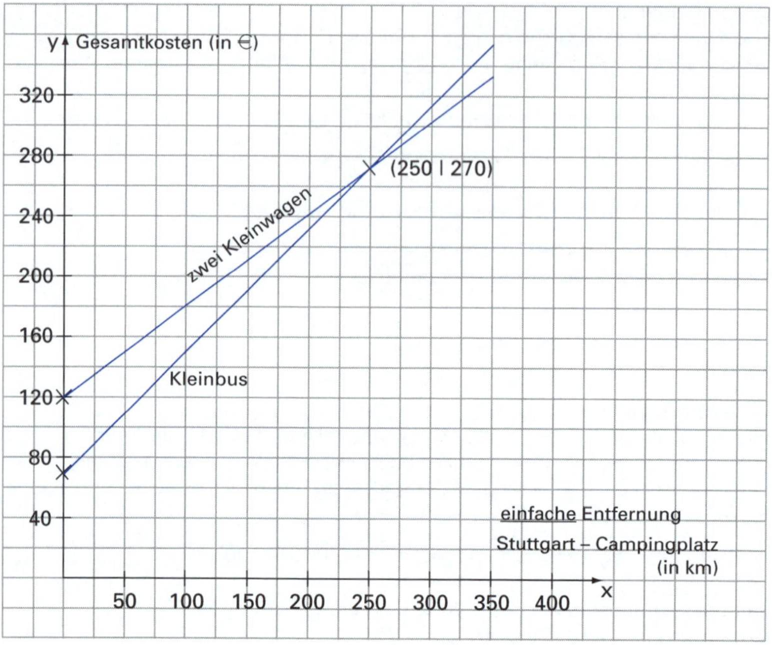

Die Zeichnung zeigt: Angebot 2 (zwei Kleinwagen) ist ab einer Entfernung von 250 km günstiger.

Teil A1

Aufgabe 1

Berechnung des Mittelwerts:

$$\frac{-4 + (-3) + (-2) + 0 + 1 + 2 + (-1)}{7} = \frac{-7}{7} = -1$$

Mittelwert: -1 °C
Minimalwert: -4 °C
Maximalwert: 2 °C

Aufgabe 2

$x^2 + 22x + 21 = 0$ | Lösungsformel

$x_{1,2} = -\frac{22}{2} \pm \sqrt{\left(-\frac{22}{2}\right)^2 - 21}$ | zusammenfassen

$x_{1,2} = -11 \pm \sqrt{(-11)^2 - 21}$ | zusammenfassen

$x_{1,2} = -11 \pm \sqrt{121 - 21}$ | zusammenfassen

$x_{1,2} = -11 \pm \sqrt{100}$ | zusammenfassen

$x_{1,2} = -11 \pm 10$

Damit gilt:

$x_1 = -11 + 10$ $x_2 = -11 - 10$
$x_1 = -1$ $x_2 = -21$

Aufgabe 3

☒ 3,5 m

$\pi \cdot r^2 = 38{,}5$
Überschlag: $3 \cdot r^2 \approx 39$ | : 3
$r^2 \approx 13$ | $\sqrt{\ }$
$r \approx \sqrt{13}$

Der Radius r muss zwischen 3 und 4 liegen, da $3^2 = 9$ (also $\sqrt{9} = 3$) und $4^2 = 16$ (also $\sqrt{16} = 4$) ist. Damit kann die Länge des Minutenzeigers nur 3,5 m sein.

Aufgabe 4

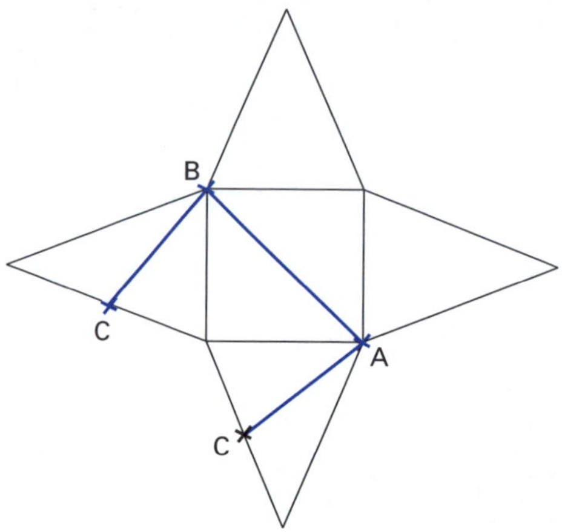

Aufgabe 5

Konstruktionsbeschreibung:

1. Zeichne $\overline{AB}$ = 6 cm.
2. Zeichne im Abstand von 3,5 cm eine Parallele g zur Strecke $\overline{AB}$.
3. Zeichne am Punkt A mithilfe des Zirkels einen Kreisbogen mit r = 4 cm (= b).
4. Benenne die Schnittpunkte von g und dem Kreisbogen mit C_1 und C_2.
5. Verbinde A und B mit C_1 bzw. C_2.

Bemerkung:

Wie die Zeichnung zeigt, gibt es hier zwei verschiedene, nicht-kongruente Lösungsdreiecke ABC_1 und ABC_2. In der Lösung der Aufgabe ist aber nur eines der beiden Dreiecke verlangt.

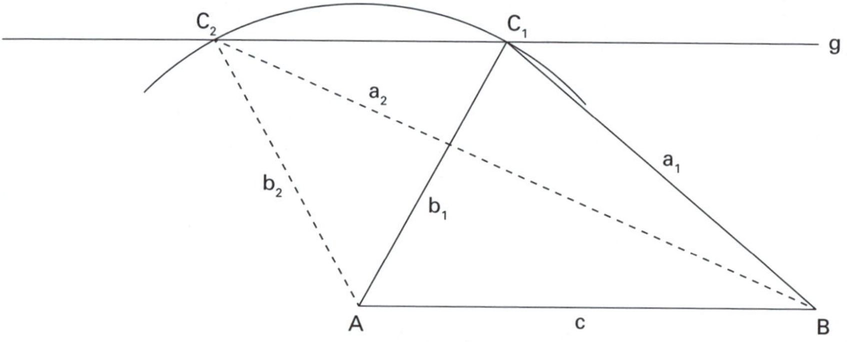

Aufgabe 6

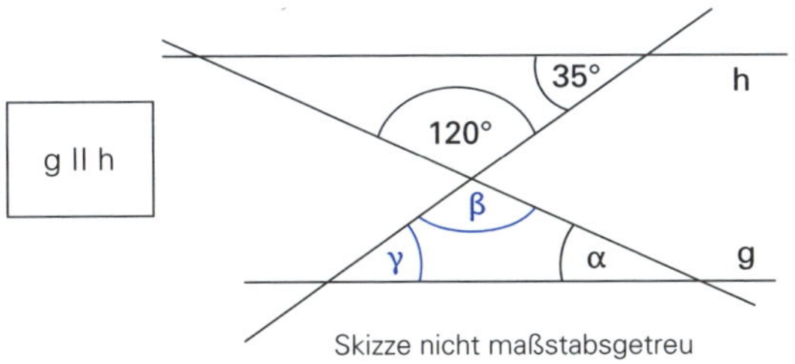

Skizze nicht maßstabsgetreu

β = 120° (Scheitelwinkel)
γ = 35° (Wechselwinkel an zwei Parallelen)

$\alpha = 180° - \beta - \gamma$ (Winkelsumme im Dreieck)
$= 180° - 120° - 35°$
$= 25°$

Damit gilt: $\alpha = 25°$

Aufgabe 7

☒ 7,1

Da $7^2 = 49$ (also $\sqrt{49} = 7$) und $8^2 = 64$ (also $\sqrt{64} = 8$) ist, muss $\sqrt{50}$ zwischen 7 und 8 und zudem deutlich näher an der 7 als an der 8 liegen. Folglich kann nur gelten: $\sqrt{50} \approx 7{,}1$

Aufgabe 8

☒ $\sin \alpha = \frac{a}{c}$

Aufgabe 9

Wahrscheinlichkeit dafür, dass eine deutsche Münze (unabhängig von „Zahl" oder „Kopf") gezogen wird: $\frac{6}{10}$

Wahrscheinlichkeit dafür, dass eine deutsche gezogene Münze mit „Zahl" oben erscheint: $\frac{1}{2}$

Gesuchte Wahrscheinlichkeit nach den Pfadregeln zweistufiger Zufallsversuche:

$$\frac{6}{10} \cdot \frac{1}{2} = \frac{3}{10} = \frac{30}{100} = 30\ \%$$

Aufgabe 10

☒ $y_2 = -x^2 - 1$

Die abgebildete Parabel y_1 hat folgende Eigenschaften:

- Der Scheitel ist S (0 I 1).
- Sie ist nach oben geöffnet.
- Da man vom Scheitel eine Einheit nach rechts und eine Einheit nach oben geht, um zu einem weiteren Punkt der Parabel zu gelangen, handelt es sich um eine Normalparabel.

Aus den drei genannten Eigenschaften der Parabel y_1 folgt, dass für ihre Funktionsgleichung gilt:
$y_1 = x^2 + 1$

Spiegelt man also die Parabel y_1 an der x-Achse, dann ist der Spiegelpunkt des Scheitels und damit der Scheitelpunkt der neuen Parabel y_2 der Punkt S_2 (0 I -1). Zudem bewirkt die Spiegelung an der x-Achse, dass die Parabel y_2 nach unten geöffnet ist. Aus diesen Eigenschaften der Parabel y_2 folgt: $y_2 = -x^2 - 1$

Teil A2

Aufgabe 1

g = graue Kugel w = weiße Kugel

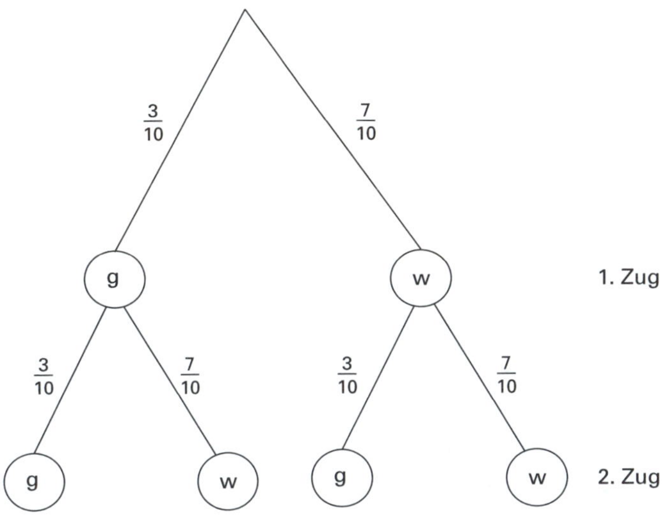

Für das Ereignis, zwei weiße Kugeln hintereinander zu ziehen, ergibt sich eine Wahrscheinlichkeit von fast 50 %:

$P(w; w) = \frac{7}{10} \cdot \frac{7}{10} = \frac{49}{100} = 49\ \%$

Aufgabe 2

Berechnung der Strecke $\overline{AB}$:

$\overline{AB} = \overline{AE} - 30 = 117 - 30 = 87$

Also gilt: $\overline{AB} = 87$ m

Berechnung der Strecke $\overline{CS}$:

Die Strecke $\overline{CS}$ lässt sich mithilfe einer Strahlensatzfigur berechnen. Dafür werden die Strahlen SA bzw. SK und SC bzw. SB sowie die beiden Parallelen AC und BK betrachtet. In dieser Strahlensatzfigur gilt folgende Gleichung:

$\frac{\overline{CS}}{\overline{SB}} = \frac{\overline{AC}}{\overline{BK}}$ | Einsetzen von $\overline{AC}$, $\overline{BK}$ und $\overline{SB}$

$\frac{\overline{CS}}{40} = \frac{120}{70}$ | · 40

$\overline{CS} = 40 \cdot \frac{120}{70}$

$\overline{CS} = 68{,}6$ m

Aufgabe 3

Berechnung der Zinsen für Angebot 2003:

Gegeben:

$K_0 = 5000;\ n = 3;\ q = \left(1 + \frac{5,5}{100}\right) = 1,055$

Gesucht: Z_{2003}

$K_3 = 5000 \cdot 1,055^3$
$K_3 = 5871,21\ €$

Das Endkapital ist 5871,21 €. Damit betragen die gezahlten Zinsen Z_{2003}:
$Z_{2003} = 5871,21\ € - 5000\ € = 871,21\ €$

Berechnung der Zinsen für Angebot 2020:

$K_0 = 5000$
$K_1 = 5000 \cdot 1,006$
$K_2 = 5000 \cdot 1,006 \cdot 1,006$
$K_3 = 5000 \cdot 1,006 \cdot 1,006 \cdot 1,015$
$K_3 = 5136,08\ €$

Das Endkapital ist 5136,08 €. Damit betragen die gezahlten Zinsen Z_{2020} :
$Z_{2020} = 5136,08\ € - 5000\ € = 136,08\ €$

Damit wurden bei Angebot 2020 insgesamt 735,13 € (= 871,21 € – 136,08 €) weniger Zinsen bezahlt als bei Angebot 2003.

Formeln zur Berechnung der Zellen D4 und E4:
D4: =B4*0,024
E4: =B4+D4

Aufgabe 4

Berechnung des Kegelvolumens:

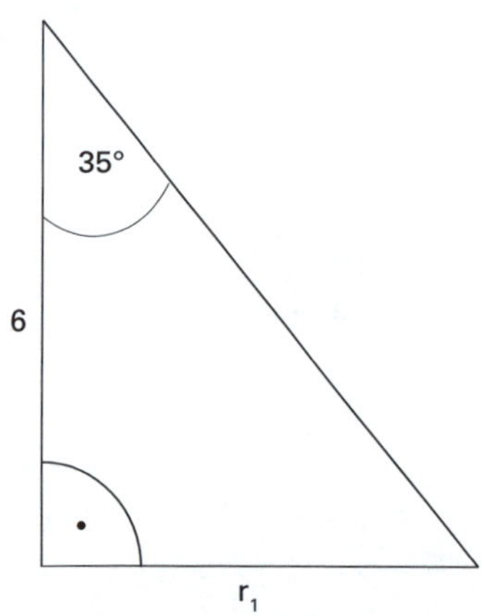

$\tan 35° = \frac{r_1}{6}$ | · 6

$6 \cdot \tan 35° = r_1$ | · 6

$r_1 = 4{,}2$ cm

$V_K = \frac{1}{3} \cdot \pi \cdot r_1^2 \cdot h_1$

$V_K = \frac{1}{3} \cdot \pi \cdot 4{,}2^2 \cdot 6$

$V_K = 110{,}8$ cm³

Berechnung des Radius r_2:

Für die Zylinderhöhe h_2 gilt:

$h_2 = 12 - h_1$

$h_2 = 12 - 6$

$h_2 = 6$ cm

$V_Z = \pi \cdot r_2^2 \cdot h_2$

$169{,}7 = \pi \cdot r_2^2 \cdot 6$ | : π | : 6

$9 = r_2^2$ | $\sqrt{\ }$

$r_2 = 3$ cm

Aufgabe 5

Zugehörige Funktionsgleichung:

Die Parabel ist nach unten geöffnet und hat den Scheitel S (0 I 1,8). Damit ist die zugehörige Funktionsgleichung C: $y = -0{,}9x^2 + 1{,}8$

Mögliche Funktionsgleichung für ein Gewächshaus, das am Boden breiter ist:

Damit das Gewächshaus am Boden breiter wird, muss der zugehörige Streckfaktor in der zugehörigen Funktionsgleichung größer als der Streckfaktor (-0,9) der gegebenen Parabel, aber gleichzeitig kleiner als Null sein. Da die Höhe des Gewächshauses gleich bleibt, bleibt der Wert 1,8 in der Funktionsgleichung unverändert. Eine mögliche Funktionsgleichung wäre folglich:
$y = -0{,}5x^2 + 1{,}8$

Berechnung der x-Werte für y = 0 bei der Funktionsgleichung $y = 0{,}4x^2 - 3{,}6$:

$0{,}4x^2 - 3{,}6 = 0$ | + 3,6

$0{,}4x^2 = 3{,}6$ | : 0,4

$x^2 = 9$ | $\sqrt{\ }$

$x_1 = -3$

$x_2 = 3$

Aufgabe 6

Berechnung der Durchschnittsgeschwindigkeit in km/h:

Durchschnittsgeschwindigkeit in m/s: 145 : 18,3 = 7,92
Die Durchschnittsgeschwindigkeit beträgt 7,92 m/s.

Umrechnung von 7,92 m/s in die Einheit km/h:

7,92 m/s = (7,92 · 3600) m/h = 28 512 m/h
28 512 m/h = (28 512 : 1000) km/h = 28,512 km/h

Die Durchschnittsgeschwindigkeit beträgt etwa 28,5 km/h.

Berechnung der Eintrittspreise:

x steht für den Eintrittspreis eines Erwachsenen.
y steht für den Eintrittspreis eines Kindes.
Aus den Angaben im Text kann man das folgende lineare Gleichungssystem aufstellen:
(I) $4x + 2y = 64$
(II) $2x + 2y = 40$

Lösung mit dem Additionsverfahren:

Multiplizieren von Gleichung (II) mit (-1) ergibt:
(I) $4x + 2y = 64$
(IIa) $-2x - 2y = -40$

Addieren der beiden Gleichungen (I) und (IIa) ergibt:

$2x = 24$ | : 2
$x = 12$

Einsetzen des Wertes x = 12 in (z. B.) Gleichung (I) ergibt:

$48 + 2y = 64$ | – 48
$2y = 16$ |: 2
$y = 8$

Antwort: Der Eintrittspreis eines Erwachsenen beträgt 12 €, der Eintrittspreis eines Kindes 8 €.

Aufgabe 7

Einzeichnen des Dreiecks und der Höhe h_b:

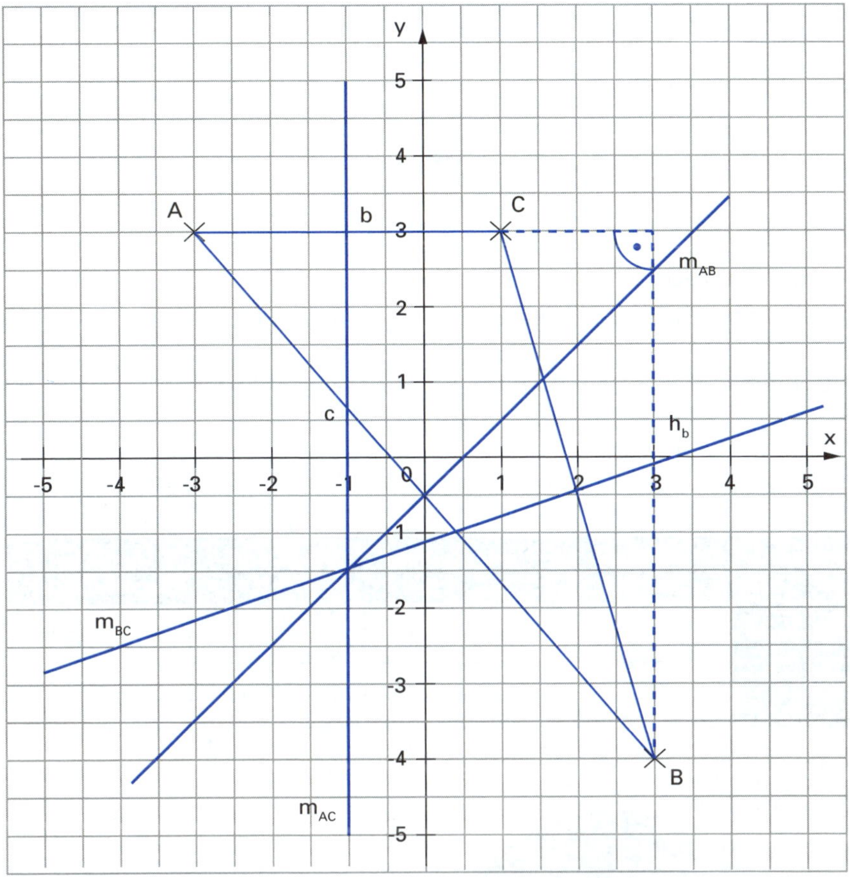

Berechnung des Flächeninhalts:

$A = 0{,}5 \cdot b \cdot h_b$
$A = 0{,}5 \cdot 4 \cdot 7$
$A = 14\ cm^2$

Überprüfung der Aussage:
Die Aussage ist richtig. Wie die Zeichnung zeigt, liegt der Schnittpunkt der drei Mittelsenkrechten m_{AB}, m_{AC} und m_{BC} tatsächlich außerhalb des Dreiecks.

Aufgabe 8

Berechnung der Menge an Erdöl, die 2016 weltweit gefördert wurde:

Der gesuchte Wert für 2016 wird mit x bezeichnet. Dann gilt gemäß der Berechnung eines Mittelwertes folgende Gleichung:

$$\frac{4450 + x + 4516 + 4630}{4} = 4527 \qquad | \cdot 4$$

$$4450 + x + 4516 + 4630 = 18\,108 \qquad | \text{ zusammenfassen}$$

$$13\,596 + x = 18\,108 \qquad | -13\,596$$

$$x = 4512$$

Im Jahr 2016 wurden weltweit 4512 Mio. t Erdöl gefördert.

Kreisdiagramm zur Erdölförderung in Deutschland:

Menge an Öl, das 2019 in den restlichen Bundesländern gefördert wurde:
$2 - 1 - 0{,}7 - 0{,}15 = 0{,}15$

Im Jahr 2019 wurden in den restlichen Bundesländern 0,15 Mio. t Erdöl gefördert.

Kreisdiagramm:

Als Vorbereitung für das Kreisdiagramm werden zunächst die Anteile (z. B. in Prozent) und mit deren Hilfe die zugehörigen Mittelpunktswinkel für die einzelnen Bundesländer berechnet.

Bundesland	Schleswig-Holstein	Niedersachsen	Rheinland-Pfalz	restliche Bundesländer
Anteil (in Prozent)	$\frac{1}{2} = 50\ \%$	$\frac{0{,}7}{2} = 35\ \%$	$\frac{0{,}15}{2} = 7{,}5\ \%$	$\frac{0{,}15}{2} = 7{,}5\ \%$
Mittelpunkts-winkel	$0{,}5 \cdot 360° = 180°$	$0{,}35 \cdot 360° = 126°$	$0{,}075 \cdot 360° = 27°$	$0{,}075 \cdot 360° = 27°$

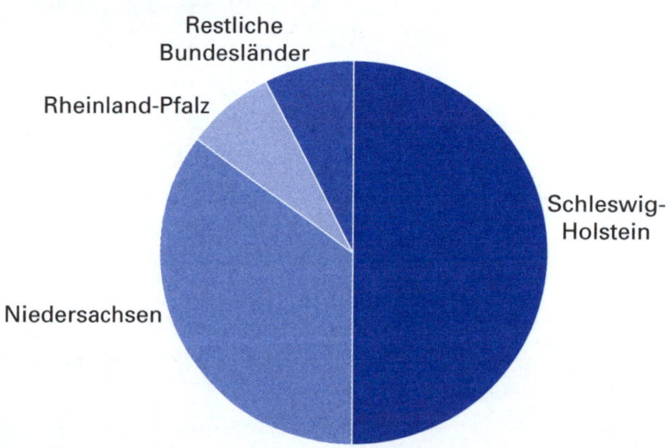

Teil B

Aufgabe 1

a) Berechnung des Oberflächeninhalts des „Fußballs“:

Für den Umfang u des Schnittkreises des „Fußballs“ gilt:

$u = 2 \cdot \pi \cdot r$

$4{,}7 = 2 \cdot \pi \cdot r \qquad | : 2 \quad | : \pi$

$r = 0{,}75\ \text{m}$

Damit gilt für den Oberflächeninhalt des „Fußballs“:

$O = 4 \cdot \pi \cdot r^2$

$O = 4 \cdot \pi \cdot 0{,}75^2$

$O = 7{,}07\ \text{m}^2$

Der Oberflächeninhalt des „Fußballs“ beträgt etwa 7,1 m^2.

Berechnung des Gewichts des „Fußballs“:

Für den Radius r_S der Styroporkugel gilt:

$r_S = 1{,}4 : 2$

$r_S = 0{,}7\ \text{m}$

Für das Volumen des „Fußballs“ gilt:

$V_{\text{Fußball}} = V_{\text{Styroporkugel}} + V_{\text{Leichtbeton}}$

Damit gilt für das Volumen $V_{\text{Leichtbeton}}$ der Leichtbetonhülle:

$V_{\text{Leichtbeton}} = V_{\text{Fußball}} - V_{\text{Styroporkugel}}$

$V_{\text{Leichtbeton}} = \frac{4}{3} \cdot \pi \cdot r^3 - \frac{4}{3} \cdot \pi \cdot r_S^3$

$V_{\text{Leichtbeton}} = \frac{4}{3} \cdot \pi \cdot 0{,}75^3 - \frac{4}{3} \cdot \pi \cdot 0{,}7^3$

$V_{\text{Leichtbeton}} = 0{,}3304\ \text{m}^3$

Für das Gewicht m_L der Leichtbetonhülle gilt:

$m_L = 1050 \cdot 0{,}3304$

$m_L = 346{,}92\ \text{kg}$

Das Gewicht G_F des „Fußballs“ ist die Summe des Gewichts m_S der Styroporkugel und des Gewichts m_L der Leichtbetonhülle, also gilt:

$m_F = m_S + m_L$

$m_F = 21{,}54 + 346{,}92$

$m_F = 368{,}46\ \text{kg}$

Antwort: Das Gewicht des „Fußballs“ beträgt etwa 368,5 kg.

Prüfungen

Berechnung der Winkel α und β:

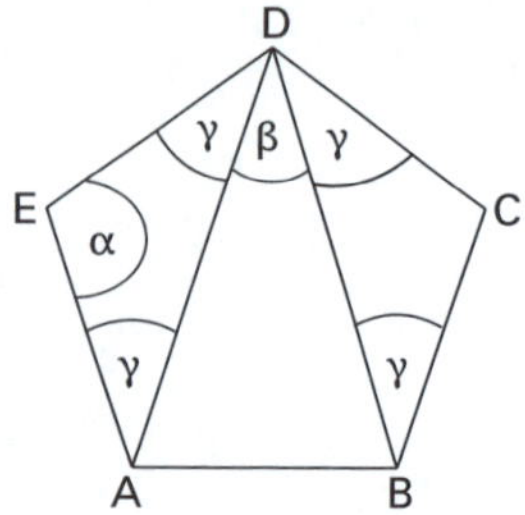

Für die Winkelsumme W im Fünfeck gilt:
$W = 3 \cdot 180° = 540°$

Berechnung von α:

$\alpha = 540° : 5$
$\alpha = 108°$

Berechnung von β:

1. Schritt:
Die Dreiecke ADE und BCD sind kongruent (Kongruenzsatz: SWS) und gleichschenklig (da in diesem gleichmäßigen Fünfeck gilt: $\overline{AE} = \overline{ED} = \overline{DC} = \overline{CB}$). Deshalb sind die vier eingezeichneten Winkel (Bezeichnung: γ) alle gleich groß.

2. Schritt:
Für γ gilt: $\alpha + 2\gamma = 180°$ (Winkelsumme im Dreieck)
$108° + 2\gamma = 180°$ | $-108°$
$2\gamma = 72°$ | $:2$
$\gamma = 36°$

3. Schritt:
Für β gilt: $2\gamma + \beta = 108°$
$72° + \beta = 108°$ | $-72°$
$\beta = 36°$

b) Aus den Angaben des Textes lassen sich zwei Gleichungen aufstellen:
(I) $a \cdot b = 45{,}5$
(II) $a + 2b = 20$
Umformen der zweiten Gleichung (II) nach a ergibt:
$a = 20 - 2b$
Einsetzen von $a = 20 - 2b$ in Gleichung (I) ergibt:
$(20 - 2b) \cdot b = 45{,}5$ | Klammer ausmultiplizieren
$20b - 2b^2 = 45{,}5$ | $-45{,}5$
$-2b^2 + 20b - 45{,}5 = 0$ | $:(-2)$
$b^2 - 10b + 22{,}75 = 0$ | Lösungsformel

$b_{1,2} = -\frac{-10}{2} \pm \sqrt{\left(-\frac{10}{2}\right)^2 - 22{,}75}$ | zusammenfassen

$b_{1,2} = 5 \pm \sqrt{(-5)^2 - 22{,}75}$ | zusammenfassen

$b_{1,2} = 5 \pm \sqrt{25 - 22{,}75}$ | zusammenfassen

$b_{1,2} = 5 \pm \sqrt{2{,}25}$ | zusammenfassen

$b_{1,2} = 5 \pm 1{,}5$

Damit gilt:
$b_1 = 5 + 1{,}5 = 6{,}5$; $b_2 = 5 - 1{,}5 = 3{,}5$
Es gibt zwei Lösungen für die Breite b: 6,5 m oder 3,5 m.
Durch Einsetzen der beiden Lösungen für b, z. B. in Gleichung (II), ergeben sich auch zwei Lösungen für die Länge a:
Einsetzen von b_1 in (II) ergibt:
$a_1 + 2 \cdot 6{,}5 = 20$
$a_1 + 13 = 20$ | – 13
$a_1 = 7$
Einsetzen von b_2 in (II) ergibt:
$a_2 + 2 \cdot 3{,}5 = 20$
$a_2 + 7 = 20$ | - 7
$a_2 = 13$

Insgesamt gibt es also zwei Lösungspaare:
(1) Länge a = 7 m zusammen mit der Breite b = 6,5 m
(2) Länge a = 13 m zusammen mit der Breite b = 3,5 m

Punktprobe zur Bestimmung von c mithilfe des Punktes (-2 | 10) aus der Wertetabelle:
$y = x^2 + c$
$10 = (-2)^2 + c$
$10 = 4 + c$ | - 4
$c = 6$

Also gilt: $y = x^2 + 6$

Vervollständigung der Wertetabelle:

x	-4	-3	-2	-1	0	1	2
y	22	15	10	$(-1)^2 + 6 = 7$	$0^2 + 6 = 6$	$1^2 + 6 = 7$	$2^2 + 6 = 10$

Aufgabe 2

a) Berechnung der Kreisfläche:

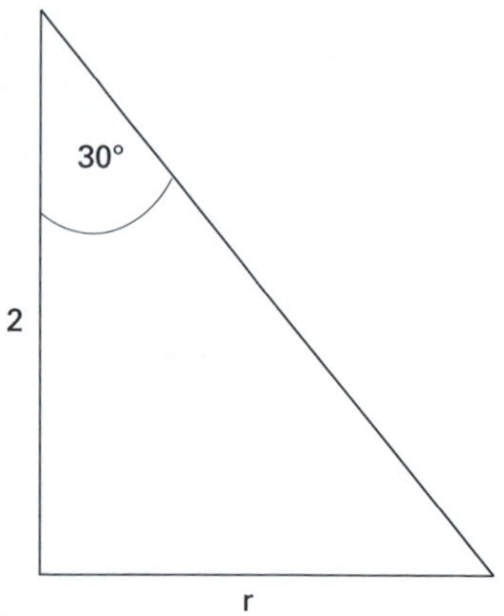

Berechnung von r (in m):

$$\tan(30°) = \frac{r}{2} \qquad | \cdot 2$$

$$2 \cdot \tan(30°) = r$$

$$r = 1{,}15\ \text{m}$$

Berechnung der Kreisfläche A:

$A = \pi \cdot r^2$

$A = \pi \cdot 1{,}15^2$

$A = 4{,}15\ \text{m}^2$

Die Kreisfläche hat einen Flächeninhalt von etwa $4{,}2\ \text{m}^2$.

Berechnung des Mindestabstands der Lampe vom Tisch:

Damit der quadratische Tisch vollständig ausgeleuchtet ist, muss die Kreisfläche den Radius $r = \frac{d}{2}$ haben.

Berechnung von d:

$d^2 = (0{,}9)^2 + (0{,}9)^2$

$d = \sqrt{2 \cdot (0{,}9)^2}$

$d = 1{,}27$

$r = \frac{d}{2} = 0{,}64\ \text{m}$

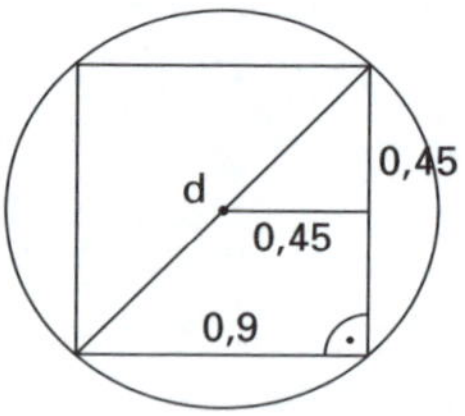

Der gesuchte Abstand der Lampe vom Tisch wird mit x bezeichnet.

Skizze:

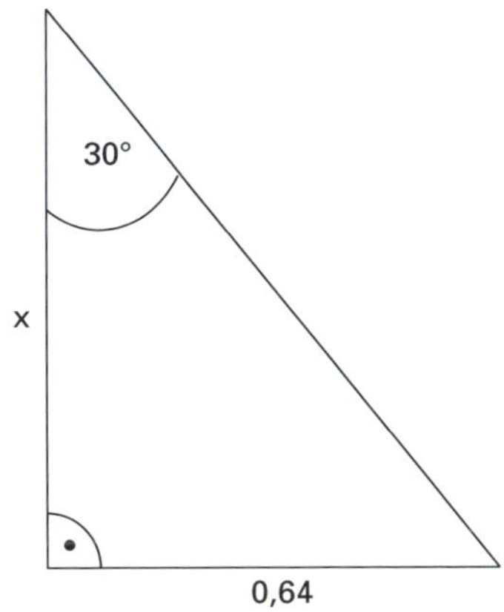

$$\tan(30°) = \frac{0{,}64}{x} \qquad | \cdot x \qquad | : \tan(30°)$$

$$x = \frac{0{,}64}{\tan(30°)}$$

$$x = 1{,}11 \text{ m}$$

Der Mindestabstand der Lampe vom Tisch beträgt etwa 1,1 m.

Berechnung der Mindestleuchtdauer für Leuchtmittel 1:

Aufstellen der Funktionsgleichungen für Leuchtmittel 1 und Leuchtmittel 2:
Leuchtmittel 1: $y = 120 + 0{,}2x$ (x als Leuchtdauer in h; y als Gesamtkosten in ct)
Leuchtmittel 2: $y = 80 + 1{,}2x$ (x als Leuchtdauer in h; y als Gesamtkosten in ct)

Bestimmung des x-Wertes für den Schnittpunkt der beiden zugehörigen Geraden:

$$120 + 0{,}2x = 80 + 1{,}2x \qquad | -120 \qquad | -0{,}2x$$

$$0 = -40 + x \qquad | +40$$

$$x = 40$$

Der x-Wert des Schnittpunkts ist also 40. Da die Gerade 1 für Leuchtmittel 1 eine geringere Steigung (0,2) hat als die Gerade 2 für Leuchtmittel 2 (1,2), werden alle y-Werte der Geraden 1 für $x > 40$ kleiner sein als die y-Werte der Geraden 2. Das bedeutet, dass sich der Einsatz von Leuchtmittel 1 ab einer Leuchtdauer von mehr als 40 Stunden im Vergleich zu Leuchtmittel 2 lohnt, da die Gesamtkosten dann geringer sind.

b) Berechnung des Winkels δ:

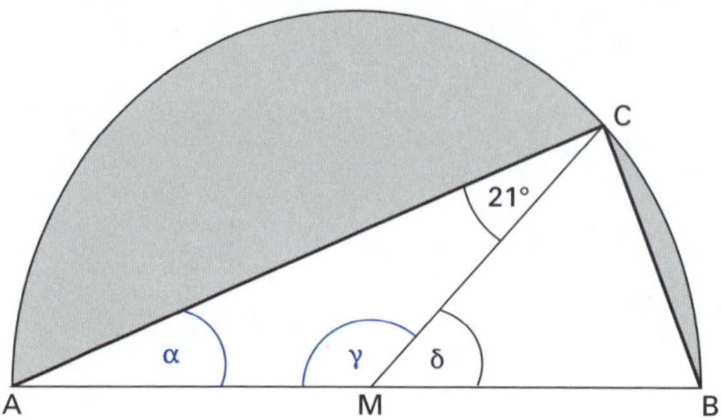

Skizze nicht maßstabsgetreu

Da die Strecken $\overline{AM}$ und $\overline{MC}$ Radien desselben Halbkreises sind, sind sie gleich lang. Damit ist das Dreieck AMC gleichschenklig. Daraus folgt, dass $\alpha = 21°$ ist. Der Winkel γ berechnet sich damit folgendermaßen:

$\gamma = 180° - 2 \cdot 21°$ (Winkelsumme im Dreieck AMC)

$\gamma = 180° - 42°$

$\gamma = 138°$

Da die Winkel γ und δ Nebenwinkel sind, gilt:

$\delta = 180° - \gamma$

$\delta = 180° - 138°$

$\delta = 42°$

Berechnung der Strecke $\overline{BC}$:

Das Dreieck ABC ist nach dem Satz des Thales rechtwinkling. Also gelten die Gleichungen der Trigonometrie.

$$\sin(\alpha) = \frac{\overline{BC}}{\overline{AB}}$$

$$\sin(21°) = \frac{\overline{BC}}{14} \qquad | \cdot 14$$

$$14 \cdot \sin(21°) = \overline{BC}$$

$$\overline{BC} = 5 \text{ cm}$$

Die Strecke $\overline{BC}$ ist etwa 5 cm lang.

Berechnung des Flächeninhalts der grauen Fläche:

Berechnung der Strecke $\overline{AC}$ mithilfe des Satzes von Pythagoras:

$$\overline{AC}^2 + \overline{BC}^2 = \overline{AB}^2 \qquad | - \overline{BC}^2$$

$$\overline{AC}^2 = \overline{AB}^2 - \overline{BC}^2$$

$$\overline{AC}^2 = 14^2 - 5^2 \qquad | \sqrt{\ }$$

$$\overline{AC} = \sqrt{14^2 - 5^2}$$

$$\overline{AC} = 13{,}08 \text{ cm}$$

Berechnung des Flächeninhalts der grauen Fläche A_g:

$A_g = A_{Halbkreis} - A_{Dreieck\ ABC}$

$A_g = 0{,}5 \cdot \pi \cdot r^2 - 0{,}5 \cdot \overline{AC} \cdot \overline{BC}$

$A_g = 0{,}5 \cdot \pi \cdot 7^2 - 0{,}5 \cdot 13{,}08 \cdot 5$

$A_g = 44{,}3\ cm^2$

Der Flächeninhalt der grauen Fläche beträgt etwa 44,3 cm^2.

Berechnung der Schnittpunkte der Parabel p und der Gerade g:

Gleichsetzen der beiden Funktionsgleichungen ergibt:

$0{,}5x^2 - 1 = 1{,}5x - 1$ | – 1,5x | + 1

$0{,}5x^2 - 1{,}5x = 0$ | ausklammern

$0{,}5x\,(x - 3) = 0$ | Satz vom Nullprodukt

$x_1 = 0;\ x_2 = 3$

Einsetzen der beiden x-Werte in z. B. die Geradengleichung ergibt:

$y_1 = 1{,}5 \cdot 0 - 1 = -1$

$y_2 = 1{,}5 \cdot 3 - 1 = 4{,}5 - 1 = 3{,}5$

Damit gilt für die beiden Schnittpunkte S_1 und S_2 der Parabel und der Geraden:
$S_1\,(0 \mid -1)$ und $S_2\,(3 \mid 3{,}5)$

Aufgabe 3

a) Berechnung des Flächeninhalts einer Seitenfläche:

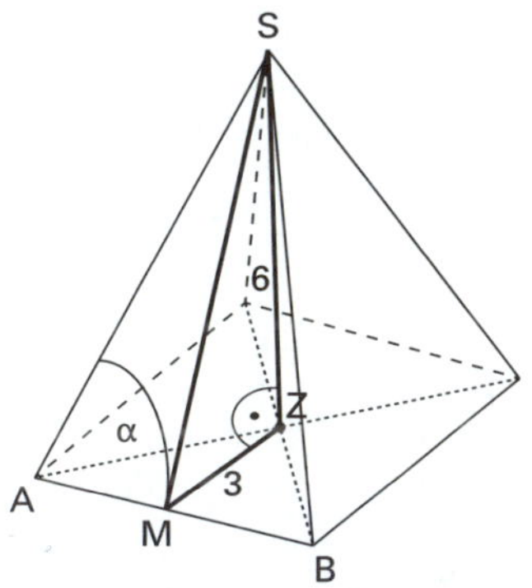

Skizze nicht maßstabsgetreu

Im eingezeichneten rechtwinkligen Dreieck MZS gilt:
$\overline{MZ} = 3$ m und $\overline{ZS} = 6$ m

Berechnung der Strecke $\overline{MS}$ mithilfe des Satzes von Pythagoras:

$$\overline{MS}^2 = \overline{MZ}^2 + \overline{ZS}^2 \qquad | \sqrt{}$$
$$\overline{MS} = \sqrt{\overline{MZ}^2 + \overline{ZS}^2}$$
$$\overline{MS} = \sqrt{3^2 + 6^2}$$
$$\overline{MS} = 6{,}71 \text{ m}$$

Berechnung des Flächeninhalts A einer Seitenfläche (Dreieck):

$$A = 0{,}5 \cdot \overline{AB} \cdot \overline{MS}$$
$$A = 0{,}5 \cdot 6 \cdot 6{,}71$$
$$A = 20{,}1 \text{ m}^2$$

Der Flächeninhalt einer Seitenfläche beträgt etwa 20,1 m².

Berechnung des Winkels α:

Berechnung der Strecke $\overline{AZ}$ (siehe Zeichnung) im rechtwinkligen Dreieck AMZ:

$$\overline{AZ}^2 = \overline{AM}^2 + \overline{MZ}^2 \qquad | \sqrt{}$$
$$\overline{AZ} = \sqrt{\overline{AM}^2 + \overline{MZ}^2}$$
$$\overline{AZ} = \sqrt{3^2 + 3^2}$$
$$\overline{AZ} = 4{,}24 \text{ m}$$

Berechnung des Winkels α im rechtwinkligen Dreieck AZS (siehe Zeichnung):

$$\tan(\alpha) = \frac{\overline{SZ}}{\overline{AZ}}$$
$$\tan(\alpha) = \frac{6}{4{,}24}$$
$$\alpha = \tan^{-1}\left(\frac{6}{4{,}24}\right)$$
$$\alpha = 54{,}8°$$

Der Winkel α ist etwa 54,8°.

Bestimmung des Vergrößerungsfaktors des Pyramidenvolumens:
Berechnung des Volumens der gegebenen quadratischen Pyramide:

$$V = \frac{1}{3} \cdot G \cdot h$$
$$V = \frac{1}{3} \cdot 6^2 \cdot 6$$
$$V = 72 \text{ m}^3$$

Berechnung des Volumens der quadratischen Pyramide mit verdoppelter Grundkantenlänge:

$$V_{\text{vergrößert}} = \frac{1}{3} \cdot G \cdot h$$
$$V_{\text{vergrößert}} = \frac{1}{3} \cdot (2 \cdot 6)^2 \cdot 6$$
$$V_{\text{vergrößert}} = 288 \text{ m}^3$$

Berechnung des Vergrößerungsfaktors des Pyramidenvolumens:

$\frac{V_{vergrößert}}{V} = \frac{288}{72} = 4$; also $V_{vergrößert} = 4 \cdot V$

Dieses Ergebnis bedeutet, dass das Volumen der vergrößerten Pyramide viermal so groß ist wie das Volumen der ursprünglichen Pyramide.

b) Berechnung des Sweatshirt-Preises im Januar 2021:
Berechnung des Preises ohne 16 % MwSt. im Dezember 2020:

$W = \frac{G \cdot p}{100}$

$49{,}9 = \frac{G \cdot 116}{100}$

$49{,}9 = G \cdot 1{,}16 \quad | : 1{,}16$

$G = 43{,}02$ €

Im Dezember 2020 kostete das Sweatshirt ohne MwSt. 43,02 €.

Berechnung des Preises einschließlich 19 % MwSt. im Januar 2021:

$W = \frac{G \cdot p}{100}$

$W = \frac{43{,}02 \cdot 119}{100}$

$W = 51{,}19$ €

Im Januar 2021 kostete das Sweatshirt einschließlich MwSt. 51,19 €.

Berechnung des Einkaufspreises für die Jacke:
Berechnung des Nettopreises G_1 (also des Bruttopreises ohne 19 % MwSt.):

$W = \frac{G_1 \cdot p}{100}$

$149{,}9 = \frac{G_1 \cdot 119}{100}$

$149{,}9 = G_1 \cdot 1{,}19 \quad | : 1{,}19$

$G_1 = 125{,}97$ €

Der Nettopreis beträgt 125,97 €.

Berechnung des Einkaufspreises G_2 (also des Nettopreises ohne 25 % Gewinn):

$W = \frac{G_2 \cdot p}{100}$

$125{,}97 = \frac{G_2 \cdot 125}{100}$

$125{,}97 = G_2 \cdot 1{,}25 \quad | : 1{,}25$

$G_2 = 100{,}78$ €

Der Einkaufspreis beträgt 100,78 €.

Bestimmung der Wahrscheinlichkeit für einen Rabatt von über 10 %:

Die Summe der gewürfelten Ergebnisse soll über 10 (also mindestens bei 11) liegen. Bei zwei Spielwürfeln bedeutet dies, dass die Summe entweder 11 oder 12 sein muss. Zu diesen beiden Summen gehören nur die folgenden drei Würfelergebnisse:

A. Erster Würfel = 5 und zweiter Würfel = 6: 5 + 6 = 11
B. Erster Würfel = 6 und zweiter Würfel = 5: 6 + 5 = 11
C. Erster Würfel = 6 und zweiter Würfel = 6: 6 + 6 = 12

Da es beim Würfeln mit zwei Spielwürfeln insgesamt $6 \cdot 6 = 36$ Würfelergebnisse gibt, beträgt die Wahrscheinlichkeit, eine Summe von über 10 (also von mindestens 11) zu erzielen, somit

$\frac{3}{36} = \frac{1}{12} = 8{,}3\ \%$

Die Wahrscheinlichkeit für einen Rabatt von über 10 % beträgt also etwa 8,3 %.

Aufgabe 4

a) Bestimmung der Winkel α und β:

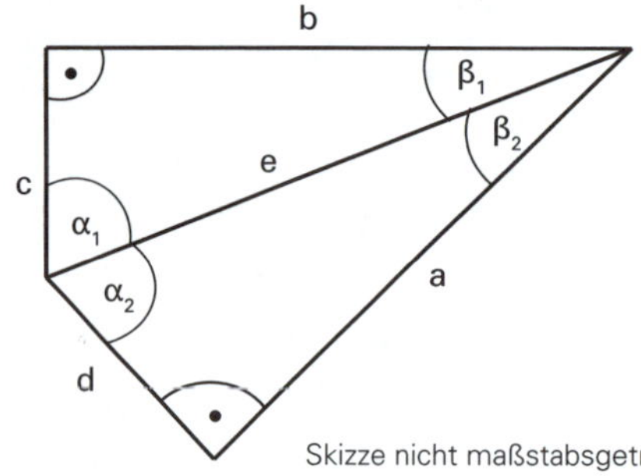

Skizze nicht maßstabsgetreu

Bestimmung der Strecke e (siehe Skizze):

$e^2 = b^2 + c^2$

$e^2 = 15^2 + 10^2 \quad |\sqrt{\ }$

$e = \sqrt{15^2 + 10^2}$

$e = \sqrt{225 + 100}$

$e = \sqrt{325}$

$e = 18{,}03$ m

Bestimmung von α_1 und β_1:

$\sin(\alpha_1) = \frac{b}{e}$

$\sin(\alpha_1) = \frac{15}{18{,}03}$

$\alpha_1 = \sin^{-1}\left(\frac{15}{18{,}03}\right)$

$\alpha_1 = 56{,}3°$

$\beta_1 = 180° - 90° - 56{,}3°$ (Winkelsumme im Dreieck)

$\beta_1 = 33{,}7°$

Bestimmung von α_2 und β_2:

$\sin(\alpha_2) = \frac{a}{e}$

$\sin(\alpha_2) = \frac{14}{18{,}03}$

$\alpha_2 = \sin^{-1}\left(\frac{14}{18{,}03}\right)$

$\alpha_2 = 50{,}9°$

$\beta_2 = 180° - 90° - 50{,}9°$ (Winkelsumme im Dreieck)

$\beta_2 = 39{,}1°$

Bestimmung der Winkel α und β:

$\alpha = \alpha_1 + \alpha_2 = 56{,}3° + 50{,}9° = 107{,}2°$

$\beta = \beta_1 + \beta_2 = 33{,}7° + 39{,}1° = 72{,}8°$

Bestimmung des Umfangs der Figur:

Bestimmung der Strecke d (siehe Skizze):

$e^2 = d^2 + a^2$

$18{,}03^2 = d^2 + 14^2 \quad | -14^2$

$d^2 = 18{,}03^2 - 14^2 \quad | \sqrt{}$

$d = \sqrt{18{,}03^2 - 14^2}$

$d = 11{,}4$ m

Bestimmung des Umfangs der Figur:

$u = a + b + c + d$

$u = 14 + 15 + 10 + 11{,}4$

$u = 50{,}4$ m

Der Umfang der Figur beträgt etwa 50,4 m.

b) Darstellung der gegebenen Parabel, der gespiegelten Parabel und der Spiegelachse im Koordinatensystem:

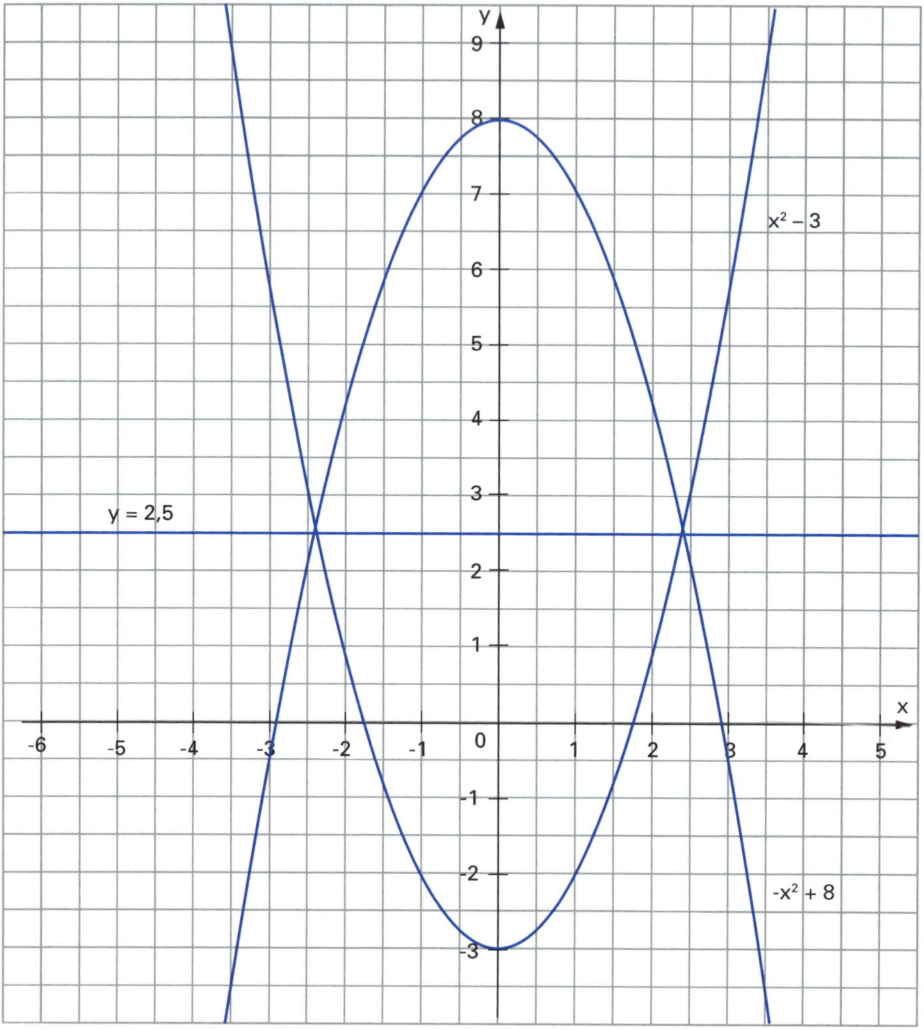

Bestimmung des Scheitelpunkts der gespiegelten Parabel:

Der Abstand des ursprünglichen Scheitelpunkts (der gegebenen Parabel) von der Spiegelgeraden y = 2,5 beträgt 3 + 2,5 = 5,5 (Längeneinheiten). Dies bedeutet, dass die y-Koordinate des Scheitelpunkts der gespiegelten Parabel 5,5 Einheiten oberhalb der Spiegelgeraden auf der y-Achse liegen muss, also bei 2,5 + 5,5 = 8. Damit ergibt sich als

Scheitelpunkt der gespiegelten Parabel der Punkt (0 I 8). Dieser Scheitelpunkt lässt sich auch aus der gespiegelten Parabel in der Grafik ablesen.

Bestimmung des Schnittpunkts der beiden Geraden g_1 und g_2:

Funktionsgleichung von g_2: $y = -3x + 2{,}5$.

Gleichsetzen der beiden Geradengleichungen ergibt:

$2x + 5 = -3x + 2{,}5 \quad | + 3x \quad | - 5$

$5x = -2{,}5 \quad | : 5$

$x = -0{,}5$

Einsetzen dieses gefundenen x-Wertes, z. B. in die Gleichung von g_1, ergibt:
$y = 2 \cdot (-0{,}5) + 5 = -1 + 5 = 4$

Damit ist der Schnittpunkt der beiden Geraden der Punkt (-0,5 I 4).

Überprüfung, welche der Geraden y_1, y_2 oder y_3 zur Geraden g_1 parallel ist:
Zwei Geraden sind parallel zueinander, wenn ihre Steigungen übereinstimmen. Die Steigung von g_1 ist 2. Die Gerade y_2 hat die Steigung 3 und Gerade y_3 hat die Steigung -2. Die einzige Gerade, deren Steigung ebenfalls 2 ist, ist die Gerade y_1. Damit ist y_1 die gesuchte Gerade.

Teil A1

Aufgabe 1

(I) $2x + 24 = 7y$ | $-7y - 24$
(II) $2y + x - 32 = 0$ | $+32$

(Ia) $2x - 7y = -24$
(IIa) $x + 2y = 32$ | $\cdot (-2)$

(Ia) $2x - 7y = -24$
(IIb) $-2x - 4y = -64$

Lösung mit dem **Additionsverfahren**:

Addieren der beiden Gleichungen (Ia) und (IIb) ergibt:
$-11y = -88$ | $:(-11)$
$y = 8$

Einsetzen des Wertes $y = 8$ in (z. B.) Gleichung (I) ergibt:
$2x + 24 = 56$ | -24
$2x = 32$ | $:2$
$x = 16$

Die Lösung des Gleichungssystems lautet: $x = 16$; $y = 8$.

Aufgabe 2

$\sin(\alpha) = \frac{a}{c}$

$\tan(\beta) = \frac{b}{a}$

Aufgabe 3

☒ $y_2 = -0{,}5x^2$

Eine (für die Lösung nicht erforderliche) Erklärung lautet wie folgt:

Der Scheitelpunkt von y_1 ist S_1 (0 | -4). Wenn man die Parabel an der Geraden g mit der Gleichung $y = -2$ spiegelt, ändert sich die x-Koordinate des neuen Scheitelpunkts S_2 nicht, sie bleibt also 0. Die Scheitelpunkte S_1 und S_2 haben jeweils denselben Abstand von der Geraden g, liegen aber unterhalb (bei S_1) bzw. oberhalb (bei S_2) der Geraden g. Damit muss die y-Koordinate von S_2 gleich 0 sein. Damit gilt: S_2 (0 | 0). Außerdem ist die gespiegelte Parabel p_2 nach unten geöffnet.
Daraus ergibt sich die Funktionsgleichung für p_2: $y_2 = -0{,}5x^2$.

Aufgabe 4

Ein Dreieck ist genau dann rechtwinklig, wenn seine Seitenlängen die Bedingung des Satzes des Pythagoras erfüllen: $a^2 + b^2 = c^2$ (a und b sind die Katheten; c ist die Hypotenuse)

Dreieck A: $9^2 + 12^2 = 81 + 144 = 225 = 15^2$;
Der Satz des Pythagoras ist erfüllt, damit ist das Dreieck A rechtwinklig.
Dreieck B: $8^2 + 10^2 = 64 + 100 = 164 \neq 20^2$ (= 400);
Der Satz des Pythagoras ist nicht erfüllt, damit ist das Dreieck B nicht rechtwinklig.
Dreieck C: $3^2 + 4^2 = 9 + 16 = 25 \neq 6^2$ (= 36);
Der Satz des Pythagoras ist nicht erfüllt, damit ist das Dreieck C nicht rechtwinklig.
Dreieck D: $4^2 + 5^2 = 16 + 25 = 41 \neq 6^2$ (= 36);
Der Satz des Pythagoras ist nicht erfüllt, damit ist das Dreieck D nicht rechtwinklig.

Antwort: Nur Dreieck A ist rechtwinklig.

Aufgabe 5

Berechnung des Mittelwerts:

$$\frac{10° + 9° + 5° + (-1°) + (-9°) + (-14°)}{6} = \frac{0°}{6} = 0°$$

Der Mittelwert der Messwerte von Juli bis Dezember beträgt 0 °C.

Berechnung des Temperaturunterschiedes zwischen Juli und Dezember:

-14 °C – 10 °C = -24 °C

Der Temperaturunterschied beträgt 24 °C.

Aufgabe 6

Die Anzahl der Lösungen einer quadratischen Gleichung kann mithilfe der Determinante $D = b^2 - 4ac$ bestimmt werden:

$D = b^2 - 4ac = (-3)^2 - 4 \cdot 0{,}5 \cdot 4{,}5 = 9 - 2 \cdot 4{,}5 = 9 - 9 = 0$

Da die Diskriminante gleich 0 ist, hat die Gleichung genau eine Lösung.
Janos Behauptung ist falsch.

Aufgabe 7

Der Winkel α wird durch die Strecke a in zwei Teilwinkel zerlegt. Der obere Teilwinkel des Winkels α ist 60°, da das obere Dreieck drei gleiche Seitenlängen hat und damit gleichseitig ist. Um den unteren Teilwinkel des Winkels α zu bestimmen, betrachtet man das untere Dreieck, bei dem eine Seitenlänge a ist und die anderen beiden Seitenlängen jeweils b, also gleich lang sind. Damit ist dieses untere Dreieck gleichschenklig. Die beiden Scheitelwinkel an der Grundseite a sind also gleich groß. Da das untere Dreieck auf einem Thaleskreis liegt, ist der Winkel, den die beiden Seiten b einschließen, ein rechter Winkel. Er hat also die Größe 90°. Damit sind die beiden Scheitelwinkel aber automatisch 45°.
Da der obere Teilwinkel des Winkels α die Größe 60° und der untere Teilwinkel des Winkels α die Größe 45° hat, ist der Winkel α somit $60° + 45° = 105°$ groß.

Aufgabe 8

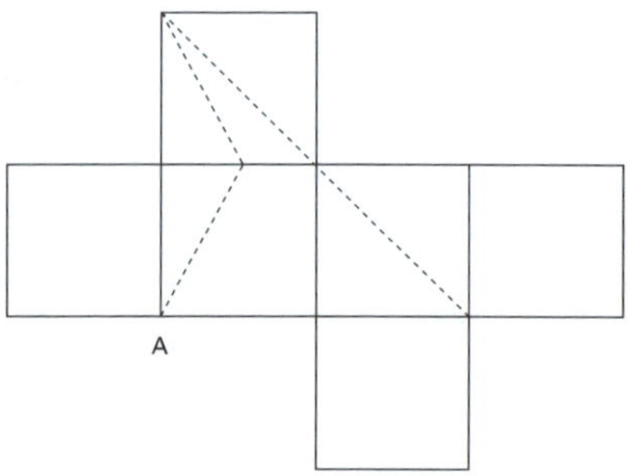

Aufgabe 9

Die gesuchte Höhe des Hauses wird mit h bezeichnet. Nach dem Strahlensatz gilt dann:

$$\frac{h}{2} = \frac{24}{4}$$

$$\frac{h}{2} = 6 \qquad | \cdot 2$$

$$h = 12$$

Das Haus ist 12 m hoch.

Aufgabe 10

Da noch fünf Karten unaufgedeckt sind, kann der Stern auf jeder dieser 5 Karten sein. Damit gilt:

$$P(\text{Stern}) = \frac{1}{5}$$

(Auch 0,2 oder 20 % sind richtige Antworten.)

Teil A2

Aufgabe 1

Aussage A ist falsch. Es handelt sich um einen Zufallsversuch ohne Zurücklegen.
Eine mögliche Begründung dafür lautet:

Im ersten Zug enthält der linke Ast die Wahrscheinlichkeit dafür, eine gelbe Kugel zu ziehen $\left(\frac{1}{6}\right)$. Beim zweiten Zug gibt es nach der gelben Kugel im ersten Zug nur noch zwei mögliche Ergebnisse, und zwar eine rote oder eine schwarze Kugel zu ziehen. Der Ast für die gelbe Kugel fehlt an dieser Stelle. Dies bedeutet, dass die Wahrscheinlichkeit, nach einer gelben Kugel im ersten Zug im zweiten Zug noch einmal eine gelbe Kugel zu ziehen, gleich 0 ist. Dies wäre aber bei einem Zufallsversuch mit Zurücklegen anders, denn hier bleibt die Wahrscheinlichkeit, eine gelbe Kugel zu ziehen, immer gleich. Sie beträgt nämlich bei jedem Zug $\frac{1}{6}$.

Aussage B ist richtig, wie die folgende Rechnung zeigt:

$P(\text{zwei rote Kugeln}) = \frac{3}{6} \cdot \frac{2}{5} = \frac{6}{30} = \frac{1}{5} = 0{,}2 = 20\ \%$

Eine Summe ≤ 4 wird beim abgebildeten Glücksrad durch folgende Ergebnisse erzielt:

(1;1) (1;2) (2;1) (1;3) (3;1) (2;2)

$$\begin{aligned} P(\text{Summe} \leq 4) &= P(1;1) + P(1;2) + P(2;1) + P(1;3) + P(3;1) + P(2;2) \\ &= \frac{1}{8} \cdot \frac{1}{8} + \frac{1}{8} \cdot \frac{2}{8} + \frac{2}{8} \cdot \frac{1}{8} + \frac{1}{8} \cdot \frac{4}{8} + \frac{4}{8} \cdot \frac{1}{8} + \frac{2}{8} \cdot \frac{2}{8} \\ &= \frac{17}{64} \end{aligned}$$

(Auch 0,266 oder 26,6 % sind richtige Ergebnisse.)

Aufgabe 2

Folgende Gleichung lässt sich aufstellen (alle Variablen in m):

$75 = a \cdot b + 0{,}5 \cdot a \cdot h$ | h = 7 einsetzen
$75 = a \cdot b + 0{,}5 \cdot a \cdot 7$ | zusammenfassen
$75 = a \cdot b + 3{,}5 \cdot a$

An dieser Stelle muss man beachten, dass laut Aufgabentext gilt: $a = b + 6$
Setzt man diese Beziehung in die letzte Gleichung oben ein, ergibt sich folgende Gleichung:

$75 = (b + 6) \cdot b + 3{,}5 \cdot (b + 6)$ | ausmultiplizieren
$75 = b^2 + 6b + 3{,}5b + 21$ | zusammenfassen
$75 = b^2 + 9{,}5b + 21$ | – 75
$0 = b^2 + 9{,}5b - 54$ | Lösungsformel
$b_{1,2} = -\frac{9{,}5}{2} \pm \sqrt{\left(\frac{9{,}5}{2}\right)^2 + 54}$ | zusammenfassen
$b_{1,2} = -4{,}75 \pm \sqrt{4{,}75^2 + 54}$ | zusammenfassen
$b_{1,2} = -4{,}75 \pm \sqrt{22{,}5625 + 54}$ | zusammenfassen
$b_{1,2} = -4{,}75 \pm \sqrt{76{,}5625}$ | zusammenfassen
$b_{1,2} = -4{,}75 \pm 8{,}75$

Damit gilt:
$b_1 = -4{,}75 + 8{,}75 = 4$;
$b_2 = -4{,}75 - 8{,}75 = -13{,}5$ (Lösung im Sachzusammenhang irrelevant)

Damit gilt:
b = 4 cm
Mit a = b + 6 gilt: a = 4 + 6 = 10; also gilt:
a = 10 cm

Aufgabe 3

Berechnung von x in km:

$$\sin(0{,}1°) = \frac{x}{628\,000\,000} \qquad | \cdot 628\,000\,000$$

$$x = 1\,096\,066$$

Berechnung der Länge der Umlaufbahn des Jupiters in km:

Schritt 1:
4329 d = 4329 · 24 h
= 103 896 h

Schritt 2:
47 052 · 103 896 = 4 888 514 592

Die Umlaufbahn des Jupiters beträgt 4 888 514 592 km.

Berechnung der Umlaufzeit des Saturns in h:

9 000 909 216 : 34 884 = 258 024 (Stunden)

Umrechnung von Stunden in Tage:
258 024 : 24 = 10 751

Die Umlaufzeit des Saturns beträgt 10 751 Tage.

Aufgabe 4

Berechnung von b:

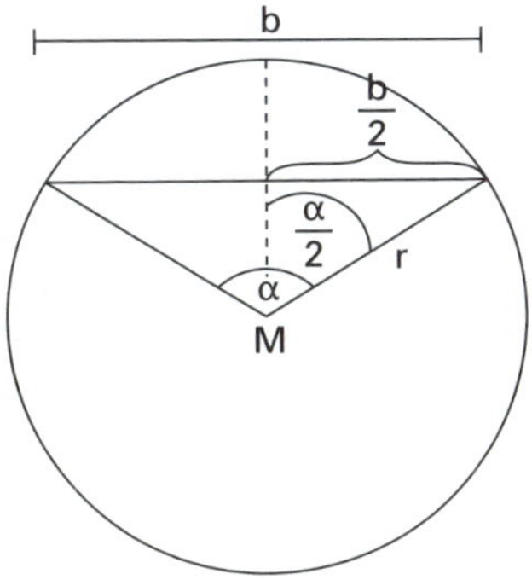

Skizze nicht maßstabsgetreu

Das Dreieck mit den Seiten r, $\frac{b}{2}$ und der Höhe des abgebildeten Dreiecks ist rechtwinklig.

Deshalb gilt:

$$\sin\left(\frac{\alpha}{2}\right) = \frac{\frac{b}{2}}{r}$$

$$\sin\left(\frac{110°}{2}\right) = \frac{\frac{b}{2}}{7{,}5}$$

$$\sin(55°) = \frac{b}{15} \qquad | \cdot 15$$

$$15 \cdot \sin(55°) = b$$

$$b = 12{,}3$$

Die Strecke b ist 12,3 cm lang.

Skizze und Berechnung des Flächeninhalts des Quadrats:

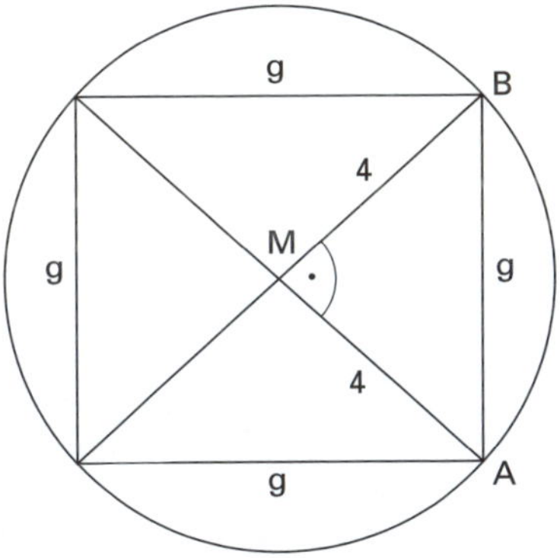

Schritt 1:
Das Dreieck ABM ist rechtwinklig. Deshalb gilt mit dem Satz des Pythagoras:
$g^2 = 4^2 + 4^2 = 16 + 16 = 32$

Schritt 2:
Für den Flächeninhalt A des einbeschriebenen Quadrats gilt folglich:
$A = g^2 = 32$

Der Flächeninhalt des Quadrats beträgt 32 cm².

Aufgabe 5

Berechnung des nach Ablauf der drei Jahre zur Verfügung stehenden Betrags:
In der Zinseszinsformel sind folgende Angaben gegeben:

$K_0 = 15\,000;\ n = 3;\ q = \left(1 + \frac{1{,}5}{100}\right) = 1{,}015$

Folglich gilt:
$K_3 = 15\,000 \cdot 1{,}015^3$
$K_3 = 15\,685{,}18$

Der nach drei Jahren zur Verfügung stehende Betrag ist 15 685,18 €.

Berechnung der Tilgung der ersten beiden Monate:
Der zu finanzierende Betrag ist 25 000 € – 14 000 € = 11 000 €

Kredithöhe Monatsanfang	Zinsen	Rate	Tilgung	Kredithöhe Monatsende
11 000 €	$\frac{11\,000\ € \cdot 0{,}0144}{12}$ = 13,20 €	430 €	430 € – 13,20 € = 416,80 €	11 000 € – 416,80 € = 10 583,20 €
10 583, 20 €	$\frac{10\,583{,}20\ € \cdot 0{,}0144}{12}$ = 12,70 €	430 €	430 € – 12,70 € = 417,30 €	10 583,20 € – 417,30 € = 10 165,90 €

Die Gesamttilgung der ersten beiden Monate beträgt also (siehe blaue Beträge in der Tabelle):

416,80 € + 417,30 € = 834,10 €

Aufgabe 6

Berechnung der Höhe des Wasserbeckens:

Schritt 1:
Bestimmung des Radius r_Z des Zylinders mithilfe des rechtwinkligen Dreiecks mit den Seiten r_Z, s und h_K (siehe folgende Skizze):

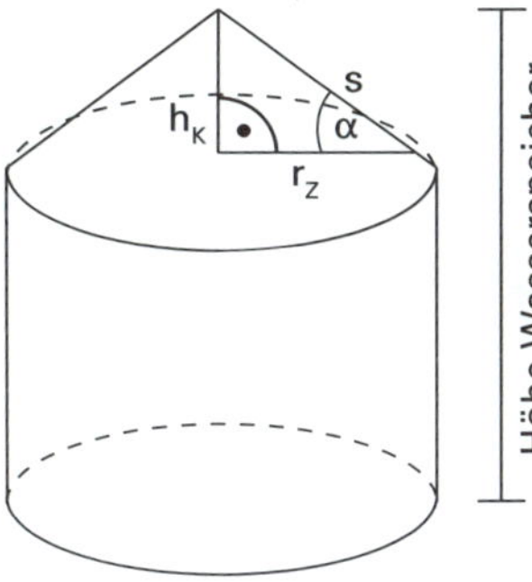

Da das Dreieck mit den Seiten r_Z, s und h_K rechtwinklig ist, gilt:

$$\cos(\alpha) = \frac{r_Z}{s}$$

$$\cos(40°) = \frac{r_Z}{1{,}35} \qquad | \cdot 1{,}35$$

$$r_Z = 1{,}35 \cdot \cos(40°)$$

$$r_Z = 1{,}03$$

Das zylinderförmige Wasserbecken hat einen Radius von etwa $r_Z = 1{,}03$ cm.

Schritt 2:
Bestimmung der Höhe h_Z des Wasserbeckens:

$$V_Z = \pi \cdot r_Z^2 \cdot h_Z$$

$$8 = \pi \cdot 1{,}03^2 \cdot h_Z \qquad | : \pi$$

$$\frac{8}{\pi} = 1{,}03^2 \cdot h_Z \qquad | : 1{,}03^2$$

$$h_Z = 2{,}40$$

Die Höhe h_Z des Wasserbeckens beträgt 2,4 m.

Berechnung der Gesamthöhe des Wasserspeichers:

Schritt 1:
Bestimmung der Höhe h_K des kegelförmigen Daches im rechtwinkligen Dreieck mit den Seiten r_Z, s und h_K (siehe Skizze oben) mithilfe des Satzes des Pythagoras:

$$h_K^2 = s^2 - r_Z^2$$

$$h_K^2 = 1{,}35^2 - 1{,}03^2 \qquad | \sqrt{\ }$$

$$h_K = \sqrt{1{,}35^2 - 1{,}03^2}$$

$$h_K = 0{,}87$$

Die Höhe des kegelförmigen Daches beträgt 0,87 m.

Prüfungen

Schritt 2:

Die Gesamthöhe h_{gesamt} des Wasserspeichers berechnet sich mit

$h_{gesamt} = h_Z + h_K$
$h_{gesamt} = 2,4 + 0,87$
$h_{gesamt} = 3,27$

Die Gesamthöhe des Wasserspeichers beträgt 3,27 m.

Berechnung des Flächeninhalts des benötigten Blechs für das neue Dach:
Die Formel für den Inhalt der Mantelfläche M eines Kegels lautet allgemein:
$M = \pi \cdot r \cdot s$

Schritt 1:

Da hier die Mantelfläche des größeren Kegels mit Dachüberstand gemeint ist, im Vergleich zum vorherigen aufgesetzten kleineren Kegeldach, sollen zur besseren Unterscheidung für den größeren Kegel die Bezeichnungen $M_{groß}$ für die Mantelfläche, $r_{groß}$ für den Radius und $s_{groß}$ für die Mantellinie gewählt werden. Damit lautet die Formel wie folgt:
$M_{groß} = \pi \cdot r_{groß} \cdot s_{groß}$

Schritt 2:

Bestimmung von $s_{groß}$ (siehe Skizze):

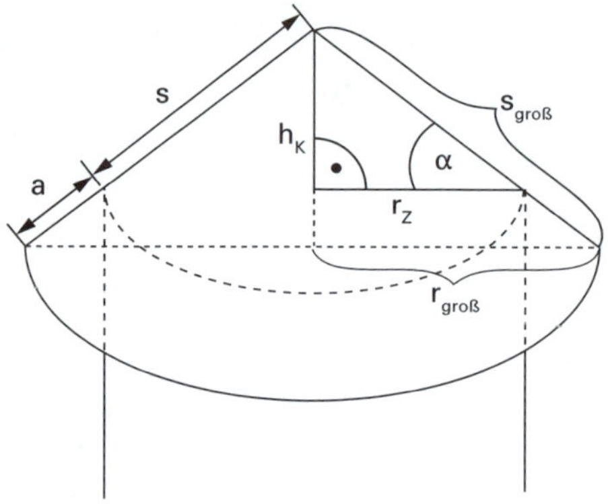

$s_{groß} = s + a$
$s_{groß} = 1,35 + 0,15$
$s_{groß} = 1,5$

Schritt 3:
Bestimmung von $r_{groß}$ (siehe Skizze):

Nach dem Strahlensatz gilt:

$$\frac{s_{groß}}{s} = \frac{r_{groß}}{r_Z}$$

$$\frac{1{,}5}{1{,}35} = \frac{r_{groß}}{1{,}03} \qquad | \cdot 1{,}03$$

$$\frac{1{,}5}{1{,}35} \cdot 1{,}03 = r_{groß}$$

$$r_{groß} = 1{,}14$$

Der Radius des größeren Kegels beträgt 1,14 m.

Schritt 4:
Der Inhalt der Mantelfläche $M_{groß}$ des größeren Kegels berechnet sich folgendermaßen:
$M_{groß} = \pi \cdot r_{groß} \cdot s_{groß}$
$M_{groß} = \pi \cdot 1{,}14 \cdot 1{,}5$
$M_{groß} = 5{,}37$

Es werden insgesamt 5,37 m^2 Blech für das neue Blechdach benötigt.

Aufgabe 7

Funktionsgleichung der neuen Parabel:

Schritt 1:
Funktionsgleichung nach Spiegelung an der x-Achse:

$y_{Schritt\ 1} = \frac{1}{4}x^2 - 4$

Schritt 2:
Funktionsgleichung nach Verschiebung des Scheitelpunkts um 2 LE nach oben:

$y_{Schritt\ 2} = \frac{1}{4}x^2 - 2$

Die Funktionsgleichung der neuen Parabel lautet folglich: $y = \frac{1}{4}x^2 - 2$.

Zeichnung der Parabel $y = -\frac{1}{4}x^2 + 4$:

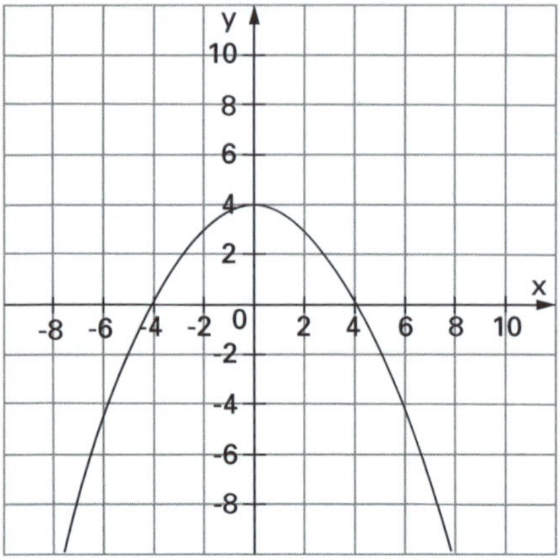

Aufgabe 8

Berechnung des prozentualen Kostenanstiegs von 2010 bis 2020:

$$W = \frac{G \cdot p}{100}$$

$$6{,}4 - 2{,}5 = \frac{2{,}5 \cdot p}{100}$$

$$3{,}9 = \frac{2{,}5 \cdot p}{100} \qquad | : 2{,}5$$

$$1{,}56 = \frac{p}{100} \qquad | \cdot 100$$

$$156\ \% = p$$

Die Kosten sind in dem genannten Zeitraum um 156 % gestiegen.

Bestimmung des Zeitraums von zwei aufeinanderfolgenden Jahren, in dem der Kostenanstieg prozentual am größten war:

Die beiden Zeiträume, die für diese Aufgabe in Frage kommen, sind die Zeiträume von 2012 bis 2013 oder von 2013 bis 2014, da hier die absoluten Anstiege weit höher liegen als in allen anderen aufeinanderfolgenden Jahren. Gleichzeitig ist der Grundwert mit 3 Mrd. Euro gering.
Das führt dazu, dass der Kostenanstieg über diese beiden Jahre prozentual am größten war.

Berechnung des Endkapitals im Jahr 2020:

In der Zinseszinsformel sind folgende Angaben gegeben:

$K_0 = 25\,000$; $n = 10$; $q = \left(1 + \frac{9{,}86}{100}\right) = 1{,}0986$

Folglich gilt:
$K_{10} = 25\,000 \cdot 1{,}0986^{10}$
$K_{10} = 64\,022{,}99$

Die Geldanlage wäre im Jahr 2020 auf 64 022,99 € angewachsen.

Teil B

Aufgabe 1

a) Bestimmung des Kegelvolumens:

$V_{Kegel} = \frac{1}{3} \cdot \pi \cdot r^2 \cdot h$

$V_{Kegel} = \frac{1}{3} \cdot \pi \cdot 2{,}5^2 \cdot 5$

$V_{Kegel} = 32{,}7$

Das Kegelvolumen beträgt 32,7 cm^3.

Bestimmung des prozentualen Anteils des Kegelvolumens am Würfelvolumen:

$V_{Würfel} = a^3$
$V_{Würfel} = 5^3$
$V_{Würfel} = 125$

Das Würfelvolumen beträgt 125 cm^3.

$32{,}7 = \frac{125 \cdot p}{100} \qquad | : 125$

$0{,}2616 = \frac{p}{100} \qquad | \cdot 100$

$26{,}16\ \% = p$

Der prozentuale Anteil des Kegelvolumens am Würfelvolumen beträgt 26,16 %.

Bestimmung des Winkels α:

$\tan(\alpha) = \frac{h_{Kegel}}{r_{Kegel}}$

$\tan(\alpha) = \frac{5}{2{,}5}$

$\alpha = \tan^{-1}(2)$

$\alpha = 63{,}4°$

Bestimmung des Winkels β:

$\tan\left(\frac{\beta}{2}\right) = \frac{r_{Kegel}}{h_{Kegel}}$

$\tan\left(\frac{\beta}{2}\right) = \frac{2{,}5}{5}$

$\frac{\beta}{2} = \tan^{-1}(0{,}5)$

$\frac{\beta}{2} = 26{,}6° \qquad | \cdot 2$

$\beta = 53{,}2°$

Überprüfung der Aussage mithilfe des Strahlensatzes:

$$\frac{h}{\frac{h}{2}} = \frac{d_1}{d_2}$$

$$h \cdot \frac{2}{h} = \frac{d_1}{d_2}$$

$$2 = \frac{d_1}{d_2} \qquad | \cdot d_2$$

$$2 \cdot d_2 = d_1 \qquad | : 2$$

$$d_2 = \frac{d_1}{2}$$

Damit ist gezeigt, dass die Aussage stimmt.

b) Erstellung des zugehörigen Baumdiagramms:

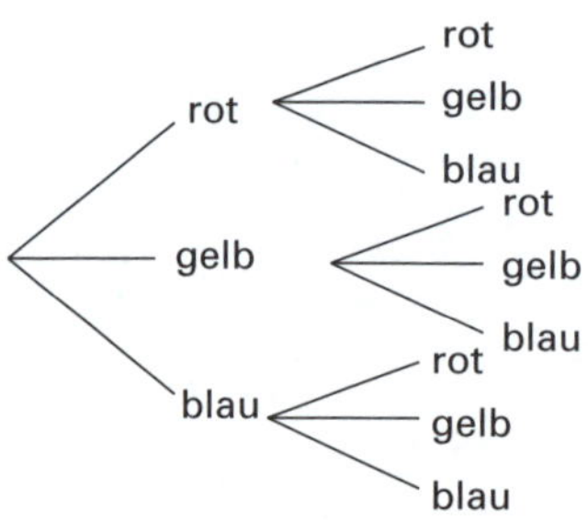

Bestimmung der Anzahl der roten, gelben und blauen Kugeln:

Da es sich hier um ein Zufallsexperiment ohne Zurücklegen handelt, entstehen die Zähler der als Brüche angegebenen Wahrscheinlichkeiten jeweils aus einem Produkt von zwei aufeinanderfolgenden absteigenden natürlichen Zahlen:

P(rot/rot) = $\frac{20}{210}$. Der Zähler 20 kann hier nur durch das Produkt $5 \cdot 4$ entstehen.
Das bedeutet, dass zu Beginn fünf rote Kugeln in dem Beutel sind.

P(gelb/gelb) = $\frac{30}{210}$. Der Zähler 30 kann hier nur durch das Produkt $6 \cdot 5$ entstehen.
Das bedeutet, dass zu Beginn sechs gelbe Kugeln in dem Beutel sind.

P(blau/blau) = $\frac{12}{210}$. Der Zähler 12 kann hier nur durch das Produkt $4 \cdot 3$ entstehen.
Das bedeutet, dass zu Beginn vier blaue Kugeln in dem Beutel sind.

Anmerkung: Hier gibt es auch andere Lösungswege.

P(einmal „gold“ und einmal „silber“) = P(gold/silber) + P(silber/gold)

$$= \frac{26}{58} \cdot \frac{13}{58} + \frac{13}{58} \cdot \frac{26}{58}$$

$$= \frac{338}{3364} + \frac{338}{3364}$$

$$= \frac{676}{3364} \quad \text{(oder 0,20 oder 20 \%)}$$

Aufgabe 2

a) Erstellung der Wertetabelle:

x	-3	-2	-1	0	1	2	3
y	-2,5	0	1,5	2	1,5	0	-2,5

Zeichnung der Parabel:

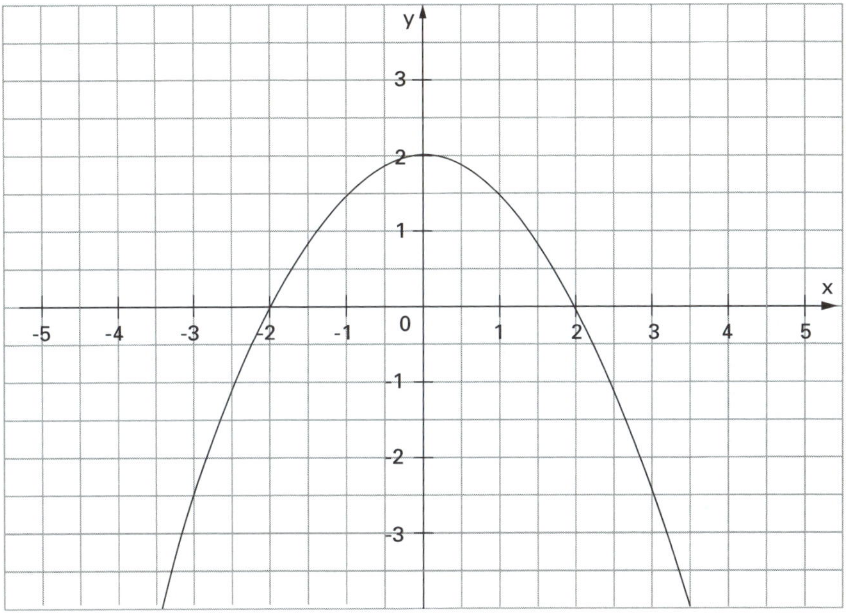

Bestimmung der Funktionsgleichung der gespiegelten Parabel:

$y = 0{,}5x^2 - 4$

Ermittlung der Lösung(en) der quadratischen Gleichung:

$2x - 4 = -2x^2 + 8$ | $+ 2x^2 - 8$

$2x^2 + 2x - 12 = 0$ | $: 2$

$x^2 + x - 6 = 0$ | Lösungsformel

$x_{1,2} = -\frac{1}{2} \pm \sqrt{\left(\frac{1}{2}\right)^2 + 6}$ | zusammenfassen

$x_{1,2} = -0{,}5 \pm \sqrt{0{,}25 + 6}$ | zusammenfassen

$x_{1,2} = -0{,}5 \pm \sqrt{6{,}25}$ | zusammenfassen

$x_{1,2} = -0{,}5 \pm 2{,}5$

Damit gilt: $x_1 = -0{,}5 + 2{,}5 = 2$; $x_2 = -0{,}5 - 2{,}5 = -3$

b) $V_{Luft} = \frac{4}{3} \cdot \pi \cdot r^3$

$998\,306 = \frac{4}{3} \cdot \pi \cdot r^3 \quad | \cdot \frac{3}{4}$

$748\,729{,}5 = \pi \cdot r^3 \quad | : 3{,}14$

$238\,448{,}9 = r^3 \quad | \sqrt[3]{\ }$

$r = 62$

Damit gilt: Der Durchmesser der inneren Kugel ist 2 · 62 cm = 124 cm.

Bestimmung des Gewichts des Bienenwachses in kg:

Schritt 1:
Berechnung des Volumens an Bienenwachs in der Kugel:

$V_{Wachs} = V_{gesamt} - V_{Luft}$

$V_{Wachs} = \frac{4}{3} \cdot \pi \cdot r_{gesamt}{}^3 - 998\,306$

$V_{Wachs} = \frac{4}{3} \cdot \pi \cdot 65^3 - 998\,306$

$V_{Wachs} = 152\,040{,}5$

Das Bienenwachs der Kugel hat ein Volumen von 152 040,5 cm^3.

Schritt 2:
Bestimmung des Gewichts G des Bienenwachses in g:
G = 152 040,5 · 0,9
G = 136 836,5

Das Bienenwachs hat ein Gewicht von 136 836,5 g.

Schritt 3:
Umrechnung des Gewichts des Wachses in kg:
136 836,5 g ≈ 136,8 kg

Das Gewicht des Bienenwachses beträgt 136,8 kg.

Berechnung der Menge an importiertem Honig im Jahr 2012:

Schritt 1:
Berechnung des gesamten Honigbedarfs im Jahr 2012:

$15\,000 = G_{2012} \cdot 0{,}2 \quad | : 0{,}2$

$75\,000 = G_{2012}$

Der gesamte Honigbedarf im Jahr 2012 betrug 75 000 t.

Schritt 2:
Berechnung der Menge an importiertem Honig im Jahr 2012:
75 000 t – 15 000 t = 60 000 t

Berechnung der Menge an importiertem Honig im Jahr 2018:

Schritt 1:
Berechnung des gesamten Honigbedarfs im Jahr 2018:
$27\,500 = G_{2018} \cdot 0{,}2 \qquad | : 0{,}2$
$137\,500 = G_{2018}$

Der gesamte Honigbedarf im Jahr 2018 betrug 137 500 t.

Schritt 2:
Berechnung der Menge an importiertem Honig im Jahr 2018:
137 500 t – 27 500 t = 110 000 t

Antwort: 60 000 t im Jahr 2012; 110 000 t im Jahr 2018

Aufgabe 3

a) Berechnung der Seitenlänge a des gesamten Quadrates:

Da die Summe der Flächeninhalte der beiden Dreiecke genau die Hälfte des Flächeninhalts A_{gesamt} des gesamten Quadrates ergibt, gilt folgende Gleichung:

$$0{,}5 \cdot A_{gesamt} = 36 + 36$$
$$0{,}5 \cdot a^2 = 72 \qquad | \cdot 2$$
$$a^2 = 144 \qquad | \sqrt{\ }$$
$$a = 12$$

Die Seitenlänge a des gesamten Quadrates beträgt 12 cm.

Für die folgenden Teilaufgaben beachten Sie bitte folgende Skizze (in dieser Teilaufgabe gibt es mehrere Lösungswege):

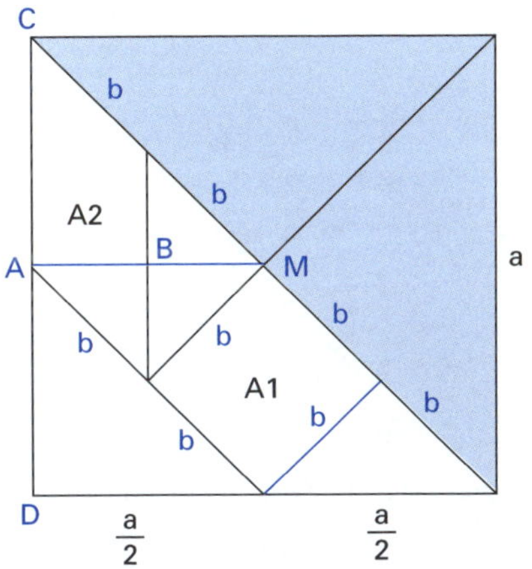

Bestimmung des prozentualen Anteils der Fläche A1 an der gesamten Fläche:

Schritt 1:
Die Seitenlänge des Quadrats A1 wird mit b bezeichnet. Dann gilt mit dem Satz des Pythagoras in dem kleinen Dreieck unten rechts:

$$b^2 + b^2 = (0{,}5a)^2$$
$$2b^2 = (0{,}5 \cdot 12)^2$$
$$2b^2 = 6^2$$
$$2b^2 = 36 \qquad |:2$$
$$b^2 = 18 \qquad |\sqrt{}$$
$$b = \sqrt{18}$$

Schritt 2:
Der Flächeninhalt des Quadrates A1 hat die Maßzahl $\sqrt{18}^2 = 18$ (siehe Schritt 1).
Der Flächeninhalt der gesamten Fläche hat die Maßzahl 144 (siehe erste Teilaufgabe).

Schritt 3:
Der Anteil von A1 an der gesamten Fläche ist $\frac{18}{144} = \frac{1}{8} = 12{,}5\ \%$

Bestimmung des prozentualen Anteils des Parallelogramms A2 an der gesamten Fläche:

Schritt 1:
Da das große Dreieck unten links gleichschenklig ist, gilt: $\overline{AD} = 0{,}5a = 6$ cm.
Da A der Mittelpunkt der Strecke $\overline{AD}$ ist, gilt auch: $\overline{AC} = 6$ cm.
$\overline{AC}$ ist die Grundseite des Parallelogramms A2. Mit $\overline{AM} = 6$ cm gilt nach dem Strahlensatz:

$$\frac{\overline{BM}}{\overline{AM}} = \frac{b}{b + b}$$
$$\frac{\overline{BM}}{6} = \frac{\sqrt{18}}{2\sqrt{18}}$$
$$\frac{\overline{BM}}{6} = \frac{1}{2} \qquad |\cdot 6$$
$$\overline{BM} = 3$$

Schritt 2:
$\overline{AB} = \overline{AM} - \overline{BM} = 6 - 3 = 3$. Damit gilt: $\overline{AB} = 3$ cm.

Schritt 3:
Da $\overline{AB}$ die Höhe und $\overline{AC}$ die Grundseite des Parallelogramms A2 ist, kann man den Flächeninhalt von A2 berechnen:
Flächeninhalt von A2 = $\overline{AC} \cdot \overline{AB} = 6 \cdot 3 = 18$

Der Flächeninhalt von A2 hat die Maßzahl 18.

Schritt 4:
Der Anteil von A2 an der gesamten Fläche ist $\frac{18}{144} = \frac{1}{8} = 12{,}5\ \%$.

Antwort: Beide Flächeninhalte A1 und A2 machen jeweils 12,5 % der gesamten Fläche aus.

Berechnung des Gewinns pro Postkarte (in ct):

Schritt 1:
Bestimmung des Verkaufspreises ohne Mehrwertsteuer:

$W = \frac{G \cdot p}{100}$

$85 = \frac{G \cdot 105}{100}$

$85 = G \cdot 1{,}05$ | : 1,05

$81 = G$

Der Verkaufspreis ohne Mehrwertsteuer beträgt 81 ct.

Schritt 2:
Bestimmung des Gewinns pro Postkarte:
81 ct – 54 ct = 27 ct

Der Gewinn pro Postkarte beträgt 27 ct.

b) Berechnung der gesuchten Seitenlängen des Rechtecks:

Schritt 1:
Aufstellen der Gleichung:
Lange Seite = x; Kurze Seite = x – 4 (beide in cm)

$x\,(x - 4) = 192$

$x^2 - 4x = 192$ | – 192

$x^2 - 4x - 192 = 0$ | Lösungsformel

$x_{1,2} = -\frac{-4}{2} \pm \sqrt{\left(\frac{-4}{2}\right)^2 + 192}$ | zusammenfassen

$x_{1,2} = 2 \pm \sqrt{4 + 192}$ | zusammenfassen

$x_{1,2} = 2 \pm \sqrt{196}$ | zusammenfassen

$x_{1,2} = 2 \pm 14$

$x_1 = 2 + 14 = 16$; $x_2 = 2 - 14 = -12$ (irrelevant im Sachkontext)

Schritt 2:
Die längere Seite ist 16 cm und die kürzere Seite ist 16 cm – 4 cm = 12 cm lang.

Überprüfung von Merles Behauptung:

$A_{Rechteck} = a \cdot b$

Wenn man beide Seitenlängen des Rechtecks verdoppelt, ergibt sich als neuer Flächeninhalt:

$A_{neu} = 2a \cdot 2b$

$A_{neu} = 2 \cdot 2 \cdot a \cdot b$

$A_{neu} = 4 \cdot a \cdot b$

$A_{neu} = 4 \cdot A_{Rechteck}$

Merles Behauptung ist falsch. Der Flächeninhalt vervierfacht sich.

Aufgabe 4

a) Berechnung des Zinssatzes für das 2. Jahr:

Schritt 1:
Bestimmung des Endkapitals K_1 nach dem ersten Jahr:
$K_1 = 8000 \cdot 1{,}008$
$K_1 = 8064$

Das Endkapital nach dem ersten Jahr beträgt 8064 €.

Schritt 2:
Berechnung des Zinssatzes p_2 im zweiten Jahr:
$8064 + 100{,}80 = 8164{,}80$

$$K_2 = 8064 \cdot \left(1 + \frac{p_2}{100}\right)$$

$$8164{,}80 = 8064 \cdot \left(1 + \frac{p_2}{100}\right) \qquad | : 8064$$

$$1{,}0125 = 1 + \frac{p_2}{100} \qquad | - 1$$

$$0{,}0125 = \frac{p_2}{100} \qquad | \cdot 100$$

$$p_2 = 1{,}25\ \%$$

Antwort: Der Zinssatz für das zweite Jahr ist 1,25 %.

Berechnung des Zinssatzes p_3 für das 3. Jahr:

$$K_3 = 8164{,}80 \cdot \left(1 + \frac{p_3}{100}\right)$$

$$8368{,}92 = 8164{,}80 \cdot \left(1 + \frac{p_3}{100}\right) \qquad | : 8368{,}92$$

$$1{,}025 = 1 + \frac{p_3}{100} \qquad | - 1$$

$$0{,}025 = \frac{p_3}{100} \qquad | \cdot 100$$

$$p_3 = 2{,}5\ \%$$

Antwort: Der Zinssatz für das dritte Jahr ist 2,5 %.

Diagramm für die jährlichen Zinsen:
Zinsen im ersten Jahr: 64,00 €
Zinsen im zweiten Jahr: 100,80 €
Zinsen im dritten Jahr: 8368,92 € – 8164,80 € = 204,12 €

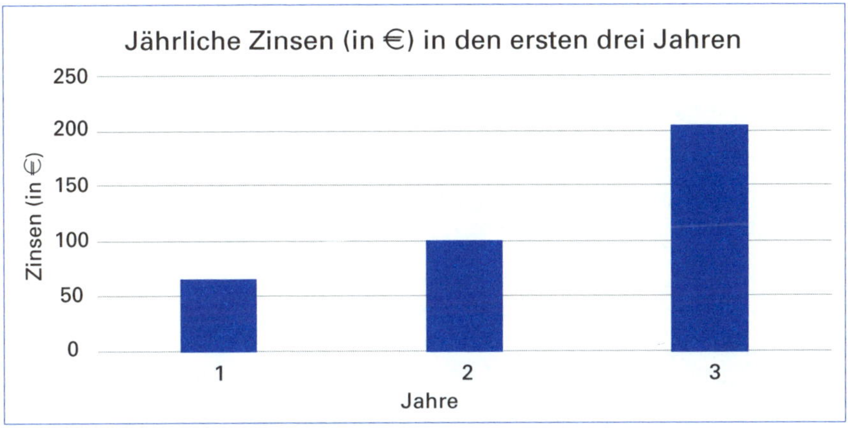

Berechnung des Betrags, den Frau Bleich nach 10 Jahren ausgezahlt bekommt:
In der Zinseszinsformel sind folgende Angaben gegeben:

$K_0 = 8000$; $n = 10$; $q = \left(1 + \frac{1,4}{100}\right) = 1,014$

Folglich gilt:
$K_{10} = 8000 \cdot 1,014^{10}$
$K_{10} = 9193,26$

Antwort: Frau Bleich bekommt nach 10 Jahren 9193,26 € ausbezahlt.

Überprüfung der Wertsteigerung der Geldanlage von Frau Bleich:

$9193,26 = 8000 \cdot \frac{p}{100}$ $| : 8000$

$1,149 = \frac{p}{100}$ $| \cdot 100$

$p = 14,9\ \%$

Antwort: Es gelingt Frau Bleich, eine Wertsteigerung von mindestens 14,5 % zu erzielen.

b) Berechnung von x:

Schritt 1:
Da es sich um ein Drachenviereck handelt, kann man folgende Formel für den Flächeninhalt des Drachens verwenden: $A = 0{,}5 \cdot e \cdot f$, wobei e und f die Längen der beiden Diagonalen des Drachens sind.

Schritt 2:
Im gegebenen Drachen sei e die waagerechte Diagonale, die auch gleichzeitig Teil der Symmetrieachse ist. Im gegebenen Drachen gilt daher für die Maßzahlen der Längen:
$e = x + 4{,}5$ und $f = 2 \cdot 7{,}4 = 14{,}8$

Schritt 3:
Berechnung von x mithilfe des gegebenen Flächeninhalts des Drachens:

$$0{,}5 \cdot (x + 4{,}5) \cdot 14{,}8 = 162{,}8$$
$$7{,}4x + 33{,}3 = 162{,}8 \quad | -33{,}3$$
$$7{,}4x = 129{,}5 \quad | : 7{,}4$$
$$x = 17{,}5$$

Antwort: Die Strecke x ist 17,5 cm lang.

Berechnung des Winkels α:

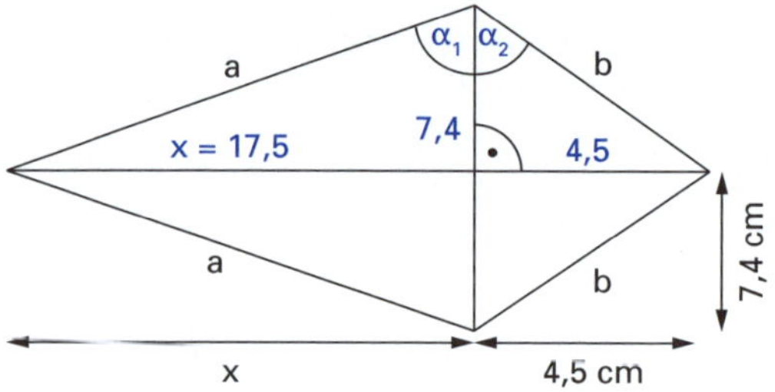

Schritt 1 (siehe Skizze)**:**
Berechnung des Winkels α_1:
Im rechtwinkligen Dreieck links oben gilt:

$$\tan(\alpha_1) = \frac{17{,}5}{7{,}4}$$
$$\alpha_1 = \tan^{-1}\left(\frac{17{,}5}{7{,}4}\right)$$
$$\alpha_1 = 67{,}1°$$

Schritt 2 (siehe Skizze)**:**
Berechnung des Winkels α_2:
Im rechtwinkligen Dreieck rechts oben gilt:

$$\tan(\alpha_2) = \left(\frac{4{,}5}{7{,}4}\right)$$
$$\alpha_2 = \tan^{-1}\left(\frac{4{,}5}{7{,}4}\right)$$
$$\alpha_2 = 31{,}3°$$

Antwort: Für den Winkel α gilt: $\alpha = \alpha_1 + \alpha_2 = 67{,}1° + 31{,}3° = 98{,}4°$.

Berechnung der Längen a und b im Parallelogramm:

Schritt 1:
Die Seite a sei die längere und Seite b die kürzere im Parallelogramm.

Dann gilt: $b = \frac{70}{100} \cdot a = 0{,}7 \cdot a$

Schritt 2:
Der Umfang in einem Parallelogramm hat die Formel: $u = 2a + 2b$.
Setzt man $b = 0{,}7a$ in diese Formel ein, so erhält man:
$u = 2a + 2 \cdot 0{,}7a$
$u = 2a + 1{,}4a$
$u = 3{,}4a$

Schritt 3:
Da der Umfang des Parallelogramms gegeben ist, gilt nach Schritt 2:
$25{,}16 = 3{,}4a \qquad | : 3{,}4$
$a = 7{,}4$

Antwort: Damit gilt: a = 7,4 cm und b = 0,7 · 7,4 cm = 5,18 cm.

Ergebnisse auf einen Blick

Hier finden Sie schnell die richtigen Lösungen für die von Ihnen bearbeiteten Aufgaben.
Es sind nur die Endergebnisse ohne Lösungswege angegeben. Die ausführlichen Lösungswege sind auf den vorangegangenen Seiten dargestellt.

Lösungen Musterprüfung I

Teil A1 – Seite 112

1. $x_1 = 2$; $x_2 = -2$
2. Unendlich viele Lösungen
3. C2: =B2*0,007 C5: =D4*0,01
   D6: =B6+C6
4. P liegt nicht auf der Mittelsenkrechten.
5. Zeichnung, siehe ausf. Lösung
6. Gerade c
7. siehe ausf. Lösung
8. Graph B
9. siehe ausf. Lösung
10. Die Wahrscheinlichkeit ist in beiden Fällen gleich groß (= 30 %).

Teil A2 – Seite 115

1. Parabel p_5; N_1 (-1,5 I 0); N_2 (1,5 I 0)
2. 104,6 km; 13°
3. D (0 I 4); $\overline{AB} = 8$ cm; $\overline{CD} = 4$ cm;
   $\overline{BC} = \overline{AD} = 6{,}3$ cm; $\alpha = \beta = 71{,}6°$;
   $\delta = \gamma = 108{,}4°$
4. 1 cm^3 Gold wiegt 19,3 g; Gewicht der Aluminiumkugel um 42,8 % größer.
5. $\frac{1}{15}$; 5 Kärtchen mit „A“; 9 Kärtchen mit „B“; 1 Kärtchen mit „C“; 13,3 %; 20,9 %
6. 9525,34 €; nach 12 Jahren
7. $\overline{AB} = 12$ cm; $\overline{AC} = 16{,}39$ cm;
   98,34 cm^2
8. Afrika: 93,4 %; Asien: 25,5 %;
   Welt gesamt 32,4 %; 276,4 Millionen/
   26,8 %.

Teil B – Seite 121

1. a) $\alpha = \beta = 70°$; $\overline{BC} = 8{,}8$ cm; u = 35,6 cm
   b) Zeichnung, siehe ausf. Lösung
   p_2: $y = -2x^2$; p_3: $y = -2x^2 - 2{,}5$; p_4: $y = 2x^2 + 2{,}5$
   Schnittpunkte: A (1 I -0,5) und B (-4 I -8)
2. a) 56,30 cm^3; 65,60 cm^2
   b) Rechnerischer Nachweis für Kugelvolumen, siehe ausf. Lösung; 33,3 %; 1130,97 cm^2
3. a) Russo: 80 km/h; Kraus: 90 km/h; 12.15 Uhr; 180 km
   b) 250 km

Lösungen 2021

Teil A1 – Seite 129

1. Mittelwert: -1 °C
Minimalwert: -4 °C
Maximalwert: 2 °C

2. $x_1 = -1$; $x_2 = -21$

3. ☒ 3,5 m

4. siehe ausf. Lösung

5. siehe ausf. Lösung

6. 25°

7. ☒ 7,1

8. ☒ $\sin \alpha = \frac{a}{c}$

9. 30 % oder 0,3 oder $\frac{3}{10}$

10. ☒ $y_2 = -x^2 - 1$

Teil A2 – Seite 133

1. Baumdiagramm: siehe ausf. Lösung; Ereignis: zwei weiße Kugeln hintereinander ziehen

2. $\overline{AB} = 87$ m; $\overline{CS} = 68,6$ m

3. 735,13 €; D4: =B4*0,024; E4: =B4+D4

4. 110,8 cm^3; 3 cm

5. C: $y = -0,9x^2 + 1,8$; $y = -0,5x^2 + 1,8$;
$x_1 = -3$; $x_2 = 3$

6. 28,5 km/h; Erwachsener: 12 €;
Kind: 8 €

7. Zeichnung: siehe ausf. Lösung; 14 cm^2;
Aussage ist richtig

8. 4512 Mio. t;
Kreisdiagramm: siehe ausf. Lösung

Teil B – Seite 139

1. a) 7,07 m^2; 368,46 kg; $\alpha = 108°$;
$\beta = 36°$

b) (1) Länge a = 7 m zusammen mit der Breite b = 6,5 m
(2) Länge a = 13 m zusammen mit der Breite b = 3,5 m;
Wertetabelle: siehe ausf. Lösung

2. a) 4,2 m^2; 1,1 m; 40 h

b) $\delta = 42°$; 5 cm; 44,3 cm^2; S_1 (0 | -1);
S_2 (3 | 3,5)

3. a) 20,1 m^2; 54,8°;
Volumen viermal so groß

b) 51,19 €; 100,78 €; $\frac{3}{36} = 8,3$ %

4. a) $\alpha = 107,2°$; $\beta = 72,8°$; d = 11,4 m;
50,4 m

b) Zeichnung:
siehe ausf. Lösung;
Scheitelpunkt: (0 | 8);
Schnittpunkt: (-0,5 | 4);
y_1 parallel zu g_1

Lösungen 2022

Teil A1 – Seite 152

1. $x = 16$
   $y = 8$
2. $\sin(\alpha) = \frac{a}{c}$
   $\tan(\beta) = \frac{b}{a}$
3. p_2: $y_2 = -0{,}5x^2$
4. Nur Dreieck A ist rechtwinklig.
5. Mittelwert: 0 °C
   Temperaturunterschied: 24 °C
6. falsch
7. 105°
8. siehe ausf. Lösung
9. 12 m
10. $\frac{1}{5}$ (auch 0,2 oder 20 % sind richtig)

Teil A2 – Seite 155

1. Aussage A ist falsch.
   Aussage B ist richtig.
   P(Summe ≤ 4) = $\frac{17}{64}$ (auch 0,266 oder 26,6 % sind richtige Ergebnisse)
2. a = 10 cm; b = 4 cm
3. x = 1 096 066 km
   Umlaufbahn des Jupiters:
   4 888 514 592 km
   Umlaufzeit des Saturns: 10 751 Tage
4. b = 12,3 cm; Skizze: siehe ausf. Lösung;
   32 cm^2
5. 15 685,18 €; 416,80 €; 417,30 €;
   834,10 €
6. 2,4 m; 3,27 m; 5,37 m^2
7. $y = \frac{1}{4}x^2 - 2$;
   Zeichnung: siehe ausf. Lösung
8. Kostenanstieg von 2010 bis 2020:
   156 %; siehe ausf. Lösung;
   Geldanlage im Jahr 2020: 64 022,99 €

Teil B – Seite 163

1. a) 32,7 cm^3; 26,16 %; $\alpha = 63{,}4°$;
   $\beta = 53{,}2°$; Aussage ist richtig
   b) siehe ausf. Lösung; $\frac{676}{3364}$
2. a) siehe ausf. Lösung
   b) 124 cm (= 1,24 m); 136,8 kg;
   60 000 t; 110 000 t
3. a) a = 12 cm; A1 und A2 jeweils 12,5 %;
   27 ct
   b) $x(x - 4) = 192$; 16 cm; 12 cm;
   Merle hat nicht recht.
4. a) 1,25 %; 2,5 %; Diagramm: siehe ausf. Lösung; 9193,26 €
   Ja, es gelingt ihr.
   b) x = 17,5 cm; $\alpha = 98{,}4°$;
   a = 7,4 cm; b = 5,18 cm

Notizen

A – Listening Comprehension

Part 1

traditional workplaces	modern workplaces
c	a
d	b
f	*e*

Part 2

	true	false
a)		x
b)	x	
c)		x
d)		x
e)		x

Part 3

Brad – self-employed graphic designer

challenges starting
a) only $200 in bank / no idea what he was doing

getting the word out
b) post on Facebook
c) asks a friend / local magazines and newspapers

before own business
d) worked for local company / local businesses and restaurants

Twitter
e) has account / never posted a tweet / forgot password / too old for that

Part 4

a) B
b) D
c) C
d) A
e) D

B – Text-based Tasks

Part 1

a) A b) C c) C d) D

Text 1

Part 2

1. a) 2. d) 3. c) 4. e) 5. b) 6. f)

Part 3

a) false b) true c) false d) not in the text e) true

Part 4

a) B b) C c) A d) B e) C

Part 5

a) … now she is a household name …
b) Her music is difficult to place in a category in mainstream pop.
c) … decided to homeschool their children.
d) This look is completed with a disinterested stare and hip-hop attitude.
e) … we can expect her to stay different from the traditional concept of a pop star …

Text 2

Part 2

1. d) 2. a) 3. c) 4. b) 5. e)

Part 3

a) true b) false c) true d) false e) not in the text

Part 4

a) A b) B c) B d) C e) C

Part 5

a) It's the start of an ambitious long-term project.
b) …, they will help the country in many ways.
c) More trees will also help prevent soil erosion.
d) … Ethiopia needs ways to make money.
e) Now Ethiopia wants to show the world a new image …

Text 3

Part 2

1. c) 2. d) 3. b) 4. a)

Part 3

a) true b) false c) true d) not in the text e) false

Part 4

a) B b) B c) A d) C e) A

Part 5

a) They put the bear in a lorry and took it to the mountains outside the city.
b) Big animals usually come into cities to find food.
c) Human food is very bad for the baboons' teeth because it has a lot of sugar.
d) But the city can be dangerous for baboons too.
e) Many people in Moscow like the dogs.

C – Use of Language

Text 1

Part 1

1 ready 2 don't 3 talk 4 DVD
5 it 6 pages 7 nothing 8 know
9 problems 10 how

Part 2

a) communicate b) cooperate

Part 3

a) another b) problem

Part 4

a) something children play with
b) when someone can't act appropriately / has problems acting correctly
c) when someone damages something / hurts someone through physical actions (hits, kicks, etc.)

Part 5

- Why do many children not know how to talk or listen?
- What are their homes full of?
- Why is it not surprising that children don't know how to use books?
- What are some of the problems that some children have?
- What do the children do when you try to talk to them?
- Do the children have toys?
- Has anyone ever read to the children?
- What problem do most parents have?
- What did most parents leave school without?
- What happens by the time the children turn 10?

Text 2

Part 1

❶ school ❷ best ❸ star ❹ Many
❺ famous ❻ poor ❼ bigger ❽ play
❾ pills ❿ stores

Part 2

a) loves b) hope

Part 3

a) faster b) live

Part 4

a) a place where you can buy food and some medicine
b) the person who is responsible for a sports team
c) when you are not ill, you are in good health

Part 5

- Where does the pressure on high school athletes come from?
- Why do some students from poor families or communities want to make a professional career?
- What do students want to get at the end of their school career?
- How do some young athletes ruin their health?
- Who tells them how to get bigger and stronger?
- Who is the star of the team?
- Why do many students want to become a sports star?
- What do some teenagers dream of becoming?
- Why do many players become ill?
- What is the best advice for the young athletes?

Text 3

Part 1

❶ across ❷ do ❸ hunting ❹ for ❺ when ❻ mostly

Part 2

a) hungrily b) frequently

Part 3

a) quickly b) probably

Part 4

a) changing from solid to liquid
b) to stay alive, especially in a difficult or dangerous situation
c) something happening often

Part 5

- How many polar bears are left in the world?
- What can we do to help polar bears survive?
- Do people who live close to polar bears have guns to defend themselves?

D – Writing

Part 1

1. Email to the Agony Aunt Hilda

Dear Hilda,

I'm writing to you because I'm upset about myself. In a couple of months I'll finish school and I'll start looking for a job. I've heard lately, that a lot of employers have started searching the Internet for information on the people who apply for a job. During the past few years I wasn't very careful with the pictures I posted on Facebook and Instagram. Now, I'm really scared that someone will use this to turn down my application. Please tell me what to do.

Fred

2. Letter to Mr Miller

Dear Mr. Miller,

I'm so sad about the news that the youth centre might be closed. I don't know what to do without it. Where else can we go? The centre gives us a place to go to in our free time. Whenever we have a problem we can talk to one of the staff members and they give brilliant advice. Just last month I learned how to sew my own shorts. And that's just one of many courses we can choose that will really help us later on. Please rethink your decision. Thank you.

Best regards
Tanja

Part 2

1. Description of Holiday

My favourite holiday destination is the South of France. My best friend and I will hop in the car and drive there as soon as we can. It will be very warm and we will be able to swim in the ocean, lie at the beach and take long walks along the water. In the evenings we will meet friends and sit around a fire at the beach while music is playing from a beach bar nearby. In the mornings we will be lazy but the workout at the beach will do us good, too. Maybe we can even meet new people and stay in touch with them.

2. Special Person

I love my grandma very much. When I was little, I spent a lot of time with her because my mom had to work. Grandma showed me how to cook and bake and we share the same sense of humour. She is caring and funny, always has time for me and I can tell her everything. When I spend the night at her house, we sit on the couch together with a box of ice cream and enjoy a good movie on TV. I'm very glad that she lives nearby and I hope she will be around for a lot longer.

E – Interpreting

Part 1

Deutsch – Englisch

Interview with Barbie

a) Barbie is 60 years old.
b) She was presented for the first time in New York in 1959.
c) The Barbie doll has clothes for different kinds of jobs like doctor or dancer, a house and a boyfriend.
d) Some people think that she is too thin and a bad role model for young girls.
e) The company created dolls with different skin tones and body types and some that look like famous women.
f) There will be a Barbie movie in the cinemas soon.

Part 2

Englisch – Deutsch

Kim Kardashian West

Kim Kardashian West ist ein TV-Star und hat weltweit Millionen Follower in sozialen Netzwerken. Aber sie hat auch eine Mission: Sie möchte Gefängnisinsassen helfen, die wegen Verbrechen ohne Gewaltanwendung Strafen absitzen.

2018 hatte sie nach einem Besuch im Weißen Haus erreicht, dass eine 63 Jahre alte Großmutter nach 21 Jahren freigelassen wurde. Präsident Trump unterzeichnete sogar ein Gesetz, den First Step Act, nach dem Gefangene ihre Strafe bei guter Führung verkürzen können. Außerdem hat Kardashian West 17 weiteren Gefangenen geholfen, die zu lebenslangen Haftstrafen verurteilt waren.

Kardashian West glaubt, dass sie noch mehr erreichen kann, und möchte Anwältin werden. Deshalb macht sie bereits eine vierjährige Ausbildung in einer Kanzlei und möchte 2022 ihr Examen ablegen.

A – Listening Comprehension

Part 1

	true	false
a)	x	
b)		x
c)	x	
d)		x
e)	x	

Part 2

	Tom	Sarah
a)		a lot of famous places, New York, Ground Zero
b)		7 pairs of jeans, lots of T-shirts, *make-up*
c)	jeans	
d)		*jeans*
e)	take driving test	

Part 3

a) poor families that they need to support
b) because they are paid less than adults
c) ▶ picking tea leaves
▶ making rugs
d) ▶ farm or factory work
▶ selling fruits or vegetables
e) ▶ not happy
▶ early death

Part 4

	A	B	C	D
a)		x		
b)	x			
c)		x		
d)				x
e)			x	

B – Text-based Tasks

Part 1

a) C b) C c) C

Part 2

1) c) 3) e) 4) a) 5) b) 6) d)

Part 3

a) false
b) true
c) false
d) not in the text
e) true
f) true
g) false

Part 4

a) C b) A c) B d) C e) A f) C

Part 5

a) F b) H c) C d) A

C – Use of Language

Part 1

1. street/road/highway
2. drove
3. looking
4. immediately
5. arrived
6. sitting/laying/crying/screaming/talking/sleeping
7. was
8. is/was
9. found
10. introducing
11. caught

Part 2

a) possession
b) reptile
c) exotic

Part 3

a) spotted b) upset c) raise

Part 4

a) somebody who is not working at present
b) a sum of money which has to be paid as a punishment
c) something unexpected

Part 5

- ▶ Why did the off-duty policeman get a big surprise?
- ▶ Why was the owner upset?
- ▶ Where did you find a Bengal tiger?
- ▶ Where did you find an alligator?
- ▶ What did he spot in a BMW?
- ▶ How big was the alligator?
- ▶ What happened to the owner of the alligator?
- ▶ What happened to the alligator?
- ▶ Was that the only time you had to deal with alligators?
- ▶ How often have you had to deal with alligators?
- ▶ Have you had to deal with any other animals?
- ▶ Do you like being a police officer?
- ▶ Are you ever afraid of the exotic animals you find?
- ▶ Do you think you will find more exotic animals?

D – Writing

Part 1

a) Email to a Friend

Hi!

I want to tell you about something that I have wanted for a long time – a trip on the fastest zip line in the world in Wales. You could travel there at speeds of over 100mph! This is the coolest thing because …
Now that my birthday is coming up, I am hoping that my parents might get it for me. I talked to my mother about it more than half a year ago, but she said I could not just have it, so maybe she was waiting for my birthday. She also said that I would need to do better at school, which I have been.
Maybe Mum and Dad want to surprise me with it.
Please write back, and tell me what you think about this! See you soon – at my birthday party!

Your friend,

b) Article for School Magazine

If you are all like me, you enjoy playing PC and video games. Today, I would like to talk to you about my favorite PC game. This game is called … It is a fantasy game and can last for months. You play it with others, and each slips into an imaginary role. While playing, certain things develop that you are required to master – sometimes alone and sometimes with others. I especially like that I can be creative in this game and that I am not myself but take on a role. I have been playing this game on and off for about 1 ½ years now. The only disadvantage I would say that this game has is that it can be very time consuming. I hope that I have now raised your interest and that you will give it a try.

Part 2

a) My favourite Film

My favourite film is 'The Perks of Being a Wallflower'. It is especially important for teenagers who are kind of outsiders. This is a story about friends who accept each other just how they are. One of the best things about this film is that Emma Watson (Hermione in Harry Potter) stars in it. It is a perfect film for our cinema evening because it is directly connected to teenagers and their problems. Both boys and girls will enjoy it. The film is funny, sad, and very enjoyable. There is also a book with the same title. It is a great read. Please choose this film – you won't regret it.

b) Exchange Student

On the one hand, I would really like to have someone my age stay with me and my family on an exchange from an English-speaking country. I'd prefer to have an American come because the United States is so far away and probably much more different from the United Kingdom. It would be a great opportunity to practice my English and to learn more about the American way of life.

On the other hand, I would be a bit worried that someone might come to me and my family that doesn't fit our lifestyle at all. What if the boy or girl doesn't like what we eat or doesn't understand our English? What if he or she doesn't feel comfortable here or is not interested in anything? That would make the weeks that he or she stays with us very uncomfortable.

I guess, I would like to have someone come but only if I can write to the person and talk on the phone with them beforehand to make sure that we will get along fine when she or he is here.

E – Interpreting

Part 1

English – German

Vorteile eines Lebens ohne soziale Netzwerke

Seitdem sie nicht mehr auf Instagram und Twitter ist, hat sie besseren Kontakt zu ihren Freunden, weil sie sie anruft, um Pläne zu machen. Freundschaften sind authentischer und persönlicher. Sie verbringt weniger Zeit mit ihrem Smartphone und mehr Zeit mit den wichtigen Menschen in ihrem Leben. Selbst die Kommunikation mit ihren Freunden im Ausland ist sinnvoller. Ihr Leben ist sehr friedlich ohne all die unwichtigen Informationen. Sie ist nicht mehr irritiert durch Partytratsch, übermäßig glückliche Fotos, dumme Statusupdates und Kommentare zu den täglichen Fotos anderer Leute. Sie hat mehr Zeit, um an sich selbst zu denken und an das, was wirklich wichtig ist.

Part 2

German – English

Phone call

You: Hello, is Darlene at home?
You: I would like to go to the Internet-Café tonight. Can you please have her call me back?
You: zero one seven three six nine six one one seven two
You: Thanks a lot – bye!

Englisch-Prüfung 2021

A – Listening Comprehension

Part 1

	Peter	Carol
a)	rain / *thunder*	sunny
b)	garden	lake
c)	family	*friends* / colleagues / people from the gym
d)	home-made *food*	Italian *food*
e)	piano player	Night in Rome / Italian-style clothes

Part 2

	true	false
a)	x	
b)		x
c)	x	
d)	x	
e)		x

Part 3

a) Portugal, France, Britain
b) Independence of Vanuatu / Vanuatu finally became an independent state.
c)/d) agriculture, fishing, financial services, tourism
e) 1999/2002: strong earthquakes with tsunami
global warming / (threat of) rising sea levels
active volcanoes

Part 4

	A	B	C
a)	x		
b)			x
c)		x	
d)	x		
e)	x		

B – Text-based Tasks

Part 1

a) A and B   b) B   c) C

Part 2

a) B   b) C   c) A   d) E   e) D   f) G

Part 3

a) true
b) false
c) not in the text
d) true
e) not in the text
f) true
g) false

Part 4

a) A b) C c) C d) B e) B

Part 5

a) B b) D c) G d) K

C – Use of Language

Part 1

1. excited
2. immediately
3. given
4. which/that
5. in
6. eating
7. its
8. when
9. observation
10. luckiest

Part 2

a) bright (line 1)
b) completely (line 5)
c) actually (line 4)

Part 3

a) after (line 3 / 11)
b) funny (line 8)
c) wet (line 10)

Part 4

Lösungsvorschläge:

a) expert: someone who knows a lot about something / Someone who knows what they're doing / someone with special skills or knowledge / someone who is trained in what they do
b) staff: workers at a place / employees / personnel / people who work for a company
c) to steal: to take something that belongs to someone else / to take something away without paying/asking

Part 5

Mögliche Fragen:

- What makes you experts?
- Was it hard to become an expert?
- How many people work here?
- Where is the wildlife hospital?
- What do you do?
- Is your job fun?
- How are seagulls cheeky?
- What kind of animals do you take care of?
- Why did you name the seagull Vinny?
- Have you always worked here?
- Do some animals die?
- Do people have to pay when they bring an animal to your hospital?

D – Writing

Part 1

Task A

Dear Alan, / Hi, Alan!

My name is ... I am ... years old. I live in Germany. I will finish my exams in the summer and want to spend a year abroad. I saw your advert for a job on your sheep farm outside Auckland, New Zealand on the Internet. This sounds very interesting to me. I like animals and enjoy being outdoors. I have never worked before, but I am a fast learner and am sure that I can work well for you. I get up early. I am strong, and I am friendly.
Can you please explain what my job would be? What would I need to do on your farm? How many hours must I work every day? How much money will I earn?
I hope to hear from you soon.

Sincerely, ... (127 Wörter)

Task B

I have recently watched the series xx on NetFlix. It is about a young boy with autism and his family. I like the characters, especially xx's friend and his sister. His father is cool, too. The setting is in America, so it's interesting to watch. The best parts are when xx is at work with his friend. Lots of funny things happen then. I also like seeing what happens with xx's sister and her boyfriend. I like the series because I can understand it well, and it's normal American language that I can learn. I'm always excited to see what will happen in the next episode. (99 Wörter)

Part 2

Task A

My Dream Job

My dream job is a veterinarian. I have always loved animals and am able to deal with them well. Some people even call me an animal whisperer. I have had several pets: guinea pigs, rabbits, and a dog. I always took good care of my pets and loved them. I fed them, took them outdoors, and talked to them. They all lived long and were healthy and happy. I know that I have to study to become a veterinarian. That's why I'm working hard at school. I hope I can do my dream job one day. If that doesn't work, I will try to become a carpenter. I like working with my hands and with wood. I am creative and handy. I don't have to study for this job, so that would be ok, too.

(135 Wörter)

Task B

Friends or Family?

Friends are not more important than family. Family is not always more important than friends, either, though. Because I have to decide, I will say that friends are not more important than family. Family has been with you forever – ever since you were born. There is no one who is more important than your mother, father, sisters, and brothers. Your grandparents, aunts, uncles, and cousins are also family and are important, too. You make friends throughout your life. They sometimes come and go. Family stays with you. If you are ever in trouble and need help, your family will support you. Family loves you no matter what. Friends can replace family sometimes, but not always. Family is important.

(118 Wörter)

E – Interpreting

Part 1

German – English

a) Warm up!
b) Choose an easier exercise when you are insecure/unsteady/shaky.
c) Your own motivation is an important prerequisite/requirement/condition/qualification.
d) An App can help you understand exercises better.
e) Be creative and connect/combine/link exercises.
f) Mistakes can happen and are normal.
g) You should do some exercises in teams. / Some exercises go better with teamwork.
h) Technique is more important than strength/power.
i) After exercising, you should stretch.
k) Repeat your training/workout regularly to improve.

Part 2

English – German

1) Entferne alle Ablenkungen

- alle Ablenkungen entfernen
- ruhiger Platz ohne Handy, Fernseher, PC-Spiele
- TV, Musikanlage, PlayStation ausschalten
- auf Schularbeit konzentrieren

2) Räume immer alles auf und organisiere alles gut
- hilft, sich besser zu fokussieren
- Chaos lenkt ab und reduziert Motivation
- Schreibtisch vor dem Arbeiten aufräumen und Unnötiges entfernen
- alles, was du brauchst, zurechtlegen, bevor du beginnst
- Konzentration ist besser, wenn du nichts suchen musst

3) Sorge für gutes Licht
- Lernraum sollte gutes Licht haben
- natürliches Licht ist am besten – Schreibtisch in Fensternähe
- sonst Lampen
- zusätzlich zum Lerneffekt – stylischer Raum

4) Gemütlich – aber nicht zu gemütlich
- Lernraum sollte einladend sein
- genieße deinen neuen Lernplatz, gestalte ihn gemütlich, aber nicht zu gemütlich
- Schlafanzug ausziehen vor dem Bücheröffnen
- Gehirn im Konzentrationsmodus
- Stuhl mit guter Rückenstütze
- verbesserte Haltung und Konzentration

5) Getrennte Bereiche
- Bereiche im Raum für Chillen/Relaxen getrennt vom Lernplatz
- dort nicht fernsehen oder essen / keine Schularbeit auf gemütlichem Sofa
- leichter für das Gehirn, sich auf die Arbeit zu konzentrieren, sobald du am Schreibtisch sitzt

A – Listening Comprehension

Part 1

	Jason	Sarah
a)	next week	*end of May*
b)	*event planner*	animal care worker
c)	(Royal Star) hotel	*animal shelter*
d)	(very) well-organized / (excellent) time management / working with people	*experience with animals*
e)	▶ *plan events* ▶ *organize events*	take care of animals / clean (the) cages / feed / brush / bathe / train animals

Part 2

	true	false
a)		x
b)	x	
c)	x	
d)		x
e)	x	

Part 3

a) C
b) B
c) A
d) A
e) C

Part 4

a) travel around everywhere / see different places / always on the move
b)/c) lots of fun / hung around together a lot / music festivals / recording studio / played with bands / played with different people / almost like a rock star
d) Spanish music / flamenco / South American music / samba / Irish music / folk
e) (becoming) a professor (at university)

B – Text-based Tasks

Part 1

a) A b) C c) B

Part 2

a) C b) F c) E d) G e) B f) D

Part 3

a) false
b) not in the text
c) true
d) true
e) true
f) false
g) false

Part 4

a) B b) C c) A d) A e) C

Part 5

a) C b) G c) I d) B

C – Use of Language

Part 1

1. youngest
2. scored
3. best
4. was
5. himself
6. was founded
7. life / lives
8. at
9. sudden
10. excitement

Part 2

a) richest (line 6)
b) crash (line 1)
c) joy (line 11)

Part 3

a) won (line 4)
b) entered (line 2)
c) history (line 3)

Part 4

Lösungsvorschläge:
a) a prize (given to someone for doing something well)
b) a name (given to someone) instead of the real name
c) to get better / to make something better

Part 5

Mögliche Fragen:

- When did you start playing/singing/acting?
- How old were you when you started playing/singing/acting?
- Where were you born?
- Where do you live?
- How many brothers and sisters do you have?
- Do you have a pet?
- What's your pet's name?
- Why did you become an athlete/singer/actor?
- How much money do you earn/make?
- How long have you been playing/singing/acting?
- How old are you?
- Do you have a girlfriend/boyfriend?
- Are you married?
- Do you have children?
- What's your child's name?
- What are your children's names?
- What nationality are you?
- What language(s) do you speak?
- Are you nervous when you perform?
- Do you have to train/practice a lot?
- What's your favorite food/color/song?

D – Writing

Part 1

Task A: Being a volunteer at 'Beachwatch'

Hello, Marine Conservation Society,

My name is ____________. I would like to take part in your programme as a volunteer for cleaning up Britain's beaches.
I found your advert while surfing on the internet. I would like to attend the programme because I am interested in the environment, and it's important to me that Britain's beaches are clean. I am reliable and hard working. I'm also friendly and a good team player.
I would like to have some information on this programme. Where is the beach that I will be cleaning up located? What will my working hours be? Do I need special clothing? Are there any benefits for volunteers? What will I have to do?
I am looking forward to hearing from you.

Sincerely, ________________ (126 Wörter)

Task B: Clothing style

My favorite personal clothing style is elegant. I like to dress up and wear a lot of jewelry. I like glitter and lace on my clothes. I like to style my hair elegantly, too, and to wear make-up. That matches my elegant clothes. Sometimes, I buy my clothes online, but I also like to go to flea markets and find nice elegant dresses that are not as expensive as new ones. I like my elegant clothes to be pink or blue. I don't care what brand they are as long as they look elegant. I feel special when I wear elegant clothes. (103 Wörter)

Part 2

Task A: Saved from something bad

Last weekend, I almost drowned. It was a very hot day, so I went to the swimming pool in our town. I am a good swimmer. There were a lot of people in the swimming pool that day because it was so hot. I was swimming in the deep end of the pool. I jumped off the diving board a few times because that is fun. After I had jumped off the highest diving board – the five-meter board – I went far into the water. On my way up, someone bumped me, and I swallowed a lot of water. I couldn't swim up to the top anymore. I was very scared that I might drown. Suddenly, I felt someone pull me up. It was the life guard. He had watched me jump and didn't see me come back up, so he jumped in the water and looked for me. Thank goodness, he found me and saved me from drowning. (160 Wörter)

Task B: Jobs

WORKING AS A CAR MECHANIC IS A JOB ONLY FOR MEN

☑ **YES** ☐ **NO**

I agree with the elderly neighbors that a car mechanic is a job only for men. Boys play with cars when they are little. Girls play with dolls.

A car mechanic is a dirty job that girls shouldn't want to do. It is also hard because you sometimes have to lift heavy things or turn hard screws. This is not a good job for a woman. Women should have jobs like a kindergarten teacher, a teacher, or a nurse. Women should do jobs that take care of people, not of cars. I think my best friend's sister should find a different job. I certainly will not become a car mechanic. Maybe I'll become a flight attendant or a saleswoman.

(122 Wörter)

WORKING AS A CAR MECHANIC IS A JOB ONLY FOR MEN

☐ **YES** ☑ **NO**

Working as a car mechanic is not only a job for men. I disagree with the elderly neighbors who say that. It is 2022. Men and women should be able to do any job they like. Men can be kindergarten teachers and nurses. Women can be car mechanics and plumbers. It makes no difference what sex one has – everyone can become whatever they want. It can be that a woman who has a typical male profession has it harder because she may not be as strong as a man, but if she wants to do it, she can. Men may have a hard time, too, when they do typical female jobs, but they should be able to do them anyway. (120 Wörter)

Task C: Diary entry – One day in my life as another person

Dear Diary,

Today was a good day. It started with a business breakfast with many other graphic designers like me. We talked about our work and told each other what we were doing. We gave each other advice and presented our new projects to the group.
After this work breakfast, I had a meeting with someone who has a business and wants me to do their website. We talked for a while, and I told her some of my ideas for her company. It's exciting to meet new customers, and it's very nice when they are happy with my work.
The afternoon was full of work at my laptop – creating logos and websites for my customers. In the evening, I went out for dinner with my boyfriend. We went to a nice, romantic Italian restaurant. After dinner, we went for a walk along the Neckar River. It was a great day. (153 Wörter)

E – Interpreting

Part 1

German – English

a) Don't touch or feed the animals in the park.
b) No dogs or other pets allowed in the park.
c) Stay on the paths.
d) It is forbidden to remove or damage plants.
e) Swimming in the park ponds and climbing trees is not allowed.
f) No barbequing or using music equipment.
g) Bikes, roller blades, and skateboards must stay outside.
h) Bringing balls or balloons is not allowed.
i) Taking pictures or filming is only allowed for private purposes.
k) Be considerate to other visitors.

Part 2

English – German

Soziale Medien sind in unserem geschäftlichen und privaten Leben wichtig geworden.
Sie können sowohl nützlich oder ein Albtraum sein.
Lasse nicht zu, dass soziale Medien d ein Leben negativ beeinflussen. Folge diesen einfachen Strategien, um Probleme zu vermeiden.

1) **Nichts posten, was dir peinlich werden könnte**
Denke darüber nach, was du postest und was deine Familie, Freunde oder zukünftige Arbeitgeber/-innen denken würden, wenn sie es sehen sollten. Wie würdest du dich fühlen, wenn das Bild auf ewig mit deinem Namen in Verbindung gebracht wird? Wenn es einmal online ist, ist es oft unmöglich, es zu entfernen.

2) **Gib dich online nicht mit den falschen Leuten ab**
Nimm nicht jede Freundschaftsanfrage und alle Follower an. Viele Follower zu haben, ist nicht wirklich ein Statussymbol, kann aber das Risiko, ein Opfer zu werden, erhöhen.

3) **Sage der Welt nicht immerzu, wo du dich befindest**
Einbrecher benutzen soziale Medien oft, um zu überprüfen, wo man sich befindet und wann man nicht zuhause ist. Ein Update wie „verbringe den Sommer am Strand" kann nett sein, um deine Freunde wissen zu lassen, was du machst, aber es informiert diejenigen mit bösen Absichten darüber, dass dein Haus leer steht.

4) **Stelle die Privatsphäre-Einstellungen in deinen Apps ein**
Lösche problematische Kommentare, Posts, Bilder, und Videos. Verbiete bestimmten Menschen, mit dir zu kommunizieren oder alles, was du teilst, zu verwenden. Gib nur denen Zugang, denen du vertraust, sonst kannst du viele Probleme bekommen.

5) **Gib Deine Identität nicht preis und sichere Dein Profil**
Diebe finden immer mehr Wege, um an persönliche Informationen zu kommen. Poste nie Adresse, Geburtsdatum, Telefonnummer oder andere persönliche Kontaktinformationen auf sozialen Medien. Gebrauche komplexe Passwörter und zeige diese niemals deinen Freunden. Schreibe sie auch nicht da auf, wo sie leicht auffindbar sind.

Notizen